“十二五”国家重点图书出版规划项目·新世纪法学教育丛书

物权法论

（第二版）

刘家安 著

中国政法大学出版社

2015·北京

作者简介

刘家安 1971年11月生于福建顺昌，在中国政法大学先后取得法学学士、硕士、博士学位，1996年留校任教，现任民商经济法学院教授、民法研究所所长。曾赴意大利罗马第二大学任访问学者，研修罗马法、意大利民法，通晓英语、意大利语。主要研究方向为民法、罗马法。出版专著《买卖的法律结构》、译著《买卖契约——学说汇纂（第18卷）》，在《法学研究》、《中外法学》等学术刊物上发表多篇学术论文，参与过民法、商法、罗马法等方面多部教材的写作。多次荣获“中国政法大学优秀教师”、“最受本科生欢迎的十位教师”等称号。

出版说明

“十二五”国家重点图书出版规划项目是由国家新闻出版总署组织出版的国家级重点图书。列入该规划项目的各类选题，是经严格审查选定的，代表了当今中国图书出版的最高水平。

中国政法大学出版社作为国家良好出版社，有幸入选承担规划项目中系列法学教材的出版，这是一项光荣而艰巨的时代任务。

本系列教材的出版，凝结了众多知名法学家多年来的理论研究成果，全面系统地反映了现今法学教学研究的最高水准。它以法学“基本概念、基本原理、基本知识”为主要内容，既注重本学科领域的基础理论和发展动态，又注重理论联系实际满足读者对象的多层次需要；既追求教材的理论深度与学术价值，又追求教材在体系、风格、逻辑上的一致性；它以灵活多样的体例形式阐释教材内容，既加强了法学教材的多样化发展，又加强了教材对读者学习方法与兴趣的正确引导。它的出版也是中国政法大学出版社多年来对法学教材深入研究与探索的职业体现。

中国政法大学出版社长期以来始终以法学教材的品质建设为首任，我们坚信“十二五”国家重点图书出版规划项目的出版，定能以其独具特色的高文化含量与创新性意识成为法学教材的权威品牌。

中国政法大学出版社

第二版说明

本书自2009年出版以来，获得了超出作者预期的反响。作者对此倍感荣幸，同时也对书中存在的不足甚至是错误感到羞愧。感谢中国政法大学出版社给予此次修订机会，使作者能够弥补初版中的一些缺憾，并跟进近年来物权法立法、实践与理论的新近发展。

现就第二版所做的修订情况简要说明如下：

第一，自本书第一版出版以来，在物权法的法律渊源方面（包括法律、行政法规、司法解释等）总体变化不大。但是，仍有一些新的规范出现导致初版中的部分内容需要更新，例如，最高人民法院关于买卖合同的司法解释就导致了本书中关于物权变动与善意取得部分内容修订的必要。利用此次再版机会，作者对这些法源发展对物权法理论与规则的影响作出了讨论，修改了初版相应部分的内容。

第二，在撰写第一版时，作者即明确地将本书定位为一本面向广大法律专业本科生的教科书，并以增进学生的法律思维能力为目标，故在内容的广度和深度方面有所取舍。总体而言，本书初版尽量对物权法基本问题作清晰、透彻的讨论。本次再版仍坚持这一风格，但在内容方面也适当地作出一定扩充，将一些问题的讨论引向更为深入的层次。这部分“加深”式的修订主要体现在物权的客体、物上请求权、物权变动、所有权的取得、占有等章节之中。

第三，物权法上的许多问题，甚至是一些基本问题，都存在很大争议。相对于其他体裁的学术性著作，教科书的读者对于问题更加希望获得相对确定的答案，这就要求作者对于复杂的问题给出结论。作者认识到，在初版中给出的一些见解并不妥当，甚至有个别观点存在前后矛盾的现象（如关于失主可否向拾得人主张占有物返还请求权的问题），构成明显的错误。另外，初版中也存在明显的笔误，如将“抵押人”误作“抵押权人”，这些错误是最不应该犯下的。借助本次再版，作者修改了几处类似错误，希望没有遗漏。

第四，在语言上，本书尽力追求表达精炼、准确、通顺、易读，初版在此方面仍有不少改善空间。本次再版，作者也对文字表达做了一些必要的修改。

最后，作者要感谢本书初版的读者。读者的赞誉与信任给了作者信心，读者所指出的问题更令作者受益良多。

作　者
2014 年 12 月

编写说明

《物权法论》是面向法学专业本科学生编写的一本教科书。它以《中华人民共和国物权法》为主要依据及重点阐述对象，同时也对重要的物权法理论问题做出了必要的解释说明。

在内容、方法及体例上，本教科书具有以下几个特点：

第一，力求简明扼要地阐明我国物权法的相关理论与实践。在民法中，物权法部分的内容有相当的难度，这也导致一些相关教科书容易给人留下繁杂冗长的印象。作者有意识地限制本教材的篇幅，一方面在论述内容上有所取舍，舍弃与物权法原理关联度较低的内容，另一方面尽量以精炼的语言阐明相关问题。

第二，倡导“问题意识”，致力于培养读者的民法学思维能力。在行文上，传统教科书往往表现为理论与知识点的平铺直叙，使用此种教科书的学生往往也习惯于囫囵吞枣式的抽象识记。作者以为，从具体的生活事实出发提出问题并寻求法律规范层面的回答，这种方法能够引导读者理解抽象规则的实践意义，从而也真正理解规则本身。为此，本教科书在许多章节中增加了“问题”或“导入性问题”的设计，希望读者带着问题阅读，并自己在阅读中发现问题的答案。这一设计的主要目的并非在于教授解题之道，而是引发读者的问题意识，同时也旨在增强读者的阅读兴趣。

第三，以“通说”为主要标准，同时也适当加入作者的独立思考。在一般问题上，本教科书不求标新立异，而以立法、司法及法学上通行的学说为其基本标准。但是，为寻求一种合理的法学，作者也对某些问题（包括我国立法的选择）提出一些自己的看法，希望借此培养学生独立的思考能力与评价能力。

第四，阅读层次的区分。本教科书立足于基本规范、基本知识的阐述和介绍。作者相信，一般读者通过阅读教材的主体部分即能较好地掌握物权法的基本知识。同时，作者也意识到，可能有部分读者希望由本教科书中获得对物权法更深层次的认知。故此，作者不时地在书中加入一些对更具思辨性问题的讨论，并以不同的编辑字体显示。有时，为行文的方便，作者也将某些深入思考的问题通过说明性脚注加以阐明。作者以为，对物权法的学习感到困难的读者可略过这部分内容。

第五，其他辅助设计。在每一章之前，均设有简明的“本章提要”，提示该章所讨论的主要问题。

作　者

2009年2月9日

目 录

第一章
绪　论

［本章提要］

本章主要介绍物权法的意义与性质，从整体上概述了物权法的体系，并介绍了中国物权法的立法发展及其价值取向。

第一节　物权法的意义与性质

一、物权法的意义

人类的生存与发展，须以对外在客观世界中的一定物质的利用和支配为前提。尽管大自然赐予我们人类的物产十分丰厚，人类辛勤的劳作更是使我们这个星球具有了承载数十亿人的物质需求的能力，然而，在人类的无限需求与有限的物质资源之间必然存在着紧张关系。如果我们所需要的所有物质财富都如同我们所呼吸的空气那样，具有取之不尽、用之不竭的特性的话，或许我们人类在自身发展过程中就不会创造出私有制这种制度了。正是因为物质有限而人类的需求无限，所以需要在法律上确定特定主体对物质的归属，然后赋予该特定主体对该物质的排他性支配和利用的权利，从而建立物质财富的归属与利用秩序，避免无谓的争端。一言以蔽之，物权法的基本功能是定分止争。

物权，顾名思义，指的是人对物的权利，即将特定之物归属于某特定主体，由其直接支配，并享受利益。从表面上看，物权界定的是作为法律主体的人与特定物之间的关系，但是，与其他法律关系一样，实际上，物权法律关系规范的仍然是人与人之间的关系，即通过确定特定主体对物的支配而确定其对物的自由意志，从而也确立了他人不侵入其权利空间的义务。而所谓物权法，是指以物权关系为规范对象的法律。

物权法，有形式意义上的物权法与实质意义上的物权法之分：前者是指以"物权法"命名的立法，或者指《民法典》中以"物权"或者类似名称为编名的部分；后者还包括其他以物权关系为规范对象的法律。在我国，形式意义上的物权法，目前是指于2007年3月通过的《中华人民共和国物权法》（以下简称《物权法》），但是，在未来我国统一制定的民法典中，该项单行立法将成为民法典中的“物权”编；实质意义上的物权法，除《物权法》外，还包括以物权关系为规范对象的其他法律渊源，如《中华人民共和国民法通则》（以下简称《民法通则》）、《中华人民共和国担保法》（以下简称《担保法》）、《中华人民共和国土地管理法》（以下简称《土地管理法》）、《中华人民共和国城市房地产管理法》（以下简称《城市房地产管理法》）、《中华人民共和国农村土地承包法》（以下简称《农村土地承包法》）等。

二、物权法的性质

【问题】

与债法等民法的其他部分相比，物权法规范在性质上具有怎样的特点？导致其具有如此特点的原因是什么？

（一）物权法的私法属性

物权法属于民法的一个部分，故其性质应与民法的一般属性相同，也就是说，物权法应属于私法。物权法规范的是民事主体之间在财产上的权利义务关系，所有权、用益物权、担保物权等具体的物权类型均属于私权；享有物权即意味着权利主体在其权利范围内有根据其自由意志自由行动的权利，这种意志的自由不仅体现在静态地对物进行支配上，而且也及于物权的设立、转移、变更和消灭的动态过程。总之，作为私法规范，物权法总体上仍体现了意思自治的精神。物权人在其权利范围内可以根据其自由意志行使对物的支配权，他人包括公权力都不得进行不当干预。

尽管如此，与民法的其他部分尤其是债权规范相比，物权法规范具有较多的强行性规范的色彩。究其原因，主要有以下几个方面：①这是由本书后文将具体阐明的物权自身的法律效力所决定的：物权具有对世的效力，物权的得丧变更不仅与权利人及受让人等直接参与物权关系的当事人相关，而且也潜在地影响着其他每一个人的法律境况，因此下文所介绍的物权法定主义、物权公示的必要性等都具有强行性规范的性质，不能为当事人间的特别约定所排除。②包括所有权在内的各种物权虽然具有私权的性质，但其与社会、经济均有着密切的关系，它们在一定程度上也承载着社会义务。例如，基于城市规划、环境保护等各方面的原因，土地的用途可能会被法律所明确限定，权利人不能突破此法律限定而对其加以利用，如不能将住宅用地改变为工业用地。[1] ③我国实行土地公有制，土地

---

〔1〕《物权法》第140条规定：“建设用地使用权人应当合理利用土地，不得改变土地用途；需要改变土地用途的，应当依法经有关行政主管部门批准。”

所有权只能属于国家和集体，因此，与土地私有制之下的物权体系相比，我国的物权制度必然需要更多地体现社会利益和公共政策，而且也会在一定程度上存在民法与行政法等公法的交织作用关系。例如，在城镇土地归国家所有的情况下，其使用权可以通过出让手续归属于具体的自然人或者法人，但是代表国家行使土地所有权的是土地行政管理机关，因此，与在土地私有制下地上权等用益物权通过私人间达成的合意而自由设立不同，我国的民事主体取得建设用地使用权的过程是与行政程序不可分的。

正是由于上述原因，我国物权法中确实存在许多强行性规范，甚至有学者主张我国物权法在总体上宜归入强行法的范畴。笔者认为，物权的私权属性和物权法的私法属性并未受到强行性规范存在的影响，意思自治仍应是物权法的基本理念。

（二）物权法是财产法

在人身权与财产权的分类体系之下，物权具有明显的财产权的属性，其权利内容表现为对物的支配，而各种形式的对物支配都具有一定的经济价值。物权法规范所有权、用益物权、担保物权等各种物权关系，其性质显然为财产法。

物权法的基本功能在于定分止争，其首要的使命在于明确物在法律上的归属以及不同物权人各自在物上所享有的权利，因此，与作为调整动态财产流转关系的债权法不同，物权法主要调整的是静态的财产关系。

当然，欲界定某一权利主体对其物所享有的权利为何，首先需要明确其何以及自何时起开始享有此权利，因此物权法也需要对物权的得丧变更作出基本的界定。

第二节　物权法的体系及其法律渊源

一、《物权法》的制定及其体系

（一）《物权法》的制定

2007 年 3 月，十届全国人大第五次会议通过了《中华人民共和国物权法》，该法于同年 10 月 1 日起施行。

在《物权法》制定之前，我国没有形式意义上的物权法，实质意义上的物权法规范散见于《民法通则》、《担保法》、《土地管理法》等法律和行政法规之中。这些零散的规定缺乏系统性，一些重要的物权制度未被纳入规范体系，物权法规范体系存在着明显的缺陷。

作为构建未来民法典的一个重要步骤，我国的立法部门自 20 世纪 90 年代就将《物权法》纳入了立法规划。物权法律制度不仅反映我国的基本经济制度及其变革需求，而且也与每一个普通人的生活休戚相关。同时，物权法的基本原理和具体规则又非常具有专业性、技术性，因此，在立法过程中产生了许多争议（包括意识形态方面的争议），立法遭遇了相当大的困难。《物权法》草案在经过多次修改并经全国人大及其常委会多达7次的正式审议之后，最终才得以通过。

（二）《物权法》的立法特点

《物权法》在立法技术上具有如下特点：

1. 在结构上，采取由抽象到具体、由一般到特殊的立法技术。该法设“总则”编（第一编），对物权法的基本原则、物权变动的一般规则、物权的保护等有关所有物权类型的一般问题作出规范，然后在相当于“分则”的部分（第二编之后）分别对所有权、用益物权、担保物权和占有作出了具体规定。这一立法技术符合民法体系化的立法要求，值得肯定。

2. 在规范内容上，以对现行规范的重新整合和明晰化为主，并适当地引入新规定。《物权法》虽然是一部新的法律，但是其具体规定在很大程度上是对当时既存规范的整理和系统化。例如，无论是总则部分关于物权的得丧变更的一般规定（如将交付作为动产物权变动的要件，将登记作为不动产物权变动的要件等），还是有关土地所有权的归属、宅基地使用权、土地承包经营权、担保物权等具体类型的物权规定，主要都是承继了《中华人民共和国宪法》（以下简称《宪法》）、《民法通则》、《土地管理法》、《城市房地产管理法》、《农村土地承包法》、《担保法》等法律的规定，其所作出的实质性的修正并不多。当然，由于原有物权法律体系存在一些空白，《物权法》也引入了一些新的规定，如有关物权保护、建筑物区分所有权、地役权、占有等内容的规定。

3. 在表述上，寻求专业化与通俗化之间的平衡。一方面，物权法具有相当高的技术性，其规范不可避免地需使用一些专业术语和专业的表述方式，如“地役权”、“不得对抗善意第三人”等，这些专业化的表述很难在不牺牲精确性的情况下被通俗的语言所替代；另一方面，《物权法》的立法者也在寻求使规范的表述尽量通俗易懂的途径，例如，尽管很难回避“建筑物区分所有权”这一法律术语，但《物权法》最终还是采用了“业主的建筑物区分所有权”这一表述，从而通过“业主的”这一日常语词的描绘使普通人能够大致领会这一术语所指为何。

受多重因素的影响，新通过的《物权法》并不完美，对一些应予规定的问题采取了回避的态度，其所确立的一些规则也显得比较粗糙。但毫无疑问，这部法律填补了许多领域的立法空白，确认了改革开放以来我国政府及公众所认可的一些重要的价值观念（如对私有财产的保护等），在完善我国民事立法的道路上迈出了重要的一步。

(三)《物权法》的体系

《物权法》设5编，共19章247条。总体上，该法采用了大陆法系民事立法惯行的“总—分结构”：

1. 第一编为“总则”，除对物权法的基本原则作出规定（第一章）外，还包括了有关物权的设立、变更、转让与消灭的一般规则（第二章）以及有关物权保护的规则（第三章）。

2. 后四编内容构成“分则”，分别就所有权、用益物权、担保物权、占有等问题进行了规定。所有权一编包括：第四章“一般规定”；第五章“国家所有权和集体所有权、私人所有权”；第六章“业主的建筑物区分所有权”；第七章“相邻关系”；第八章“共有”；第九章“所有权取得的特别规定”。用益物权一编包括：第十章“一般规定”；第十一章“土地承包经营权”；第十二章“建设用地使用权”；第十三章“宅基地使用权”；第十四章“地役权”。担保物权一编包括：第十五章“一般规定”；第十六章“抵押权”；第十七章“质权”；第十八章“留置权”。占有一编规定在第十九章。

这一体系设计与大陆法系民法的物权体系基本吻合，同时又体现了中国法的特色，尤其是在土地公有制条件下物权的特点。另外，《物权法》未对物权的客体“物”及其分类作出规定，这或许是由于在未来的民法典中有关“物”的内容可能会出现在民法总则有关权利客体的规范中。

二、物权法的法律渊源

物权法的法律渊源，是指物权法规范的表现形式。毫无疑问，2007年全国人大通过的《物权法》构成了最为重要的物权法的法律渊源。此外，宪法、其他法律、行政法规以及部门规章和最高人民法院的司法解释事实上都构成了我国物权法的法律渊源，其中较为重要的包括以下几个：

1. 《宪法》。我国宪法对我国的基本经济制度及财产权制度作出了重要规定，而正是这些规定奠定了我国物权法的基础。例如，根据《宪法》第10条的规定，城市土地归国家所有，而农村和城市郊区的土地除法律规定属国家所有外均归集体所有。由此可知，我国实行绝对的土地公有制，自然人或法人不可能成为土地的所有权人。这一宪法原则对我国的不动产物权制度产生了绝对性的影响。此外，《宪法》在规定社会主义的公有财产神圣不可侵犯（第12条）的同时，也明确承认“公民的合法的私有财产不受侵犯”，从而为物权法上的权利保护制度提供了宪法的基础。当然，《宪法》对于物权法的作用还是体现在上述奠基性功能，它直接决定了《物权法》和相关民事立法的权利结构，由于《物权法》等相关民事立法和其他法律渊源已完全吸收了《宪法》的相关规定，再加上宪法的特殊属性，其对于物权法而言通常仅构成间接的法律渊源，原则上法院不能仅以宪法规范作为物权纠纷裁判的依据。

2.《民法通则》。作为民事基本法，《民法通则》并未使用“物权”的概念，但该法第五章“民事权利”的第一节“财产所有权和与财产所有权有关的财产权”实际上仍对国家所有权、集体所有权、个人所有权以及共有、土地承包经营权、相邻关系等内容作出了相应的规定。这些粗线条的规定基本上已经被《物权法》以及其他单行立法所取代。

3.《土地管理法》。作为《宪法》所确立的基本土地制度的具体表现，《土地管理法》进一步明确了土地的国有和集体所有的界限，确立了土地用途的管理制度，并对集体所有权的具体归属、土地承包经营权、宅基地使用权、土地征收等问题作出了规定。这些规定奠定了我国土地制度的基础，成了《物权法》中不动产物权制度的基本前提。而且，对于某些不动产物权类型而言，《物权法》甚至放弃了规定具体的规范，而转引了《土地管理法》等法律、法规的规定。[1]

4.《农村土地承包法》。该法对农村土地承包经营权的取得、内容、保护、流转等问题作出了全面的规定，《物权法》上有关“土地承包经营权”的规定基本上是重申了该法的基本内容。

5.《担保法》及相关司法解释《最高人民法院关于适用〈中华人民共和国担保法〉若干问题的解释》（以下简称《担保法解释》）。《担保法》从债权担保的功能着手，既规定了保证、定金等人的担保方式，同时也对抵押权、质权和留置权等担保物权作出了规定。《物权法》的生效并未完全使《担保法》及其司法解释失去效力，而《物权法》的许多规定又异于《担保法》，对此，可根据“后法优于先法”的法律适用规则作出如下处理:《物权法》的规定与《担保法》及其司法解释的规定不一致的，以《物权法》的规定为准;[2]《物权法》未规定而《担保法》及其司法解释有相应规定且与《物权法》的其他规范不相矛盾的，则继续保持其效力。

6. 有关不动产登记方面的法律规范。登记对于不动产物权至关重要，而根据《物权法》第10条的规定，不动产“登记的范围、登记机构和登记办法，由法律、行政法规规定”。换言之，《物权法》授权全国人大或国务院通过制定专门的《不动产登记法》或《不动产登记条例》之类的法律或者行政法规来全面规范不动产的登记。在此专门立法完成之前，现行有关不动产登记的规范主要是

---

[1] 例如，《物权法》第153条规定：“宅基地使用权的取得、行使和转让，适用土地管理法等法律和国家有关规定。”

[2]《物权法》第178条规定：“担保法与本法的规定不一致的，适用本法。”

一些部门规章，如2008年2月15日住房和城乡建设部发布的《房屋登记办法》，该办法于2008年7月1日起施行，在统一规范土地与地上建筑物的不动产登记法或行政法规出台前，该办法将暂时对房屋的登记进行调整。2014年12月，国务院发布了由国土资源部负责起草的《不动产登记暂行条例》（2015年3月1日起施行），初步确立了不动产统一登记的制度框架。

第三节 我国物权法的基本理念

自私有制确立之始，人类社会就构建起了一定的财产归属与利用制度。在各种不同的文明起源中，均可看到这一现象。尽管“物权”这一抽象的法律概念出现得很晚，而且也仅为以罗马法为基础的大陆法系国家所使用，但所有国家都有自己的财产归属与利用的法律制度，只不过其表达方式有所差异而已。就此意义上而言，即便不是所有国家都有形式意义上的物权法，实质意义上的物权法规范也一定会存在于每一个国家的法律体系内。

法律总有其规范的目的，也会体现特定的价值观。如果说各国的物权法规范在表达方式上存在诸多差异的话，那么它们背后的理念差异或许并没有那么显著，这一点至少就实行相同或相似社会制度的国家来说是可以成立的。例如，尽管英美国家的财产法和大陆法系资本主义国家的物权法在所使用的法律概念、法律推理的方式等方面存在显著差异，但它们所反映的价值观却大同小异。

我国制定的《物权法》，也必然要体现一定的价值取向。影响这一立法价值取向的现实因素包括以下四个方面：①我国社会主义经济制度的基本要求，尤其是公有制的要求；②肯定和维护多年改革开放成果的必要性；③公众对私有财产保护意识的不断增强；④经济发展的效率取向等。据此可确立我国物权法的基本理念。

一、公有财产与私有财产的一体保护

根据《宪法》的规定，在当前的社会主义初级阶段，我国实行以公有制为主体、多种所有制经济共同发展的基本经济制度。公有制为主体的经济制度要求法律加强对国有财产和集体财产的保护，于是《宪法》第12条庄严地宣告，“社会主义的公共财产神圣不可侵犯”；同时，《宪法》第13条规定，“公民的合法的私有财产不受侵犯”。由此可见，至少在《宪法》表述的层面上，对公有财产保护的价值似乎高于对私有财产的保护。

在我国，由于意识形态方面的原因，长期以来“私有”被污名化，法律对公民的私有财产欠缺周全的保护。然而，在新的历史条件下，人们逐渐意识到，私有

财产是个人经济独立自主的基础，维护私有财产就是维护个人的自由与尊严。

在《物权法》的立法过程中，有关公有财产是否应受特别保护的问题引起了极大的争议。最终出台的《物权法》在第一章“基本原则”部分的第4条规定：“国家、集体、私人的物权和其他权利人的物权受法律保护，任何单位和个人不得侵犯。”这一表述方式体现了立法者平等保护公有财产和私有财产的立法目的，从而在维护公有财产的同时，强化了我国法律对私有财产的保护。有人认为，《物权法》未采纳“公共财产神圣不可侵犯”这种表述有违宪的嫌疑。实际上，这种指责是没有根据的。《物权法》并未降低对公共财产的保护标准，它只不过是相对强化了对私有财产的保护而已，而这一立法理念的变化恰恰体现了我国社会的进步以及公众的基本要求，是我国社会主义法治文明的重要体现。

事实上，就《物权法》的私法属性来看，保护一般民事主体的私有物权恰恰是这部民事基本法的基本使命。对于公有财产的确认和保护，《物权法》固然也可发挥一定的功效，但其相关规范主要具有宣示性，公有财产权的行使及保护的具体机制主要还需通过国有资产法及村民组织法等特别立法加以实现。

二、从归属到利用

《物权法》第1条是关于该法立法目的的规定，在该条中包含了“明确物的归属，发挥物的效用”的表述，这一表述体现了《物权法》一项重要的立法思想。

明确物在法律上的归属具有重要的意义。一方面，物权法的一项最为基本的功能即为“定分止争”，只有明确了物的归属，才能减少无谓的争端，维护和平秩序；另一方面，也只有首先明确了物在法律上的归属（所谓“明晰产权”），才能使人们产生明确的预期，并以此激发创造财富和获取财富的热情，从而加强对物的利用，增加社会的财富。举例来说，《物权法》将农村土地承包经营权明确规定为一种用益物权后，承包经营权人对特定土地的权利更加清晰，权利人可期待在整个承包经营期内对土地进行稳定的利用，发包人和其他人原则上均不得任意收回或调整承包地，于是，这种稳定的权利关系就会使承包经营权人放心地对土地进行投入（如改良土壤、兴修水利等），从而可改变在权利归属不确定的情形下过度开发土地等短期利用行为。

如前所述，明确物的归属具有重要意义。而在交易社会中，如何发挥物的效用，从而做到“物尽其用”则显得更为重要。发挥物的效用，一方面，意味着包括物权法在内的法律规范应该为所有权人创造尽可能多的权利行使空间，例如由物权法承认更多的用益物权和担保物权，从而使所有权人能充分地利用物的使用价值和交换价值，以获取财产上的利益；另一方面，对于利用他人之物的用益物权人及担保物权人而言，其对物的利用往往也能为其带来利益。

《物权法》不仅规范了动产与不动产的所有权归属，而且也着重对物之利用作出了规范，这一点尤其体现在不动产方面。由于我国实行严格的土地公有制，土地只能归国家或集体所有，而国家或集体此类抽象的主体并不能像私主体那样依据意思自治原则自由地对物加以利用，因此需要法律对所有权的行使等作出特别规定。另外，公有的土地往往可以而且也需要由私人加以具体利用，于是，土地承包经营权、建设用地使用权等用益物权就成了具体利用土地的常态，因此，《物权法》关于这些以对物的利用作为权利内容的物权类型的规范就显得尤为重要了。不过，既有的土地公有制的实现方式仍然制约着物的利用和效率的达成，与先前的《农村土地承包法》等法律、法规相比，《物权法》并未在增进物之利用方面做出明显改善。

三、自由与效率

物权法上的自由，指的是物权人可以自由地根据自己的意愿行使其权利。由于物权的绝对性特征，相对于债权规范而言，物权法中包含较多的强制性规范。尽管如此，作为私法的物权法仍以意思自治为其原则，承认所有权人及其他物权人在其权利范围内自由利用其物的权利。此外，尽管物权法定主义系物权法的一项基本原则，但就《物权法》所承认的物权类型而言，当事人自由创设、转移、消灭物权的自由以及在一定范围内自由设定物权内容的自由仍为法律所保障。

"发挥物的效用"之立法目的的确定，表明《物权法》在坚持权利自由的同时，也追求效率。实际上，物权法清晰地界定各种物权，这一做法本身即可排除达成私人协议的障碍，从而减少交易成本，提高物的利用效率。另外，《物权法》中还有大量以效率为取向的规范。例如，根据《物权法》有关相邻关系的规定，因通行、铺设管线等需要而必须使用相邻土地的，其权利人应当提供必要的便利，易言之，不得以意思自治为由对邻人的利用要求予以拒绝，此类规则明显是为了充分发挥物的效用而设的，体现了效率的原则。又如，为增进对物的有效利用，根据《物权法》第 97 条的规定，按份共有人处分共有的不动产或者动产以及对共有的不动产或者动产作重大修缮的，无须征得全体共有人的同意，而仅须经占份额 2/3 以上的按份共有人的同意；另外，在按份共有人转让共有份额时，其他共有人享有优先购买权，此项规定的目的即在于鼓励消除共有状态，从而避免因共有人之间的冲突而影响对物利用的效率。

但是，以"发挥物的效用"这一立法理念为标准，可以看出《物权法》的一些具体规范与这一目标并不吻合。自宏观的视角看，现行以城乡两元为基础的土地制度严重地制约了土地利用的效率。《物权法》虽新创了地役权这样典型的土地利用权，但是，其在土地承包经营权、宅基地使用权这些更为重要的物权类型方面，尤其是涉及相关权利的流转方面，并无突破固有框架的制度创新。自微观的视角看，《物权法》中一些不涉及基本经济制度安排的技术性规范也与效率的目标不相吻合。例如，在抵押物转让问题上，《物权法》第191条确立的是转让须经抵押权人同意的规则，这一规则显然与“物尽其用”的效率原则相悖，而且，与之前的相关法律规则（《担保法》及最高法院相关司法解释）相比，《物权法》的这一规则在立法技术上甚至构成了一种倒退。

四、所有权的社会义务与所有权保护的强化

在近代民法上，所有权神圣成为民法的一项基本理念，所有权人对其所有之物享有绝对的自由支配，这种自由甚至被视为个人人格尊严的基础。然而，私人所有权也负有社会义务的观念逐渐成为各国人民的共识。[1] 人们意识到，在所有权人的利益与公共福祉之间会发生冲突。因此，所有权人对其物的使用及处分的自由，不可能是毫无约束的，所有权本身应内在地受到一定限制。在民法方面，禁止权利滥用这项基本原则的发展构成了法律对所有权滥用的限制；而在公法方面，环境保护、城市规划等法律的发展对物权关系的影响则更为显著。

相对西方国家而言，我国社会的传统观念更为强调社会本位，因此，私人的权利更多地受到家族、团体、社会乃至国家的限制。新中国所确立的社会主义道路更是不可避免地强化了社会本位的观念。晚近以来的改革进程，从某种意义上讲，就是一个不断强化个体意识和个人利益的过程，尽管如此，社会本位的思想仍普遍地体现在我们的法律之中。例如，《物权法》在对所有权给出的定义中就特别突出了权利的享有须“依法”进行（第39条）；该法第42条更是以授权规范的形式承认可以为了公共利益的需要进行征收。由《物权法》以及我国其他众多法律、法规的规定可知，所有权及其他物权不仅是权利人的私权，同时也承载着一定的社会义务。

同时，我们也应看到，相对以往的法律而言，《物权法》明显地强化了对所有权及其他物权的保护。例如，《物权法》设专章（第三章）规定了“物权的保护”，对物上请求权及其他保护物权行使的方式作出了较为完善的规定。另外，即便是在授权可以因公共利益的需要而进行征收的规范中，该法也强化了对被征收者的补偿等保护措施。实际上从总体而言，整部《物权法》毫无疑问地还是围绕着物权的保护展开其规范的。正是由于我国既有的观念和制度对私权的保护不足，物权法才更应在彰显和保护私权方面做出贡献。因此，在承认所有权具有社会义务的同时，现阶段的中国物权法更应强调所有权的自由和保护。

---

〔1〕 例如，《德国基本法》第14条规定：“所有权受保障，其内容与范围由法律决定之。所有权负有义务。其行使同时应服务于公众之福祉。”

第二章
物权的客体——物

［本章提要］

物权的客体原则上是物，因此，探讨物权，首先须了解法律上的物。本章讨论“物”的概念、特征、物的构成和分类等问题。

第一节　物的概念与法律特征

一、物权的客体

“物权”，顾名思义，为物上的权利，从而物权系以“物”为其客体，体现权利人对特定物的控制与支配关系。需注意的是，某些类型的物权也可以权利为客体。例如，就作为担保物权的质权而言，《物权法》既规定了以动产为客体的动产质权，同时也规定了权利质权。在后者，债权、知识产权、股权等都可成为其客体。又如，在《物权法》第180条所列举的抵押权客体中就包含了建设用地使用权、土地承包经营权等权利。物权以物之外的权利为客体的，须有相应的法律规定。[1]

物权的客体原则上为“物”，而且须为特定之物。也就是说，物权的客体须为特定的一物，学理上将此称为“物权客体特定原则”，并将其作为物权法的一项基本原则。物权既为直接支配标的物的权利，则标的物须具有确定性，如果物权客体的边界不明，则其定分止争的基本功能就不能发挥。同时，物权之享有当然须满足经济上的需要和效用原则，这就意味着：①物权须以经济上和功能上完整的一物为客体，不能在物的构成部分上成立独立的物权。例如，一辆机动车构成功能上的“一物”，物权应存在于整个机动车上，而不存在于发动机、车身、轮胎之上。当然，一旦车辆被解体而其零部件仍有利用价值，则因分离而独立存在的零部件也成了“一物”，从而成了一项物权的客体。②物权以独立的一物为客体，原则上有多少各独立之物，就有多少个物权。例如，某人拥有一整套（12张）生肖邮票，则该人就享有12个所有权，亦即，在每一张邮票上都存在一个

〔1〕《物权法》第2条第2款后段规定：“法律规定权利作为物权客体的，依照其规定。”

所有权。如此，所有权人方可自由支配每一个物，并可自由地对每一个独立的权利客体做出处置。

我国《物权法》虽未明确规定物权客体特定原则，但该原则实际上为我国民法理论所认可，《物权法》的规范原则上也是遵循物权客体特定这一原则的。

《物权法》第181、189条及第196条规定了“浮动抵押”，此类抵押权以企业、个体工商户等现有的和将来所有的生产设备、原材料、半成品、产品为客体。如果将以此方式设立的抵押权视为一个单一的抵押权，则该抵押权的客体明显不限于某一特定物。可见，此种源自英美法的担保制度与大陆法系固有的担保物权存在较大的差异。不过，《物权法》第196条规定了抵押财产的确定方法，可以认为，至少在此确定抵押财产的时点，抵押权也个别地存在于每一个抵押物之上了。

二、物的概念

物权原则上以物为客体。而关于何者为物，《物权法》第2条只是简单地规定，“本法所称物，包括不动产和动产”。这一规定实际上并未明确界定什么是物，而仅是对其基本类型作出了规定。

“物”在民法上的概念与自然科学及哲学意义上的“物质”并不完全相同，其原因在于，民法上的“物”乃是作为权利的客体而存在，故仅有能够为人力所支配并具有财产价值的东西才能成为民法上的物。

关于民法上的“物”，通说认为，系指除人的身体外，能够为人力所支配，并能满足人类社会生活需要的有体物和自然力。

三、物的法律特征

上述定义揭示了“物”的如下法律特征：

（一）有体性

将“物”分为“有体物”和“无体物”，这是古代罗马法的传统。在罗马法上，“有体物”是指那些可以被触摸到的物品，而“无体物”则是指那些触摸不到的东西，即各种权利，如用益权、继承权、债权等。[1]基于具有财产价值这一共同属性而将作为权利客体的物与权利本身混为一谈，在许多法律体系上都可以观察到这一现象。实际上，古代罗马法上“物”的概念类似今天我们通常所说的“财产”——后者既指动产、不动产等实物，同时也包含具有财产价值的权

---

〔1〕［古罗马］盖尤斯：《盖尤斯法学阶梯》，黄风译，中国政法大学出版社2008年版，第58页。

利在内。

随着“物权”概念的提出，有必要在逻辑层面上清晰地区分作为物权客体的物与其他“无体物”（权利），举例来说，如果作为“无体物”的债权通常都能成为物权的客体，那么就会产生“对一项债权拥有所有权”这样的权利结构，从而使得物权和债权等权利无法区分。于是，在将物权与债权作出区分的法典上，“物”通常都被界定为“有体物”。[1]

所谓“有体物”，是指占据一定空间而有形存在的物质实体。光能、热能、电能等自然力虽不符合上述有体物的定义，但在技术上它们却可为人力所支配，且具有经济价值，因此在民法上，此类自然力也可被视为“物”，成为物权的客体，并适用有关动产的规则。

物权的客体须为有体物，此点既是物权的支配权属性的内在要求，同时也是在逻辑上将物权与其他财产权相区分的前提。以物权与知识产权的区分为例，后者的法律特性虽然与前者有很大的相似性，但终究因其客体的无体性而在权利的构成和保护等方面与物权有所不同，从而难以纳入物权的体系。

《物权法》第2条虽未明确规定物为有体物，但它通过“本法所称物，包括不动产和动产”的这一表述，实际上承认了物的有体性。但是，由于立法技术上的原因，《物权法》在某些规范上也偏离了物的有体性这一标准。例如，《物权法》第二编在界定“国家所有权”时，将“野生动植物资源”（第49条）、“无线电频谱资源”（第50条）等均纳入所有权的客体，而在关于“私人所有权”的相关规范中，也出现了“私人合法的储蓄、投资及其收益受法律保护”（第65条）这样的表述。以“储蓄”为例，如系指银行存款，则存款人之于“存款”实际上享有的是一项请求银行还本付息的债权，而非物权。[2]

另外，在司法实践和学说层面，也经常发生将“受保护的财产（权）”与“物”相混淆的情形。例如，对于因科技的进步而出现的所谓“网络虚

---

〔1〕《德国民法典》第90条规定：“本法所称之物，仅指有体物。”《日本民法典》第85条规定：“本法所称物，谓有体物。”

〔2〕《民法通则》、《物权法》关于自然资源归属于国家等规范实际上是重申了《宪法》第9条的规定。在一国法律体系中，宪法与民法有不同的功能定位，宪法上规定的“所有”其意义并不完全等同于民法上的所有权。所谓“宪法所有权”并不属于民法上“物权”的下位概念。本书作者认为，作为民事规范，《物权法》其实大可不必为重申宪法的规定，而破坏“物必有体”及“物权客体特定”两项基本原则。

拟财产”，人们往往会以其“应受保护”为由，而将其归入物权的范畴。实际上，所谓“网络虚拟财产”并非有体物，其上的权利也并非物权。

(二) 可支配性

物，为物权之客体；物权，系对特定物加以支配控制的权利。因此，法律上的物必须能够为人力所支配。凡人力所不能支配者，尽管在现实世界中有其客观的存在，终究不能成为物权的客体。

随着科技的进步，人类对于客观世界的支配能力不断增强。这或许意味着，作为物权客体的物的范围也会呈现出不断扩展的趋势。不过，也恰恰是在这些领域，各国法律乃至国际法往往会禁止或限制将这些人力所及之物视为民法上的物而成为权利的对象，例如，有关南极以及外层空间方面的国际条约均不承认各国对这些地方的主权，从而任何民事主体也不得在这些领域享有物权。

正是由于具有可支配性，电力、热力等自然力也可被视为民法上的物。

(三) 可利用性

物的可利用性，是指能够满足主体之物质利益或精神利益的特性，即通常所说的“有价值”。物之所以具有经济价值，其原因在于其所具有的稀缺性；因为稀缺，所以会在社会成员之间引起冲突，定分止争的必要性由是而生，而物权法的基本功能恰恰在于定分止争。在此意义上，尽管对人类甚至是不可或缺但不具有稀缺性的东西，通常并不能成为物权的客体，例如空气。

将空气、海水等排除出“物”的范畴，主要是基于无人能对其主张所有权这一意义而言的。如果将“公有物”(或称“公共物”、“共同物”)这一概念引入，则空气、海水等当然可进入“物”的范畴。

“公有物”，指不为任何人所有，而且未来也不得为任何人所有，得为一切人共同使用之物。这一概念源自罗马法。古代罗马人将物首先分为“可有物”与“不可有物”，后者又根据不可有的原因区分为“神法上的不可有物”及“人法上的不可有物”，“公有物”即属于“人法上不可有物”。罗马法学家杰尔苏曾写道“大海如空气一样，为全人类所共有”。[1] 另一位法学家马尔西安也认为，“根据自然法，空气、流水、海洋及由此而来的海滨属于一切人所共有”。[2] 罗马法的这一概念为后世民法所继受，例如，《法国民法典》第714条规定，“不属于任何人之物，得为公众共同使用。有关治

〔1〕 D.43, 8, 3, 1.

〔2〕 D.1, 8, 2, 1.

> 安的法律规定此种物的使用方式”。显然，“公有物”这一概念表达的观念是：虽为“物”，但不属于“财产”；虽人人皆可用，但不可归属于任何人所有。
>
> 我国现行法上未使用“公有物”这一概念，这不仅使得空气、水流等由于无法确定归属而无法进入“物”的范畴，而且，更为重要的是，它也直接导致了以“国家所有”的概念替代“公有公用”的观念，例如，《物权法》第五章将水流、海域、野生动植物资源、无线电频谱资源等均纳入“国家所有权”的范畴。此种立法处理不仅会引起逻辑上的质疑（例如，就野生动物而言，既属于“野生”，何以又纳入“所有”?），而且，更有疑问的是，对于那些原本应该是公有公用之物，一旦确立为“国家所有”，是否意味着任何使用均须获得国家之同意?

当然，某件东西是否具有利用价值，并不能总是以其客观属性及对大众的意义来加以判断。某些物品或许不具有一般的经济价值，但对特定人仍可能具有重要意义，例如，一张具有特定纪念意义的老照片。只要有人在主观上认其有价值，其即可作为民法上的物而在其上成立物权。

（四）伦理性

法学的使命，不在于以“科学”的方法去探究事物的本质，而在于规范人类个体及群体的行为。就此而言，人类社会长期发展的伦理道德观念对法律的影响可以说是无处不在。这一点同样适用于关于物的法律界定。

人的身体是否构成民法上的物？在伦理学上，具有理性的人依其本质只能为目的，而不能仅仅将人作为手段来使用，因此人是主体，而外在的世界为客体。首先，生存之人的身体，虽然也具有物质性，但身体乃是法律主体（自然人）的构成要素，而非权利的客体，故不属于物的范畴。其次，随着自然人的死亡，其权利能力终止，遂产生了人类遗体是否属于民法上之物的法律问题。几乎在所有类型的社会中，我们都可以看到对人类遗体表示尊重的这种宗教与文化现象，因此，基于伦理方面的考虑，遗体并不能被视为一般的物，不能作为遗产加以继承，而是应根据法律和习俗给予体面的安葬等处理。最后，用于输血的血液、用于移植的器官可以暂时地与人体相分离，在现代社会中，只要具备拯救自己或他人生命的医学目的，这一分离本身并不违反法律，而且也逐渐为人们的道德观念所认同。但即便如此，血液、人类器官等的买卖及其他形式的交易仍为许多国家的法律及道德规范所排斥。因此，暂时分离出来的器官等也只是在非常有限的意义上被作为物看待。

> 近年来，我国司法实践中出现了有关冷冻人类胚胎的纠纷。江苏宜兴一对双独年轻夫妇在南京一家医院做试管婴儿，并留下4枚冷冻胚胎。在实施移植之前，该对夫妇不幸因车祸双双离世。双方老人与医院对簿公堂，要求继承胚胎。宜兴法院一审认为，冷冻胚胎具有发展为生命的潜能，是含有未来生命特征的特殊之物，不能像一般之物一样任意转让或继承；施行体外受精胚胎移植手术的夫妻已经死亡，其留下的胚胎所享有的受限制的权利不能被继承，据此，一审法院判决驳回了当事人对冷冻胚胎监管和处置权的请求。无锡中院二审认为，胚胎是介于人与物之间的过渡存在，具有孕育成生命的潜质，比非生命体具有更高的道德地位，应受到特殊的尊重与保护；虽然依相关规定胚胎不能买卖、赠送，并且我国法律也禁止实施代孕，但不能否定权利人对胚胎享有的相关权利，据此，二审法院撤销了一审判决，判决4位老人共同监管和处置医院的4枚冷冻胚胎。

动物是否为物？物的伦理性也体现在法律对动物属性的界定上。同为有生命的物种，人类时常对动物表现出特殊的情感，以至于我们的法律和伦理规范常常会将动物与无生命的物区分开来。晚近以来，动物保护主义甚至成了一种国际性的运动，此种思想意识引导人们郑重其事地提出了所谓“动物的权利”,[1] 而这进一步促成了“动物非物”的法律观念。通过立法修订，《德国民法典》明确规定了“动物非物”。[2] 当然，那种认为动物应如人类那样成为法律主体的观点未免有矫枉过正的嫌疑，“动物非物”之规定的立法目的并非要将动物人格化，而是为了限制动物所有人的权利。

第二节　物的构成及分类

【导入性问题】

1. 物权成立于特定物之上，然而究竟何为“一物”？一辆汽车由众多零部件组合而成，那么，究竟是在整辆汽车上有一个所有权，还是在每一个零部件上都分别有一个所有权？

2. 甲在建房时，窃取了邻居乙的一根木料作为房屋的栋梁，房屋建成后，

---

〔1〕 例如，1978年10月15日联合国教科文组织《动物权利共同宣言》。

〔2〕《德国民法典》第90a条规定：“动物非物。动物以特别法保护之。于未有特别规定时，应准用有关物之规定。”

乙发现木料失窃的事实，则其是否有权要求甲返还？如系甲窃取乙的轮胎后安装于自己的汽车上，则后者能否要求前者返还？

3.《物权法》第115条规定：“主物转让的，从物随主物转让，但当事人另有约定的除外。”然而，又该如何认定主物和从物呢？汽车与其发动机是主物与从物的关系吗？电视机与遥控器呢？

4. 果树上的果实是否是果树的孳息？

一、物的成分

物的成分，是指物的构成部分。根据物与其构成成分之间的关系，可将物的成分区分为重要成分与非重要成分。

（一）重要成分

物的重要成分，是指非经毁损不能分离，或分离将耗费过高成本之物的构成成分。关于物之重要成分的识别标准，并不在于其在物中所发挥的功用，如发动机之于汽车，而在于其不能从物中分离出来的特性。

将不可分离性作为物之重要成分的认定标准，其原因在于：凡不可从物中分离而独立存在的部分，必不能独立成为物权的客体；相反，那些具有可分离性的部分，即便在整体中发挥着至关重要的作用，由于其从物中分离后并不影响其自身的价值，因此可以独立地成为物权的客体，而作为整体的物也可在此类构成成分分离出去后以同种类型之他物加以补充。

物的重要成分不得单独成为物权的客体，确立这一规则是为了维护物的经济价值，避免因强行对物加以分割而带来的损害。举例来说，对于一栋房屋而言，其墙体、支柱、栋梁等当然属于不可分割的重要成分，因此，即便在建房时取用了属于他人的木材，一旦该木材与房屋结为一体（如用作栋梁、支柱等），则立刻成为房屋之不可分离的重要部分，此时，即应认定发生了动产对不动产的添附，从而必须否定木材之原所有权人的所有权，否则，如允许后者继续以所有权人身份要求返还，则势必会导致房屋受损甚至完全坍塌。从经济上衡量，一根木料的价值无法与整栋房屋的价值相比，因此法律不应支持以牺牲整栋房屋来维护对一根木料的所有权的观点。当然，对因自己之物成为他人之物的重要成分而无法要求返还的当事人而言，他可以根据具体情形主张不当得利、侵权等方面的请求权来维护自己的利益。

（二）非重要成分

物的非重要成分，是指可由物中分离出来而独立存在的部分。物的构成成分中，凡不属于重要成分者，即为非重要成分。与重要成分一样，非重要成分也是物的构成部分，物权以整个物作为其客体，而非以其成分为客体。例如，一辆汽车虽由众多零部件组装而成，但通常所有权乃设立在整辆汽车之上，而非分别以发动机、机身、轮胎等为客体。

但是，与重要成分不同的是，物的非重要成分可以单独地成为物权的客体。例如，当一辆汽车报废后，由此辆汽车上拆卸下来的零部件均可成为独立的物而归属于其所有权人所有。又如，若汽车所有人使用其新购的一个轮胎替换旧轮胎，则在其将新轮胎安装在汽车上时，此轮胎即失去了独立性而成为汽车的非重要成分；但是，若汽车所有人窃取他人之轮胎并安装于自己之车上，则此轮胎与汽车并不发生动产之间的附合，这是因为，与前述木料与房屋的结合不同，此种结合并非不可分离的结合，而是很容易发生分离，因此，即便该轮胎已安装在他人的车上，对其所有人而言，该轮胎仍是独立的一物，其所有权并不丧失，轮胎所有人仍可直接要求汽车所有人予以返还。

二、主物与从物

无论是物的重要成分，还是非重要成分，都是构成一个整体的物的部分。物与其成分之间的关系，是整体与部分的关系。主物与从物的关系，则有所不同，它们是两个独立的物，只不过相互之间具有一定的依存关系。

在主物与从物的关系中，主物，指的是起主导地位并可独立发挥功能的物；从物，则指不构成主物的成分，但经常性地辅助主物发挥效用的物。

从物具有如下基本特征：①从物不属于主物的成分，而是独立的一物；②从物经常性地对主物起着服务、辅助的功效，从而使得主物的效用更为显著，利用更为便利；③从物与主物归属同一人所有。[1] 例如，台灯与其灯罩、画与画框、电视机与遥控器、汽车与备用轮胎等皆具主物与从物的关系。一幅画作，即便没有镶嵌在画框之中，也不失其完整性，因此，画框并非画作的成分；但镶嵌在画框中的画作便于保存、展览，因此，画框构成了画作的从物。

主物与从物关系的识别，并非基于纯粹的逻辑判断。实际上，确立此种关系乃是基于交易的立场，并以更好地发挥物的效用为其目的。确立某物系另一物的从物，其所具有的实际法律意义在于为以下规则的适用奠定基础：主物之处分，及于从物。具体而言，包括以下几方面内容：①主物转让时，从物随主物转让（《物权法》第115条）；②主物抵押时，抵押权的效力及于从物（《担保法解释》

---

〔1〕 是否要求主物与从物同属于一人，各国立法有不同的规定。我国现行法并未就主物与从物的认定标准作出一般规定，但是，《担保法解释》第63条规定："抵押权设定前为抵押物的从物的，抵押权的效力及于抵押物的从物。但是，抵押物与其从物为两个以上的人分别所有时，抵押权的效力不及于抵押物的从物。"此条一方面提到"抵押物与其从物为两个以上的人分别所有"，从而似乎采取的是不要求主物与从物同属一人的立场；但另一方面，它又规定，在两物不属同一人所有时，并不适用"主物的处分，及于从物"的一般规则，从而在实际上确认了主物与从物应同属一人的规则。

第63条）；③动产质权的效力及于质物的从物（《担保法解释》第91条）。当然，这些规范都属于任意性规范，而不属于强制性规范，当事人可以特别约定，主物的处分，其效力不及于从物。例如，如果汽车买卖合同的双方当事人未特别约定由卖方保留汽车的备用轮胎，则由于备用轮胎构成汽车的从物，从而转让汽车的合意应被视为包含了转让备用轮胎的意思，因此出卖人不得主张在卸下备用轮胎后再交付车辆。

三、孳息

孳息，是指由物所产生的收益，可分为天然孳息与法定孳息。

（一）天然孳息

天然孳息，是指依物的自然属性或使用方法而产生的收获物、出产物。例如，耕作土地所收获的粮食、果树所产生的果实、动物所生幼崽、奶牛产出的牛奶等。产生天然孳息的物，称为“原物”。

> 由原物中产生的一切并不都具有孳息的性质。原则上，只有依物的自然属性，定期或常规性地产出出产物，且原物不因此而明显损坏或减少价值时，才能构成孳息。因此，从果树上采摘的果实是孳息，而大风吹断的树枝却非孳息；同理，土地所出产的畜草是孳息，而从土地中开采的矿石并不属于土地的孳息。这一区分具有法律上的意义，例如，因用益物权人有权收取孳息，故土地承包经营权人可收取粮食或畜草，但无权开采土地中的矿石。

产自原物的天然孳息，必须从原物中分离出来后，才能成为物权的客体。在与原物分离之前，天然孳息仅为原物的成分，并不存在独立的归属问题。孳息自原物分离后，成为独立的物，从而有必要确定其所有权的归属。

关于天然孳息的归属，《物权法》第116条第1款规定，“天然孳息，由所有权人取得；既有所有权人又有用益物权人的，由用益物权人取得。当事人另有约定的，按照约定”。依据该条的规定可知：①孳息原则上属于原物之所有权人；②孳息收取权人为所有权人以外的人的，由享有收取权者取得孳息所有权，由于用益物权人的权利中包含着“收益”权能，故用益物权人为享有孳息收取权的人，例如，土地承包经营权人有权获得耕作土地所收获之粮食；③前述两项规则为任意性规范，如当事人对天然孳息的归属另有约定的，从其约定，例如，在所谓“用益租赁”关系中，承租人依合同的约定取得租赁物的孳息。

（二）法定孳息

法定孳息，是指原物依一定的法律关系而产生的收益。例如，出租房屋而收取租金的，租金即为房屋所产生的法定孳息；借贷金钱而产生的利息也属于法定孳息。

关于法定孳息的归属，《物权法》第116条第2款规定，“法定孳息，当事人有约定的，按照约定取得；没有约定或者约定不明确的，按照交易习惯取得”。所谓按约定取得，即按法律关系的内容取得，如依租赁关系的内容，由出租人获得租金；依借款合同的内容，由贷款人取得利益等。如果当事人间的法律关系并未明定法定孳息的收取权，则须按照交易习惯来确定法定孳息的归属。

四、单一物、合成物与集合物

（一）单一物

单一物，是指形态上自成一体且其构成部分已失去其个性的物，例如一匹马、一只电灯泡、一个水杯等。单一物是浑然一体之物，一般不再需要识别其成分，而且原则上也不存在部分因与整体分离而成为独立之物的情形。

（二）合成物

合成物，是指由数个单一物结合成一体的物。例如，由发动机、轮胎、轴承等组合成的汽车即为典型的合成物：汽车的各部件原各为独立的物，但一经组合成为一个功能体，这些零部件均成为后者的组成成分，不过，其个性并不因此丧失，在这些零部件从汽车上拆卸下来后仍可成为独立的物。

（三）集合物

集合物，也称聚合物，是指多个单一物或合成物为共同的目的集合在一起而形成的聚合体。集合物可进一步分为事实上的集合物和法律上的集合物。

事实上的集合物，是指由同质的多数动产构成的集合物，如一个畜群、一个收藏某类图书的图书馆等。以畜群为例，它虽然由作为个体的动物构成，但其在经济上和功能上被视为一个整体（如一个畜群中的动物有合理的雌雄、兽龄搭配，从而有较强的自然繁育能力），并因此经常成为一个交易的对象。

法律上的集合物，是指由不同性质的财产为共同目的而集合在一起的聚合体，如企业、遗产等。以企业为例，企业固然也可能因具备法人资格（企业法人）而成为法律主体，但有时它也可以成为权利的客体，如所谓的企业转让、企业兼并等；作为集合物，企业由动产、不动产等有体物构成，此外它还包括了债权、知识产权等“无体物”，甚至消极财产如债务也是构成该集合物的财产。遗产也属于此种情形，它也由动产、不动产、债权、债务等构成。

单一物和合成物都是“一物”，无论是一个水杯，还是一辆汽车，都是一个所有权的客体。相反，集合物并非一个特定物，而是若干物为特定目的而集合在一起。集合物固然可以成为一个交易关系的对象（如以100万元购买一家企业），但就物权关系而言，并不存在集合物之上的所有权，事实上，所有权仍然存在于构成集合物的每一个物之上，例如，对于羊群而言，所有权仍存在于每一只羊身上。由此可见，实际上集合物并不属于物权法意义上的“物”。

五、不动产与动产

以物是否能够移动并且是否因移动而损害其价值为标准，可以将物分为不动产和动产。

在性质上不能移动或者移动通常会严重损害其价值的物，为不动产。《物权法》第2条确认了不动产与动产的分类，但未对它们作出界定。《最高人民法院关于贯彻执行〈中华人民共和国民法通则〉若干问题的意见（试行）》第186条规定：“土地、附着于土地的建筑物及其他定着物、建筑物的固定附属设备为不动产。”《担保法》第92条所作定义为，“本法所称不动产是指土地以及房屋、林木等地上定着物”。[1]

无论是以“能否移动”的抽象标准来区分不动产与动产，还是通过列举不动产的类别而用排除法确定动产的范围，实际上大体都能将不动产确定为土地及其附着物、定着物，包括各种建筑、树木等。问题的关键是，在物权客体特定原则之下，各种类型的土地及各种附着物、定着物究竟在何种意义上构成一项不动产物权的客体？质言之，就不动产而言，何为“一物”？

就土地本身而言，地球的地表有大块陆地相连，尽管根据自然地理特征有时也能产生“一块土地”的观念，如一座湖心小岛所占据的土地，但是，要想一般性地将土地纳入权利的客体，唯有借助人为划界。在不动产登记簿上，一个由权属界线组成的封闭地块就是一个最小地籍单元，称“宗地”，[2] 这就是物权特定意义上的“一物”。

实际上，“土地”这一基本法律范畴在我国法律上并不清晰，《民法通则》、《物权法》、《土地管理法》等均未对“土地”作出法律界定。从经济功能上看，土地存在耕地、草原、森林、滩涂、矿山、建筑用地等具体形态。根据《民法通则》第74条的规定，集体所有权的对象包括“法律规定为集体所有的土地和森林、山岭、草原、荒地、滩涂等”，据此，森林、山岭、草原、荒地、滩涂等成为“土地”之外的所有权客体。然而，有疑问的是，荒地、滩涂、山岭等除了土地的表现形式外，其自身“有体”吗？

---

〔1〕 另外，根据《物权法》第10条的立法授权，2014年12月发布的《不动产登记暂行条例》第2条第2款规定，“本条例所称不动产，是指土地、海域以及房屋、林木等定着物”，可资参考。

〔2〕《不动产登记暂行条例》称其为“不动产单元”。该条例第8条规定，“不动产以不动产单元为基本单位进行登记。不动产单元具有唯一编码”。

难道它们本身不就是土地的自然状态吗?[1] 从土地的自然状态出发，有探讨价值的是矿藏。矿藏内含于土地，本应如土壤、岩石等构成土地的重要成分。但是，无论是《宪法》（第9条），还是《民法通则》（第81条）和《物权法》（第46条）均明确宣告矿藏属于国家所有。《矿产资源法》第3条更是明确规定，“矿产资源属于国家所有，由国务院行使国家对矿产资源的所有权。地表或者地下的矿产资源的国家所有权，不因其所依附的土地的所有权或者使用权的不同而改变”。由此可见，矿藏在我国法上属于独立于土地之外的不动产物权客体。不过，矿藏也只有埋藏于土地中时，才属于不动产。一旦从土地中开采出来，矿石、原油、天然气等均为动产，而且这些动产的所有权将依采矿权确立归属。另外，不无疑问的是，如果矿藏属于独立的不动产，那么，其是否需要纳入不动产登记以及如何进行登记?

关于附着于土地上的房屋等建筑物、定着物，由于其与土地不可分离，罗马法以及后世许多国家的法律均将其作为土地的成分对待，一切附着于土地上之物均因附合而成为土地的一部分，在此意义上，“土地”即为“不动产”。我国法律明显采狭义的“土地”概念，不仅房屋、建筑物的附属设施等属于独立于土地之外的不动产，而且，林木亦属于独立于林地的不动产。[2]

不动产以外的有体物，均为动产，它们在性质上具有可移动性，其价值不会因为物理上的位移而受损害。动产类型众多，无法穷尽，民法通过界定不动产而使动产的范围自明。

不动产与动产的区分，是民法上对物所作的最为重要的分类。此种分类的意义表现在：

1. 不动产与动产的区分构成了《物权法》立法体系的基础。《物权法》第二章“物权的设立、变更、转让和消灭”直接以不动产与动产的区分作为构建

---

〔1〕 相较于《民法通则》、《土地管理法》的相关规定更为合理。《土地管理法》第4条确立了土地用途管制的制度，并将土地区分为农用地、建设用地和未利用地。该条第2款规定，“前款所称农用地是指直接用于农业生产的土地，包括耕地、林地、草地、农田水利用地、养殖水面等；建设用地是指建造建筑物、构筑物的土地，包括城乡住宅和公共设施用地、工矿用地、交通水利设施用地、旅游用地、军事设施用地等；未利用地是指农用地和建设用地以外的土地”。据此，草地、养殖水面等都回归了“土地”的属性。

〔2〕 参见《森林法》第3条。根据该法，森林、林地和林木构成不同的权利对象，其中，森林、林地应归属于国家或集体，而林木则可以归属于个人。从物权法的视角看，单株的林木可作为“一物”，构成一项物权的客体，但是，将“森林”规定为所有权的客体却令人费解，盖因“森林”无法满足物权客体特定原则。在物权法的眼中，只见树木不见森林。

我国物权变动规则的基础。另外，就《物权法》所规范的具体物权类型而言，也可清晰地观察到这种分类的重要性：建设用地使用权、宅基地使用权、承包经营权和地役权等用益物权全部以不动产为其客体；相反，担保物权中的质权和留置权均不得以不动产为其客体。

2. 不动产物权与动产物权的公示方法不同。不动产具有特定性和不可移动性，在技术上可以建立起一套行之有效的登记及查询制度，准确地反映不动产物权的归属及变动情况，因此不动产物权以登记为其公示的方法。动产原则上不适合被纳入特定的登记体系，故动产原则上以占有为其权利的外观，动产物权的变动以占有的转移（即“交付”）为其公示方法。[1]

3. 不动产与动产的物权变动要件不同。不动产不仅以登记作为其物权归属的公示手段，而且基于法律行为的不动产物权变动（设立物权、转移物权等）原则上也须以登记为其生效要件。[2]相反，动产物权的变动通常无须登记，而仅须交付即可。[3]即便对于汽车、船舶、航空器等特殊动产而言，登记也仅是其对抗要件，而非物权变动的生效要件。[4]

动产与不动产的区分具有历史性。二者的区分虽始于罗马法，但是，此种现代法上对物的基本区分在罗马法上却并不重要。在传统的农业社会格局下，罗马法上对物最重要的区分是“要式移转物”与“非要式移转物”，二者遵循不同的物权变动规则。[5] 中世纪之后继受罗马法的欧洲各国则逐渐将不动产与动产的区分作为对物的基本区分。在相当长的历史时期内，不动产不仅因不能移动的物理属性而区别于动产，其更因在经济上的重要性而具有动产无法比拟的价值。因此，不动产的交易和物权变动采取与动产不同的规则，如前者的交易须以公证文书的方式做成，其物权变动则须载入不动产登记簿。

---

〔1〕 根据定义，机动车、船舶、航空器等交通运载工具毫无疑问属于动产。但是，针对这些交通工具，却存在一套成熟的登记制度，因此，登记对于此类特殊的动产具有一定的意义。也正是基于此种可纳入登记的性质，它们有时也被称为“准不动产”。

〔2〕 《物权法》第9条第1款规定：“不动产物权的设立、变更、转让和消灭，经依法登记，发生效力；未经登记，不发生效力，但法律另有规定的除外。”

〔3〕 《物权法》第23条规定：“动产物权的设立和转让，自交付时发生效力，但法律另有规定的除外。”

〔4〕 《物权法》第24条规定：“船舶、航空器和机动车等物权的设立、变更、转让和消灭，未经登记，不得对抗善意第三人。”

〔5〕 要式移转物不仅包括意大利的土地及乡村地役权，而且也包括牛、马等提供畜力的动物。对古代罗马人而言，这些物具有最高的价值。要式移转物的物权变动，须实施要式买卖、拟诉弃权等要式行为，而非要式移转物仅须完成交付即可。

进入现代社会，伴随着经济的发展，尤其是资本市场和金融业的繁荣，不动产已经不再具有过往的财富形象。但是，这种经济和社会的变迁并未对物在法律上的基本区分构成真正的挑战。即便这种区分不再代表着财富价值上的区分，但是，不动产不能移动的物理属性仍然决定着其在公示方法上与动产的不同——不动产可以登记为公示手段，而动产原则上仅能以占有为公示手段。只要在有效的公示手段上的这种差异继续存在，物权法就可以继续坚持将不动产与动产的区分作为体系上的最基本的区分。

第三章
物权通论

［本章提要］

本章具有“物权总则”的意义，即探讨所有权、用益物权、担保物权等具体物权类型所具有的共性以及涉及的共同问题。在本章所设的各节中，将分别讨论物权的概念与特性、物权的类型、物权的效力、物权的变动以及物权行为等问题。

【导入性问题】

1. 甲从乙汽车经销商处购买一辆汽车A，双方约定由乙在两个月后交货。在生产商将该辆汽车运往乙的营业场所的过程中，丙驾车不慎致A车严重受损。甲没有按时得到自己订购的车，于是向丙主张损害赔偿。问：甲的主张是否合理？

2. 甲向乙借款3万元，为担保还款，将其“劳力士”手表一块交给乙设立质押。乙不慎将该表遗失，为丙所拾获。问：乙能否直接向丙提出返还要求？

3. 甲、乙各拥有A、B两块相邻的土地，乙为方便进入自己的B土地，与甲约定，每年给甲若干补偿，而甲则允许其在A土地上穿行。后甲将A土地出卖给丙。乙向丙提出通行要求，丙表示拒绝。问：依法理，乙的主张是否成立？乙与甲应设定何种权利，才能确保其在A土地上通行的权利？

第一节　物权的概念与特性

一、物权的概念

“物权”是大陆法系民法中一个相当抽象的概念，具有鲜明的大陆法系特征，在英美法中不存在相对应的概念。

与民法上许多制度一样，“物权”的概念乃至物权与债权的区分，其起源可追溯到古代罗马法。不过，罗马法虽然承认了所有权、地上权、役权、永佃权等具体的物权类型，并且从诉权的角度区分了“对物之诉”与“对人之诉”，却未在实体权利方面抽象出“物权”的概念。在对罗马法进行注释、评论的过程中，中世纪的法学家提出了“对物的权利”这一法律术语，从而为“物权”概念的提出奠定了基础。到了近代民族国家的立法，作为与债权相对应的概念，“物权”这一术语才被明确地加以使用，这一点尤其体现在1896年制定的《德国民法典》中。[1]19世纪末以及20世纪许多国家的民法典都明确地使用了“物权”这一概念。

不过，即便是在大陆法系各国，也很少有在民法典中直接对物权作出定义的情形。对于在民法典中使用“物权”这一概念的国家而言，与民法典中其他一些基本范畴（如“权利”、“法律行为”等）一样，“物权”概念的运用，更多地依赖于学理上的普遍共识。

尽管对物权的定义，存在着许多学说或者不同的表述方式，[2]但是差异往往只是一种表象，它们大多数只是从不同的侧面对“物权”这一概念加以描述，因此，在学理上对物权的概念实际并不存在严重的分歧。综合各家学说，可以将物权定义为：物权是直接支配特定物，而享受其利益的权利。

《物权法》第2条第3款采用概括加类型列举的方式对物权作出了一个立法定义：“本法所称物权，是指权利人依法对特定的物享有的直接支配和排他的权利，包括所有权、用益物权和担保物权。”

对上述有关物权的学理和立法定义，可作如下分析：

1. 物权是一种财产权。物权的享有，可满足一定的经济目的。无论是所有权，还是用益物权或担保物权，均具有财产的价值或至少可以给予经济评价，而不具有特定的人身属性，故其性质为财产权。实际上，正是物权与债权这两种财产权的区分构成了近现代大陆法系国家财产法的基础。

2. 物权为直接支配物的权利。所谓“直接支配”，指的是物权人对于标的

---

〔1〕关于“物权”概念在法典中首次使用的问题，国内学者存在一定争议。本书作者认为，许多此类争议实际上涉及的是法律术语翻译的问题。由于物权与债权的二元区分是《德国民法典》的鲜明特点，而且“物权”也在该法典中独立成编，因此说“物权”概念在《德国民法典》上真正趋于成熟，这一判断应该是正确的。

〔2〕举几位学者对“物权”的定义如下：①物权者，直接支配特定物，而享受其利益之权利（姚瑞光：《民法物权论》，我国台湾地区1985年自版，第1页；谢在全：《民法物权论》，中国政法大学出版社1999年版，第18页）；②物权者，直接支配一定之物，而享受利益之排他权利（史尚宽：《物权法论》，中国政法大学出版社2000年版，第7页）；③物权者，支配物之权利（梅仲协：《民法要义》，中国政法大学出版社1998年版，第369页）；④物权是权利人在法律规定的范围内按照自己的意志支配自有物或者依照授权支配他人的物，直接享受物的效益的排他性财产权（张俊浩主编：《民法学原理》，中国政法大学出版社2000年版，第383页）；⑤主观意义上的物权，即特定的人在特定的物上所享有的法律地位（［德］鲍尔、施蒂尔纳：《德国物权法》，张双根译，法律出版社2004年版，第12页）。

物的支配和控制，无须他人意思或行为介入即可实现。例如，物的所有人可以完全自由地使用其标的物；承包经营权人等用益物权人在其权利范围内亦可直接对标的物进行利用；抵押权人即使不占有标的物，但在其债权已届清偿期而未受清偿时，也无须抵押人的介入，即可直接申请法院拍卖抵押物，并以抵押物卖得的价金受偿。当权利人对物的支配受到妨害时，物权人可请求法律救济，从而回复对物的直接控制和支配。

3. 物权是对特定物的直接支配。原则上，物权的客体必须是特定的有体物，此乃物权标的物特定原则的要求。物权是直接支配权利客体的权利，如果客体不确定，该种权利也就无从行使。在例外情形下，物权也可以权利为其客体，如权利质权。物权关系的法律纽带是特定之物，而非特定的义务人，正是在此意义上，人们时常将物权关系界定为“对物的权利”。当然，通过界定物权人对物的权利，实际上也同时构建了物权人以外之人的不作为义务（尊重物权的义务）。

4. 权利人对物权的享有，其目的在于享受物的利益。物的利益，体现在物所具有的使用价值和交换价值。所有权人全面地享受物的利益，用益物权人在一定限度内享受他人之物的使用价值，担保物权则是对物之交换价值的利用。当然，权利的本质属性系权利人的自由，故原则上不存在由法律迫使物权人实现其物权利益的问题，例如，所有权人并不负有充分发挥物之价值的义务，所有权人当然可以通过抛弃所有权而抛弃其对物的利益。

二、物权的特性

与其他权利，特别是与同属于财产权的债权相比较，物权具有以下几方面的特性：

（一）支配性

物权是支配权。物权的支配性表现在：物权人可以自主地对物加以支配，无须向他人作出请求或事先征得他人同意，物权人即可以实现其对物之利益。民法上属于支配权的权利，除物权外，还包括人格权、知识产权等，不过这些权利均不是对有体物的支配权。

物权有完全物权与定限物权之分。完全物权即所有权，它是对物进行全面支配的权利；而定限物权是在他人之物上的权利。在许多情况下，定限物权是权利人经由与物的所有权人实施法律行为而取得的，但是该定限物权一经取得，就超出了特定当事人之间法律关系的范畴，表现为权利人对物的某种程度的支配。定限物权人取得对物的此种支配权后，其权利内容的实现，即无须物权设定人的介入，而且，该限定物权不因物权设定人即所有权人的变更而受影响。举例来说，假定甲、乙分别是A、B两土地的使用权人，甲和乙约定，甲允许乙为B土地的需要而对A土地加以利用（如通行），则甲系为乙设定了一项具有用益物权性质的地役权;[1]乙因此地役权设定合同的效果，取得了对A土地的地役权，从而在其约定的权利范围内取得了对A土地的特定支配权（如自由通行的权利），甲不得妨碍乙行使此种支配权；即便甲将其对A土地的使用权转让给丙，乙对A土地的支配权也不受影响。

物权的支配权属性与债权的请求权属性形成鲜明的对比。债权尽管也可能涉及特定的有体物，但债权人对该物并不具有任何支配权，债权的实现只能通过向债务人提出清偿请求，并借助后者的清偿行为，才可能得以实现。原则上，债权人不得向第三人提出任何主张。举例来说，某物的买受人在通过出卖人的履约行为而成为所有人之前，仅对出卖人拥有要求交付标的物并移转其所有权的债权请求权，对买卖的标的物并不具有任何直接的支配权。因此，如果在买受人成为所有权人之前（此时其仅享有对出卖人的债权），标的物因第三人的原因而毁损灭失，则买受人仅能向出卖人主张其债权不能实现的责任，而不能直接向第三人主张权利。

（二）绝对性

物权是绝对权。物权是对物的支配权，物权人通过对物的支配而与不特定的民事主体发生关联。因此，可以说，物权首先表现为人对物的关系，而非物权人与某特定义务人之间的关系。

物权的绝对性表现在以下两个方面：①物权关系的义务人是物权人以外的一切民事主体，也就是说，一切人都应尊重物权人依其权利内容而取得的对物的支配状态。②任何人对物权行使的不当妨碍，都将构成对物权的侵害，物权人可以对其主张物上请求权或其他请求权。具体而言，当物权人对物的占有遭到他人侵夺时，物权人可以对其主张物上返还请求权；当物权人对物的支配受到占有侵夺以外的妨害时，物权人可以主张排除妨害请求权；当物权有被侵害之虞时，物权人可以主张妨害预防请求权（即所谓“消除危险”）；当物权的标的物受到毁损，且行为人对此具有过失时，物权人可以主张损害赔偿请求权。总之，民法通过在物权法上和债法上设置各种保护手段，使得对物权的保护具有了绝对性。

与物权的绝对性不同，债权仅具有相对性。一项物权的存在，在法律观念世界中，它对一切民事主体均具有意义，因为一切人均负有不得对其加以侵害的消极义务，任何人违反这一义务都有可能需要因此承担民事责任。相反，债权仅在特定当事人之间具有法律意义，原则上债权人不得向特定的债务人以外的任何人主张其权利。从侵害的可能性上看，原则上对债权的侵害仅可能来自于特定的债

---

[1] 参见《物权法》第156条及本书关于地役权部分的阐述。

务人。

举例而言，如果某甲系某物的所有权人，而某乙窃取了该物，那么不仅某甲可以向直接侵夺其占有的某乙要求物之返还，而且，即便某乙又将物交给某丙占有，某甲仍可直接向某丙提出返还要求。实际上，无论该物辗转到谁的手中，其所有权人均可直接向占有人要求返还。相反，如果某甲因向某乙购买某物而对后者拥有一项债权，则通常某甲仅可能向某乙提出权利主张，如果由于某丙的行为导致标的物灭失从而使某甲的债权不能实现，某甲不能直接对某丙提出任何权利主张。

第二节　物权的类型

一、物权法定主义[1]

【问题】

甲企业准备向乙银行贷款100万元，乙银行要求甲企业提供必要的担保。甲在商业区有一用于经营的店铺闲置，而乙恰恰由于业务发展需要增加营业网点，于是乙提出以甲的该店铺作为贷款的担保，双方遂达成如下合意：甲以该店铺作为借款的担保，自甲将店铺交付乙使用之日起，由乙取得对店铺的担保权；如借款到期甲不能偿还本息，则乙可以对店铺进行拍卖、变卖或折价，并优先受偿。问：甲乙之间关于担保的约定，是否创设了一项担保物权？

（一）意义与内容

物权法定主义，是物权法的一项基本原则，它是指物权的类型和内容应以法律规定为限，不允许当事人任意创设。

古代罗马法上缺乏抽象的“物权”概念，得到承认的仅是具体的物权类型，而且罗马法上的实体权利均须得到特定诉权的保障，而诉权的类型是

〔1〕传统上，物权法方面的教科书会在章节安排上单设“物权法的基本原则”，系统地阐述物权法定、公示与公信等原则。本书作者认为，抽象地探讨何者构成物权法的“基本原则”实际上并无多大意义，因此，本书在体例安排上不设“物权法的基本原则”，而是将各项原则置于其产生直接影响的各个部分予以阐述：将物权法定原则放在“物权的类型”部分介绍，将公示与公信原则放在“物权的变动”部分介绍，将物权客体特定原则放在“物权的客体”部分介绍。

有限的，在此意义上，罗马法实行的是典型的物权法定主义。随着抽象“物权”概念的出现，在逻辑上，物权可能不再是几种具体的对物支配之权利的简单集合，而成了可以根据抽象的性质及构成要件加以识别的开放式概念。正是由于学理上“物权”概念所具有的抽象性、一般性和类型的开放性，才突显出了立法上物权法定主义的特殊性及其重要性。

自19世纪欧陆国家法典化运动以来，物权法定主义为大陆法系各国民法典所普遍采纳。我国《物权法》第5条也明确规定：“物权的种类和内容，由法律规定。”此条中所谓“法律”，应指狭义上的法律，即仅指由全国人大及其常委会通过的规范性法律文件。

该原则的内容主要包括以下两项：

1. 物权类型法定。类型法定意味着，在某一国法域内，凡称为物权的，必须由该国法律预先规定此权利类型；对于法律未规定的物权类型，当事人不得自由创设；如创设的，创设行为无效。例如，我国法律仅承认抵押权、动产质权、权利质权、留置权等几种担保物权，如果当事人自行创设所谓不动产质权（即约定以不动产的交付作为担保物权的设立方式），则该创设行为无效，在不动产上不产生质权。

2. 物权内容法定。法律对各种物权类型作出规定时，会明确各种物权类型的基本要素，这些基本要素具有强制性，当事人不得创设与法定的物权内容相异的物权。物权内容法定实际上是类型法定所要求的，因为如果当事人可以在某个法定的物权类型下任意变更其内容，那么法定的物权类型可能会变得面目全非、名实不符，类型法定主义也就要名存实亡了。

准确理解物权法定主义，还需要避免以下两种错误认识：

第一，“物权法定”意味着物权的得丧变更效果是由法律直接规定的，与当事人的意志无关。其实，物权法定指的并非物权发生效果的法定。实际上，从物权发生的角度看，绝大多数物权都是所谓意定物权，是由当事人通过法律行为创设的。只有在少数情形下（如留置权）才由法律直接规定物权的发生条件，即在符合某种物权所有的构成要件的情形下，直接导致该种物权发生的效果。

第二，既然内容法定，当事人的意思自治在物权创设方面就仅表现为创设与否的自由，对于物权内容则无意定的可能性。实际上，物权内容法定，仅意味着决定物权类型的关键要素的法定，它并非指物权内容的各方面均由法律规定。例如，就所谓有期限物权而言，除可能对期限的最长限度作出规定外，法律通常并不直接规定该期限的具体长度，而由当事人自行来决定。又如，就地役权而言，法律只是规定了需役地权利人对供役地的利用，至于这种利用方式具体表现为何，则完全取决于当事人的自由设定。

（二）理由

私法的灵魂在于私人自治。如前所述，法律关于物权的规范属于私法的重要组成部分，因此自治原则也应该贯穿于物权法之中。然而，与债权法相比，物权法的确有较多的强制因素，这些强制因素的存在当然没有改变物权法的私法属性，意思自治在物权法中仍有广阔的空间。例如，所有权人可以依其意志自由地对物加以支配（包括对其加以处分），而且，至少就意定物权而言，物权的设定与否也完全取决于当事人的意志。然而，不可否认的是，物权法定主义的确为物权法上的私法自治设置了重要的限制。以私法自治这一信念为出发点，强行法对这种自治所作出的任何限制，均应有充分的理由。归纳而言，物权法定主义的立法理由包括以下几个方面：

1. 物权法定主义是由物权的绝对性所决定的。相对性的权利，如债权，仅在特定当事人间具有效力，而对第三人和社会公众几乎不产生任何影响。相反，物权有极强的效力，权利人可以其权利对抗任何人。因此，如果允许当事人以合同或其他方式任意创设具有对抗性的物权类型，而第三人甚至根本无从知晓该“物权”的存在与其基本内容，那么势必会发生严重的利益冲突，第三人的利益可能会因此而受损。此“第三人”实际上是不特定的人，因此，如果物权可以任意创设，那么当事人的“自治”将以牺牲公众的利益作为代价。

2. 物权法定主义便于物权的公示，从而有助于确保交易的安全与迅捷。物权所具有的对抗不特定第三人的绝对性，是以物权的公示为其前提的，也就是说，只有在第三人能够方便地得知物权的存在与其具体内容之时，其受制于该种物权才具有合理的基础。因此，物权的公示始终是物权法需要考虑的一个重要因素。物权公示的目标在于使人人都有机会了解物权的存在、归属与具体内容。由于公示的手段有限，再加上有效的公示手段需要满足低成本的要求，因此，这一目标的达成并不容易。物权类型与内容的法定，大大降低了物权公示的难度，对于那些无法进行有效公示的权利类型，可以从法定的物权类型中剔除出去。有效的物权公示制度的建立，一方面，使得公众在交易中能够了解相关物上的物权归属状况，从而使交易当事人不因物权的对抗性而受到损害，交易安全因此得以维护；另一方面，也使得交易当事人对于交易的对象，无须反复调查，即可借助公示手段了解物上的权利状况，这大大节省了交易的成本，促进了交易的迅速进行。

3. 物权法定主义有助于构建合理的物权体系，从而提高物的利用效率。物权与社会经济具有密切关系，不合理的物权可能会影响物的经济效能的发挥，从而降低经济运行的效率。例如，在他人之物上设立定限物权，如果设计得合理，可以提高物的利用效率；但如果设定了不合理的定限物权，则可能会降低物的利用效率或者影响物的流通性。物权法定主义给立法者理性建构物权体系提供了机会。

4. 在特定历史背景之下，物权法定主义有反封建的作用。近代以来，欧陆各国民法的法典化运动正值封建体系被彻底摧毁之时。封建制的物权体系严重影响物之流通，甚至影响人之自由，因此，物权法定主义的一项重要功能即在于将旧的封建制物权排除出去，避免其死灰复燃。

（三）违反物权法定主义的效果

我国《物权法》第5条明确承认了物权法定主义，但却未对违反物权法定主义的法律效果作出规定。如果当事人通过法律行为创设未为法律承认的物权类型，或者虽旨在创设某种法律认可的物权类型，但却在该种权利的内容设置上违反了法定的标准，那么当事人之间此种创设行为的效力将有可能呈现以下几种状态：

1. 对于当事人违反物权法定主义的创设行为，法律设有特别的效果规定时，从其规定。例如，我国台湾地区“民法典”第912条规定：“典权约定期限不得逾30年，逾30年者缩短为30年。”据此，如果当事人设定了超过30年的典权期限，从而违反了法律关于典权最长期限之强制性规定，那么该典权设定行为并不因此而无效，只不过法律将其典权期限直接缩减为30年而已。

2. 当事人的物权设定行为部分违反内容强制的规定，但如果除去该部分，其他部分仍可成立的，则仅违反禁止规定的部分无效，法律行为仍发生物权设定的效果。例如，我国《担保法》第40条规定：“订立抵押合同时，抵押权人和抵押人在合同中不得约定在债务履行期届满抵押权人未受清偿时，抵押物的所有权转移为债权人所有。”[1]而《担保法解释》第57条第1款则规定：“当事人在抵押合同中约定，债务履行期届满抵押权人未受清偿时，抵押物的所有权转移为债权人所有的内容无效。该内容的无效不影响抵押合同其他部分内容的效力。”

3. 对于违反物权法的物权设定行为，法律无特别规定时，则此法律行为因违反法律强制性规定而无效，不能发生预期的物权设定效果。例如，我国《物权法》及其他法律未对人役权的任何类型作出规定，如果当事人通过合同意在设立居住权，则该法律行为无效，不发生居住权的法律效果。显然，设定物权的行为因违反物权法定主义而无效的，其无效并非由于“不法”（伦理上的不妥当），而是出于法律技术上的考量，其理由类似于要式行为因欠缺法定形式而无效。

---

〔1〕 相似的规定还可见于《物权法》第186条。

4. 物权设定行为虽因违反物权法定主义而无效，但如果当事人的行为具备其他法律行为的要件，则该行为仍可发生该其他法律行为的效力。例如，传统民法上的永佃权具有永久性，依其性质，当事人在创设永佃权时，不得为其设置期限。如果当事人设置期限，则永佃权设定行为不发生效力。但是，如当事人在设置该“永佃权”时，除约定权利存续期限外，也对土地使用的方式、使用对价等作出了约定，则租赁合同的各个要件均已具备，因此，永佃权设定行为固然无效，但债权性的租赁合同却可因当事人的行为而发生效力。违反物权法定主义之行为的这一层法律效果不应被忽视，因为，承认相关行为在当事人间仍可发生债权的效力，这就保障了私法自治的基本需要。尽管由于物权效力不发生而不设定对抗第三人的物权，但当事人之间的债权契约往往已经能够满足他们的基本交易需求。

（四）对物权法定主义的检讨

首先，需要指出的是，物权法定主义并不意味着物权类型是一个封闭的体系。实际上，一国可以根据自己的历史传统、民族习惯与经济结构设计自己的物权体系，同时也可以根据实践的需要，在立法上承认新的物权类型。但无论如何，必须承认，在立法技术上，物权法定主义有其固有的缺陷。人类智慧有其限度，在进行物权立法时，不可能预见未来社会的一切需要，即便立法者能够很快地将实践需要通过立法程序转化为新的物权类型，这种立法也必然是滞后的。有限理性所产生的立法的滞后性本来就是法治传统不可避免的一个方面，例如在刑法上实行的罪刑法定主义，可能会使某些严重的但尚未被立法规定为犯罪的反社会行为逃避惩罚；但是，物权法毕竟是私法，私法给当事人留下的广大的意思自治空间本来应该能够解决这一问题，而物权法定主义恰恰严重制约了当事人的自治。由此可见，严格的物权法定主义确实有值得检讨的地方。

为避免物权法定主义过于僵化而限制社会的发展，学者们提出了各种对其加以修正的学说，主要包括以下几种：①物权法定无视说。此学说主张应根本无视物权法定主义之规定，从根本上否认该原则存在的必要性。②习惯法包含说。此说主张，习惯法也是民法的渊源，所以物权法定主义中的“法”应不以成文法为限，物权之创设只要符合习惯法，就不构成对该原则的违反。[1] ③习惯法物权有限承认说。该学说认为，尽管物权法定主义所指之法律不包括习惯法在内，但是，如果依社会习惯所发生的物权，与物权体系之建立无碍，而且又无碍于公

---

〔1〕 我国台湾地区“民法”的一项修订充分体现了这一点。物权法定原则规定于该法的第757条。修订前，该条的表述是，“物权，除本法或其他法律有规定外，不得创设”。2009年，该条经修订后表述为“物权除依法律或习惯外，不得创设”。

示时，那么物权法定主义就失去了其适用的基础，该种根据习惯法所成立的物权就应该予以承认。④物权法定缓和说。该种学说认为，应对物权法定主义从宽解释，新生的物权，只要不违反物权法定主义的立法宗旨，而且又有恰当的公示手段，并足以维护交易的安全，那么就应该予以承认。

以上各学说中，物权法定无视说根本否认该原则，未免走得太远。习惯法包含说与物权法定的立法宗旨相悖，这是因为，某些习惯法物权，如封建制物权，恰恰是物权法体系所要排除的。当然，如果时代发展已经彻底抹去了这些不良物权类型的习惯痕迹，而自发形成的新习惯恰恰符合社会经济发展的需要，则采用习惯法包含说亦可很好地缓和物权法定主义的僵化。习惯法物权有限承认说与物权法定缓和说的理由相类似，只不过后者不要求新的物权类型必须有习惯法的基础。物权法定缓和说从立法理由出发对物权法定主义进行扩大解释，符合法律解释的方法，值得赞同。[1]不过，“缓和”当然是以原则上承认物权法定主义为前提的，而且在解释及适用上，对“缓和”的标准及限度也应从严掌握，否则就可能动摇物权法定主义本身。

二、物权的分类

在物权法定主义之下，一国法律上的物权类型可以通过列举的方法加以穷尽。根据不同的标准，可以将这些物权划分为不同的类型。

（一）完全物权与定限物权

根据物权支配力范围的不同，可以将其区分为完全物权与定限物权。

完全物权即所有权，它是对物的使用价值与交换价值为全面支配的物权。定限物权是指在特定范围内对其标的物加以支配的物权，所有权以外的物权均为定限物权。定限物权成立于他人的物之上，所以也称作“他物权”，即对他人之物的物权。

完全物权与定限物权的区分是物权法上对物权所作的一个基本区分。实际上，从大多数国家法典编纂的情况来看，它构成了物权法体系的基础。我国的《物权法》也不例外：在第一编“总则”之后，《物权法》分别在第二、三、四编规定了“所有权”、“用益物权”和“担保物权”。

定限物权依其所支配内容的不同，可进一步区分为用益物权与担保物权。用

---

〔1〕 我国《物权法》的立法进程也反映了人们在缓和物权法定主义严格效力方面的思考。在提交给全国人大常委会审议的第五和第六审议稿中，《物权法草案》关于物权法定主义的条文都这样写道：“物权的种类和内容，由法律规定；法律未作规定的，符合物权性质的权利，视为物权。”当然，由于这种缓和物权法定主义的规定过于宽泛和笼统，进而威胁到了物权法定主义本身，因此，最终通过的物权法未采纳此缓和方案，而是在第8条采用了如下表述：“其他相关法律对物权另有特别规定的，依照其规定。”

益物权是以支配物的使用价值为内容的物权，传统民法上的地上权、地役权、永佃权等均是对他人的不动产加以直接利用的用益物权形态，我国《物权法》则规定了土地承包经营权、建设用地使用权、宅基地使用权和地役权四种用益物权。担保物权是以支配物的交换价值为内容的物权，抵押权、质权、留置权等均属于担保物权。

由于对物支配方式的不同，用益物权与担保物权的法律效力也有所不同。用益物权以物的使用为直接目的，因此，一物之上如果已经有一个用益物权存在，通常就不能再设定性质相同的用益物权，否则将发生权利的冲突。担保物权系就标的物的交换价值为支配，仅就卖得价金优先受偿，因此，一物之上可以设定多个担保物权，而以成立之先后定其优先效力。当然，由于用益物权和担保物权具有不同的支配方式，因此，一物之上可以同时并存用益物权与担保物权。

（二）动产物权、不动产物权与权利物权

依标的物种类的不同，可以将物权区分为动产物权、不动产物权与权利物权。

以动产为标的物的物权为动产物权，如动产所有权、动产质权、留置权等。以不动产为标的物的物权为不动产物权，如不动产所有权、地上权、地役权、不动产抵押权等。物权原则上以有体物为其标的物，但物权法也承认某些权利可以成为物权的客体，以权利为标的物的物权即为权利物权，如权利质权与权利抵押权。

此项区分的主要法律意义在于：动产物权与不动产物权在公示方法和物权变动要件方面存在根本性差异。原则上，动产仅能以占有作为公示手段，并以物之交付作为物权变动的要件；而不动产的不可移动性使得权利登记制度成为必要，因此不动产物权以登记为其公示手段和物权变动的要件。

实际上，动产物权与不动产物权的区分与前述用益物权与担保物权的区分之间有着一定的对应关系：用益物权基本上均为不动产物权；而在担保物权中，不移转标的物占有的抵押权多以不动产为标的物，而移转占有的质权则以动产为标的物。

（三）主物权与从物权

以物权是否具有独立性为标准，可以将物权区分为主物权与从物权。可以独立存在，而无须从属于其他权利者，为主物权，如所有权、地上权、永佃权等。不具有独立性，而须从属于其他权利而存在者，为从物权，如担保物权（从属于其所担保的债权）和地役权（从属于需役地的所有权或其他物权）。

区分二者的法律意义在于：主物权可以独立存在，而从物权则随主权利之命运。例如，由于地役权具有从权利的属性，《物权法》第164条规定：“地役权不得单独转让。土地承包经营权、建设用地使用权等转让的，地役权一并转让，但合同另有约定的除外。”

（四）意定物权与法定物权

依据物权发生原因的不同，可以将物权区分为意定物权与法定物权。

物权法定主义意义上的“法定”，指的是物权的种类与内容应符合法律的规定，而从物权的发生来看，存在当事人设定和法律直接规定两种情形。

意定物权是指基于当事人的意思而发生的物权，凡由当事人依法律行为而设定的物权都属于意定物权。法定物权是指不问当事人之意思，直接由法律规定其发生的物权，如留置权、法定抵押权等。

进行这种区分的法律意义在于：二者的成立要件和所适用的法律不同。在意定物权，物权是否发生关键取决于当事人所实施之法律行为的效力，另须考虑将登记或交付作为公示要件。在法定物权，物权是否发生不涉及法律行为的效力判断，而是取决于法律规定的各项构成要件是否已被全部充分。

（五）登记物权与非登记物权

以物权之变动是否须经登记为标准，可以将物权区分为登记物权与非登记物权。

物权变动须经登记的，为登记物权；反之，则为非登记物权。不动产物权以登记为公示手段和变动要件，因此属于登记物权。登记物权之变动，非经登记者，或者不发生物权变动的效力（登记生效主义），或者不能对抗第三人（登记对抗主义），或者其处分权受影响（如自建房屋不经登记不得处分）。动产物权，原则上为非登记物权，以物之交付作为生效或者对抗之要件，但也有例外，如机动车、航空器和船舶虽为动产，但其物权之变动仍以登记为对抗要件。

（六）有期限物权与无期限物权

以物权之存续有无期间限制为标准，可以将物权区分为有期限物权和无期限物权。

有存续期间之限制的物权，为有期限物权，如典权、抵押权、质权、留置权等；其存续期间无限制，且能永久存续的物权，称为无期限物权，如所有权、永佃权。有些物权类型，如地上权和地役权，是否有存续期限，取决于当事人的约定。

这种区分的法律意义主要在于：有期限物权因期限之届满而当然归于消灭；无期限物权不得附有期限，且仅因抛弃、标的物灭失等原因消灭，而不因时间的经过而消灭。

在我国现行《物权法》的体系上，物权的期限问题比较复杂。无论动产，还是不动产，其上的所有权均为无期限物权。[1] 担保物权中的抵押权、留置权、质权本身往往不设置独立的期限，但却间接受其所担保的债权之存续与消灭的影响，故应理解为有期限物权。在用益物权中，土地承包经营权虽形式上为有期限物权（《物权法》第126条第1款），但到期后权利人可继续承包（《物权法》第126条第2款），故实际上为无期限物权；宅基地使用权实际上也属于无期限物权；[2] 建设用地使用权原则上属于有期限物权，但是，一方面，以划拨方式出让的土地并无期限的设置，另一方面，《物权法》第149条又设有"住宅建设用地使用权期间届满的，自动续期"的规定，因此，事实上存在无期限的建设用地使用权；地役权在理论上可有期限，亦可无期限，取决于地役权合同的约定，但是，由于土地所有权归属于抽象的国家或集体，地役权合同通常由土地承包经营权人或建设用地使用权人缔结，因此，地役权的存续就需要受制于后两种权利本身可能附有的期限。[3]

（七）本权与占有

物权法体系不仅由各种具体物权类型构成，而且关于占有的规范也是其不可或缺的内容。占有，除极少数国家（如日本）规定为权利外，仅系对于标的物进行管领的法律事实，物权法只是对此占有事实赋予一定的效力，以保护和平之秩序。

占有与本权的区别系以占有是否有权利之实质内容为标准所作的区分。占有本身并非物权，而对占有的事实而言，其所依托之权利（占有不一定以权利为基础，无权占有也是占有）即构成本权，如所有权、用益物权、质权等，租赁权等债权也可以构成占有的本权。

二者区分的意义在于确定有无本权的存在，以确定保护的方法。

---

〔1〕有一种相当流行的说法，称我国的住宅权利人并不拥有真正意义上无期限的所有权，而仅享有"70年的产权"。实际上，这一说法混淆了建设用地使用权与房屋所有权的概念，误将土地利用上的期限作为了房屋权利的期限。当然，房屋所有权始终需要其下土地的利用权作为支撑，这就产生了以有期限的土地权利支撑无期限的房屋权利的问题。对此问题，《物权法》暂以第149条应对（"住宅建设用地使用权期间届满的，自动续期"）。

〔2〕定限物权原则上应有期限，以使所有权不致空虚化。土地承包经营权与宅基地使用权之所以无期限，其原因在于土地集体所有。依我国法律，农村土地归集体经济组织所有，而集体经济组织本身就由农户组成，所以，由农户取得的形式上具有用益物权性质的土地承包经营权和宅基地使用权，实质上是农户作为成员分享集体土地所有权的一种形式。由此视角，即可理解何以前述两种权利实质上均为无期限物权。

〔3〕《物权法》第261条规定，"地役权的期限由当事人约定，但不得超过土地承包经营权、建设用地使用权等用益物权的剩余期限"。

第三节 物权的效力

【导入性问题】

1. 甲企业向乙银行贷款100万元，以其价值200万元的厂房A为乙设立抵押权，并办理了抵押登记；后甲又向丙银行贷款80万元。问：甲还能否以厂房A为丙设立抵押权？

2. 甲、乙分别是A、B两块土地的建设用地使用权人，甲与乙约定，为了B块土地的利益，在未来20年内甲不在A块土地上兴建高层建筑；后甲因向丙借款而以A块土地的使用权作为抵押，为丙设立抵押权。问：对于已设立了地役权的土地使用权，权利人还能否为他人设立抵押权？如果可以，则如何界定地役权人的权利与抵押权人的权利？

3. 甲遗失手机，被乙拾得；乙将该手机赠与丙；甲在丙处发现自己遗失的手机，遂向丙要求返还，丙则以该手机系受赠取得，而且自己与甲之间没有任何法律关系为由拒绝返还。问：甲能否向丙要求返还？如果丙是在不知该手机系甲之遗失物的情况下从乙处购买了该手机，则甲能否向丙要求返还？

物权因其种类的不同，而有各自的效力。但是，作为对物的直接支配权，所有的物权类型都具有一些共同的效力。可以说，民法之所以需要“物权”这一抽象的概念，恰恰是因为各种具体的物权均具有一些共同效力，这些共同的效力构成了物权体系化的基础，它们对法典的编纂和法律思维的训练均具有重要意义。

一、排他效力

物权的排他效力，是指在同一标的物上不能同时成立两个或两个以上内容互不相容的物权。物权的排他效力是由物权的直接支配性所决定的，因为对物的直接支配本来就有在支配范围内排除其他一切人干预的效果：如果两个以上的人对同一标的物拥有内容相同的支配权，那么至少在这些权利人之间即会发生权利的相互冲突。

具体而言，物权的排他效力表现在：

1. 在同一标的物上，不能同时成立两个以上的所有权，即只能是所谓的

“一物一权”。[1]所有权是对物为全面支配的权利，因此它具有极强的排他性，同一标的物上决不容许有多个所有权的存在。共有作为所有权的一个特殊样态，只是一个所有权在量上的分割，并非存在多个所有权。所有权的排他性意味着，只要发生了所有权的取得（如时效取得、善意取得等），则标的物上先前的所有权就必然归于消灭。

2. 定限物权是在特定范围内对他人之物进行支配的物权，由于不同的权利类型有不同的支配范围，因此，只要物权内容并非不相容，一物之上可以存在数个不同的定限物权。而且，某些类型的物权本身不具有相斥性，因此一物之上甚至可以存在数个相同的定限物权。所以，定限物权的排他性仅表现在一物之上不能同时并存两个内容互不相容的定限物权。例如，由于权利内容不相容，一物之上不能存在两个承包经营权或建设用地使用权。又如，《物权法》第163条规定：“土地上已设立土地承包经营权、建设用地使用权、宅基地使用权等权利的，未经用益物权人同意，土地所有权人不得设立地役权。”该条规定的立法理由在于，土地承包经营权、建设用地使用权、宅基地使用权等用益物权与地役权可能发生潜在的冲突，因此，在先设立的这些用益物权将排斥在后的地役权。

物权的排他效力，并非意味着一物之上不能同时存在两个以上的物权。事实上，以下情形并不违反物权的排他效力：①所有权与任何定限物权并存。定限物权也称他物权，本身就是在他人之物上成立的物权，构成了对他人所有权的限制，因此二者不会发生冲突。②用益物权与担保物权并存，二者分别指向物的使用价值和交换价值，因此可以并存。举例来说，同一块土地上，在设定地役权等用益物权后，仍可继续设定抵押权，反之亦然。③数个用益物权内容不同或者即使内容相同但互不排斥，可以并存于一物之上。例如，数个具有不同内容（通行、取水等）的地役权并存，或者数个以不作为为内容的地役权的并存。④数个担保物权存在于一物之上。担保物权指向物的交换价值，而非以对物的现实占有、支配为权利内容；一个物上设定数个担保物权，只需要建立起效力的优先规则（如设立在先，效力优先），就不会发生权利的冲突。例如，一个物上能够设立多个抵押权，如果数个抵押权均办理了抵押登记，则登记在先的抵押权优先于登记在后的抵押权。

---

〔1〕 需注意的是，实际上学者们往往在两个意义上使用“一物一权”这一表述：①强调一物之上只能有一个所有权，这是在物权排他性的意义上使用这一表述；②强调一个物权必须以一个特定的物为客体，既不能在物的成分上成立物权，也不能在多个物上成立一个物权，这是在物权客体特定的意义上使用这一表述。

在一物之上设立多个抵押权时，是否应要求抵押担保的债权总额不得超过抵押物的价值？举例而言，如果抵押物价值100万元，并已经为一个60万元的债权提供了担保，那么，在为第二个债权提供抵押担保时，是否应要求该债权总额不超过40万元？1995年的《担保法》的确设置了这样的要求，该法第35条规定："抵押人所担保的债权不得超出其抵押物的价值。财产抵押后，该财产的价值大于所担保债权的余额部分，可以再次抵押，但不得超出其余额部分。"而《担保法解释》第51条则规定："抵押人所担保的债权超出其抵押物价值的，超出的部分不具有优先受偿的效力。"这就意味着，即便担保的债权超出了抵押物的价值，抵押权仍可有效设立，只不过受限于物的价值而使债权不能完全得到清偿而已。2007年的《物权法》则完全放弃了抵押物价值应不小于其所担保的债权总额的要求。其实，在法理上，要求抵押担保的债权额不高于抵押物的价值是没有道理的，其理由在于：①抵押权并非都需要加以实现，因此，在先设立的抵押权完全可能因债务人清偿等原因而消灭，从而使在后设立的抵押权获得充分保障。例如，甲以一价值100万元的抵押物为乙的80万元债权设立了抵押权后，又以同一物为丙的70万元债权设立了抵押权，如果乙的债权到期后，债务人正常偿还了该80万元债务，则作为从权利的乙的抵押权也发生消灭，此时，丙的抵押权的受偿顺位上升，如果债务人到期不清偿丙的债权，则抵押物变价后可以使丙的债权得到完全的清偿。②由于抵押物的价值存在变动的可能性，因此《担保法》第35条的规定实际上也不具有现实的可操作性，例如，甲有房屋，现值100万元；甲向乙借款50万元，并以该屋设立抵押作为担保；后甲又向丙借款30万元，仍以该屋设立抵押。两项借款到期后，甲均不能清偿债务。由于发生了金融危机，房价暴跌，甲的房屋在变价时，实际仅卖得了60万元。此时，仍可能发生抵押物价值不足以保障所有债权受清偿的情形。③抵押权是意定物权，是当事人通过自愿订立抵押合同而设定的，如果债权人愿意接受一个价值低于其债权额的抵押物，法律又有什么必要对此种私人自治予以干预呢？④如果抵押权在设立之时就需要确保抵押物的价值大于其所担保的债权总额，那么确定抵押权之间的优先顺序也就失去了实际的意义——既然所有的债权都能够获得抵押物价值的充分保障，那么受偿顺序在先在后又有什么差异呢？

由此可见，一物之上能够设立多个抵押权，这是由抵押权的法律性质决定的。实际上，一物之上能够设立无数个抵押权，此时真正的问题在于确立这些抵押权之间的优先顺序，而无须考虑抵押物价值与其所担保之债权总额之间的比例关系。

与物权的排他效力不同，债权不具有排他性。针对同一标的物，可以成立两个以上内容完全相同的债权，如同一房屋可以先后出卖于两个买受人，而由该二人分别取得对出卖人要求交付标的物并移转标的物所有权的债权。[1] 债权的非排他性是由其请求权的性质所决定的。

二、优先效力

当一物之上存在两个以上的物权，或者同一物既是某物权的客体，同时又是债权给付的标的物，并且在权利行使方面，可能发生数个权利的冲突之时，需要有相应的规则来界定并存权利的效力等级。在物权法原理上，通常认为，[2] 物权的优先效力包括两个方面，一为物权相互之间的优先效力，一为物权对于债权的优先效力。

（一）物权相互之间的优先效力

根据物权的排他效力，内容互不相容的物权不能并存于同一标的物之上，当事人如果在同一标的物上设定两个内容互不相容的物权，则第二个物权设定行为无效。例如，如果某集体经济组织就某块耕地为甲设立了土地承包经营权后，又在同一地块上为乙设立土地承包经营权，则第二个设权行为无效，乙根本无从取得土地承包经营权。此种情形不发生优先性的问题，只需依物权的排他效力即可解决问题。另外，如果两个物权虽并存于同一物之上，但各有其支配范围，在任何情况下都不可能发生权利的冲突，那么也不发生权利的优先性问题（例如，甲乙二人分别在丙所有的土地上各自设定以通行为内容的地役权与以取水为内容的地役权）。因此，所谓物权相互之间的优先效力，所要解决的是并存且潜在地可能发生权利冲突的若干个物权之间的优先性问题。

总体而言，物权相互间的优先效力遵循“时间在先，效力优先”的规则。在先的物权之所以具有优先性，主要是由于物权公示的功效：根据物权公示原则，一项物权的发生，除要求当事人就权利的发生达成一致（就意定物权而言）外，尚须具备一表现在外从而可为不特定第三人观察到的要件，即动产的交付或不动产的登记；正是由于预设在先发生的物权已可为在后的物权取得人所知晓，法律方可确定在先物权的优先性。

---

〔1〕《最高人民法院关于适用〈中华人民共和国合同法〉若干问题的解释（二）》第 15 条规定：“出卖人就同一标的物订立多重买卖合同，合同均不具有合同法第 52 条规定的无效情形，买受人因不能按照合同约定取得标的物所有权，请求追究出卖人违约责任的，人民法院应予支持。”

〔2〕部分学者主张，所谓物权的优先效力，仅指物权相互之间的效力，而不包括物权相对于债权的效力，原因在于：债权并非存在于物上的权利，而是针对特定人要求给付的权利，因此物权和债权不可能发生权利冲突，从而也就无须优先效力的协调。

具体而言，物权相互之间的优先效力表现在：

1. 在所有权与定限物权之间，定限物权是在特定范围内支配物的权利，构成对所有权的限制和负担。当物上不存在他人的定限物权时，所有权表现为占有、使用、收益、处分等完满的权利状态，但一旦他人之物权存在于物上，则所有权人相应的对物支配需要让位于该他人的权利；只有在该定限物权消灭后，所有权才回复到先前的圆满状态。因此，在存续期间，定限物权在其权利范围内当然优先于所有权。例如，土地承包经营权人可以优先于土地所有人使用土地；在债权未受清偿时，抵押权人可以优先于抵押物的所有人行使处分变价权。

2. 数个担保物权并存于同一标的物之上时，原则上，成立在先的担保物权顺位在先，其权利人可以优先于后成立的担保物权的权利人而受偿。但是，该原则有若干例外。以《物权法》等法律的规定为例，与"时间在先，权利在先"规则不同的优先规则包括以下几个：①该法承认动产抵押，同时对于动产抵押主要采登记对抗主义，因此，先成立的动产抵押权如未经登记，其效力将落后于后成立但经过登记的抵押权，此规则可称为"登记优先规则"。②法律规定抵押权因抵押合同之生效而设立的（所谓"登记对抗主义"），如在一物之上设立的数个抵押权均未办理登记，则数个抵押权平等，各债权人按债权比例受偿。③当同一动产上同时存在未登记（法律不要求必须登记）的抵押权和质权时，即使质权设立在后，也具有优先于设立在先的抵押权的效力。这主要是由于：相对于抵押权人而言，质权人具有现实占有标的物的优势，此规则可称之为"占有优先规则"。④如果某一动产之上既有抵押权和质权，又有法定的留置权，则留置权即使发生在后，也具有优先于质权和抵押权的效力，此规则可称之为"法定担保物权优先规则"。

3. 用益物权与担保物权并存时，成立在先者，也具有优先效力。例如，不动产权利人在其不动产上设定抵押权后，再为他人设定地役权或其他用益物权时，抵押权不受影响。也就是说，抵押权人在实现抵押权时，可以无视其后设定的用益物权的存在，抵押物的价值不因用益物权的设定而减损。举例来说，假定甲对A块土地拥有建设用地使用权，价值1000万元；甲向乙银行借款800万元，并以A块土地的使用权作为抵押担保；抵押权存续期间，甲又在A块土地之上为丙的B块土地的利益设立了一项不得加盖高层建筑的地役权；如果乙的债权到期而未得到清偿，则乙可以主张抵押权的实现，而且，由于该抵押权设定在先，乙在对A块土地的使用权变现时，可无视设立在后的地役权的存在。也就是说，如果该土地使用权的市场价格没有变化，则乙仍能将该土地使用权变价为1000万元的现金，并就其本金和利息优先受偿。相反，如果不动产权利人先设定地役权，而后又就同一不动产设定抵押权，则地役权不受抵押权行使的影响，也就是说，抵押物的受让人须继续承受地役权负担。举例来说，原价值1000万元的土地使用权，在为他人设立了一项地役权后，其价值会发生减损；如果土地使用权人又为他人设立了一项抵押权，则在抵押权行使的条件具备时（债权到期未得到清偿），抵押权人仍可以行使抵押权，从而将此项土地使用权变价处分；此时，由于土地使用权上已经承载了他人的一项地役权，而该项地役权并不会因为抵押权的行使而消灭；这就意味着，在抵押权人就此项土地使用权变价时，由于需要承受其上的地役权，受让人不可能出价1000万元（假定土地使用权市场价格不发生波动），而是会在1000万元以下（如600万元）成交。

不仅物权相互之间的优先性遵循“时间在先，效力优先”的基本规则，而且，在一项“物权化”的权利（如租赁权）与一项物权之间亦可适用这一规则。就一物上先后发生租赁权与抵押权的情形，《物权法》第190条规定：“订立抵押合同前抵押财产已出租的，原租赁关系不受该抵押权的影响。抵押权设立后抵押财产出租的，该租赁关系不得对抗已登记的抵押权。”该条即遵循了“时间在先，效力优先”的规则。

物权之间的优先效力与债权的平等性形成鲜明的对比。债权不具有排他性，而具有平等性。当数个债权均以某特定物为其给付标的物时，无论其发生原因为何，发生时间先后顺序如何，原则上各债权均处在平等的地位。例如，甲将某动产出售给乙，在向后者交付前，又将该物出售给丙，也尚未交付；此时，作为买受人，乙、丙都取得了对甲要求交付标的物并转移所有权的债权，而且，这两项债权完全平等，第一买受人乙并不处于优先地位，如果甲最终选择与丙履行买卖合同，则后买受人丙可获得标的物所有权，乙则可向甲主张违约责任。

（二）物权对债权的优先效力

当物权和债权可能发生权利冲突时，无论成立之先后顺序如何，物权原则上具有优先于债权的效力。物权对债权的优先效力有两种具体形态，具体表现如下：

1. 如果债权以某特定物为给付之标的物，而该物上又有物权存在，则无论该物权是否成立于债权之先，均具有优先于该债权的效力。具体而言，表现在以下几个方面：①所有权的优先性。在“一物二卖”的场合，所有权的优先性表现得十分突出。例如，甲将某动产先出卖给乙，尚未交付，后又出卖给丙，并立即交付了该标的物，丙通过受领交付成为标的物的所有权人，而此时乙仅仅是买卖合同上的债权人。依物权的优先性规则，乙不得以其债权发生在前为理由，而主张优先获得标的物，乙不得依其债权向丙提出任何权利主张，而只能向甲主张违约责任的承担。②用益物权的优先性。例如，甲将一幢房屋出卖给乙，在办理所有权移转登记之前，甲又在该房屋上为丙设立了典权或居住权，并办理了登记，则丙的典权或居住权具有优先于乙的债权的效力，也就是说，丙可以确保其对房屋享有典权或居住权，而乙作为债权人只能向出卖人甲主张权利瑕疵担保责任。③担保物权的优先性。担保物权人在债权期限届满而未受清偿时，对其标的物有直接申请法院予以拍卖变价的权利，如果该担保物权的客体同时也构成了一项债权给付的标的物（如因抵押人出租抵押物而需要向承租人交付），那么担保物权具有优先的效力，其行使可以不必考虑对该项债权的影响。

2. 物权优先于一般债权。物权对一般债权的优先性，在债务人破产的情形下表现得尤为明显。债务人被宣告破产后，其所有财产都应纳入破产财产，作为按比例清偿债务的责任财产。但例外的情形有：①如果破产人占有属于他人所有之物（如破产人因租赁关系而占有属于他人所有的租赁物），那么该物的所有人可以要求取回该物，而无须参加破产还债程序，此为破产法上的取回权。〔1〕②如果破产人所有的某物已经为某债权人设定了抵押权，则该抵押权人在抵押人破产的情况下仍可以行使抵押权（破产法上的别除权），就该抵押物变价优先于一般债权人受偿。〔2〕

物权优先于债权的效力也有个别例外。有时，出于某种立法政策上的考虑，法律赋予某些债权以特殊的效力，使其在某些方面甚至优先于物权。这方面典型的例子就是“买卖不破租赁”规则。我国《合同法》第229条规定：“租赁物在租赁期间发生所有权变动的，不影响租赁合同的效力。”这就意味着，租赁物的买受人即使成了标的物的所有权人，仍然不得以其所有权对抗作为债权人的承租人，在此效力范围内，债权取得了优先于物权的特殊效力。另外，《物权法》第20条所确立的预告登记制度也表现了经特别登记之债权的优先性。

三、追及效力

物权的追及效力，是指物权一经成立，其标的物无论辗转于何人之手，物权人均可以追及物的所在，而直接支配其物的效力。

物权的追及效力是由其绝对性所决定的。这是因为，物权既然是可用以对抗不特定主体的对世权，那么它的义务主体当然不限于与物权人有直接交易关系的特定人。物权从来都以作为其权利客体的特定物作为其权利关系的纽带，因此它具有对物的追及效力。

---

〔1〕《企业破产法》第38条规定：“人民法院受理破产申请后，债务人占有的不属于债务人的财产，该财产的权利人可以通过管理人取回。但是，本法另有规定的除外。”

〔2〕《企业破产法》第109条规定：“对破产人的特定财产享有担保权的权利人，对该特定财产享有优先受偿的权利。”

追及效力是物权的一项一般效力，不仅所有权具有该效力，而且它也是定限物权——尽管它往往产生于某特定交易关系中——所具有的效力。关于物权的追及效力，具体而言，表现在以下几个方面：

1. 所有权的追及效力。所有权是对物进行完整支配的权利。所有权人首先有权占有标的物，如果所有权人对标的物的占有为某人不法侵夺，则所有人可以要求该侵占人返还占有。即便该不法侵占人将该物转交给第三人，而该第三人与物的所有人之间并不存在任何直接的法律关联，原则上，所有权人也同样可以追及物的所在，向该第三人要求物的返还，该返还请求权的行使不以第三人具有任何过失为必要。例如，甲不慎遗失其物，为乙所拾得，由于甲并不因遗失而丧失其对物的所有权，因此，不仅甲可向乙直接要求所有物的返还，而且，在乙将该物赠与丙时，由于丙不能因此获得所有权，而相对于所有权人甲而言，丙的占有仍属无权占有，故甲也可向丙直接主张物的返还。只有在第三人依法（如依动产善意取得之规定）取得该标的物所有权的情形，原所有人才因为物权的丧失而无法再要求物的返还。就此情形而言，并非所有权失去了追及效力，而是原所有权人的所有权本身发生了消灭。

2. 用益物权的追及效力。用益物权是以对他人之物加以用益为内容的物权。对他人之物的利用需要，除设定用益物权外，还可通过取得债权性的用益权来实现。例如，通过订立租赁合同，取得对他人土地的利用权，以满足建造房屋的需要，此与建设用地使用权的设定具有类似的功能。但是，基于债权的相对性，债权性的用益权不足以对抗不特定的第三人，权利人仅能对债务人主张其债权。相反，用益物权则具有追及效力，其效力不仅作用于物的所有人（构成对其所有权的负担和限制），而且也及于不特定之人。因此，在设定用益物权后，即使所有人出让所有权于第三人，该用益物权仍不受影响，用益物权人仍可追及其标的物，向新所有人主张权利，这是债权性的用益权所不具有的效力。举例来说，假定A幅土地的使用权人甲与B幅土地的使用权人乙订立了一份地役权合同，双方约定为B幅土地的利益不在A幅土地上加盖高层建筑，并办理了地役权登记；后甲将其对A幅土地的使用权转让给丙；则作为受让人的丙仍须承受不在A幅土地上加盖高层建筑的义务，也就是说，乙对A幅土地所享有的地役权不因土地使用权的转让而受影响。

3. 担保物权的追及效力。担保物权以变价权和优先受偿权为其内容，该种类型的物权一经设定，即成为担保物权人对特定担保物的支配权，而不是仅仅针对物的所有人的相对性权利。如债权届期未受清偿，则担保物权人可以追及担保物，向法院申请予以拍卖、变卖并就其价金优先受偿，而无须考虑该担保物现实的归属状况。例如，所有人甲在其不动产上为其债权人乙设定抵押权后，又将该不动产让与给第三人丙，依法理，[1] 该让与行为有效，丙可以因此取得标的物所有权；但是乙的抵押权并不受此转让行为的影响（也就是说，丙所取得的是一个具有乙的抵押权负担的所有权），在其债权届期未受清偿时，乙仍能追及该不动产而实现其抵押权。在担保物权人占有标的物的情形，该权利的追及效力更加显著。例如，就动产质权而言，如质权人丧失占有且第三人所取得的占有为无权占有的，则质权人可依《物权法》第34条向占有人要求返还质物。[2]

四、物上请求权效力

（一）物上请求权的概念

有权利，即应有其救济。对物权的保护，包括公法上的保护与私法上的保护。公法上的保护主要体现在宪法、刑法和行政法对于私有财产的维护，如对国家征收、征用的限制和补偿等。私法上的保护既包括债法上的保护手段（侵权行为损害赔偿请求权与不当得利请求权等），也包括物权法自身所提供的保护手段，即物上请求权。

所谓物上请求权，是指物权人于其物被侵害或有被侵害之危险时，可以请求回复物权圆满状态或防止侵害的权利。关于该请求权的名称，有学者认为，“物上请求权”等同于所谓的“物权请求权”；而另有学者认为，“物上请求权”除包括物权请求权（基于物权本权的请求权）外，还包括占有人的物上请求权。[3]

物上请求权是各种物权所具有的共同效力，也就是说，凡为物权，都能产生出物上请求权的效力，以作为该物权最直接的保护手段。物权的此项效力来自于其绝对权的法律属性，因为，物权既然是可以对抗不特定当事人的权利，那么它就应该具备排除来自任何人之干涉或侵害的效力。他人的行为只要对物权构成了妨碍，无论该行为人主观上是否有过失，均不得对抗物权人要求其排除妨害的请求。在《物权法》出台以前，我国法律并未明确规定物上请求权，《民法通则》从责任的角度仅对违约责任和侵权责任作出了规定，从而在请求权基础上容易使人产生如下推断：在物权受到妨害或侵害时，只能根据侵权行为的有关规定，对

---

[1] 我国《物权法》第191条则作出了不同的规定，详见本书第六章第二节。

[2] 《担保法解释》第87条第2款规定，“因不可归责于质权人的事由而丧失对质物的占有，质权人可以向不当占有人请求停止侵害、恢复原状、返还质物”。该条款总体上承认了质权的追及效力，值得肯定，但是，该条至少也存在两项缺陷：①在表述上使用了“不当占有人”这一非规范概念，应改为“无权占有人”为妥；②该条规定，只有在“因不可归责于质权人事由而丧失对质物的占有时”，质权人方可主张返还质物等请求权，这一要件的设置无法理基础。只要质权尚存在，且占有人为无权占有，即应成立质权人对占有人的返还请求权。

[3] 本书原则上视“物权请求权”与“物上请求权”为相同的概念，主要指基于一项物权所产生的请求权效力。涉及以占有为基础的请求权，由于占有并非权利，则仅使用“物上请求权”这一表达。

遭受损失的物权人提供保护。然而，一般侵权行为具有其构成要件，侵权责任的构成，要求行为人须具有主观上的过失，其行为须具有违法性等。如果物权人在其物权遭受侵害或妨害时仅能主张侵权请求权，则在许多情况下，由于侵权责任并不成立会使得物权人无法得到救济。由此可见，承认物权拥有自身的救济手段，即由物权直接产生的请求权，是很有必要的。

> 《物权法》第33条、第34条确立的返还原物、排除妨害、消除危险的请求权，其性质属于物权请求权，对于此点学理上应无疑问。但是，2009年《侵权责任法》的出台却将问题复杂化。根据《侵权责任法》第15条的规定，承担"侵权责任"的方式包括了停止侵害、排除妨碍、消除危险、返还财产等。那么，当物权人请求他人排除物上的妨害、消除危险或返还物的占有时，其请求权基础究竟系"侵权"，还是物权？抑或是普遍性地构成请求权基础的竞合？请求权基础的思维方式系民法学的基本方法，前述《物权法》与《侵权责任法》的规范如何协调适用值得研究。本书作者认为，无论是从大陆法系国家民法的一般传统出发，还是从请求权体系自身的合理性考虑，均应将所谓"侵权"的法效果限定于"损害赔偿之债"的发生，从而使物权请求权与侵权之债的损害赔偿请求权各司其职。

此外，支持物上请求权为物权的一般效力的另一个强有力的理由是：既然法律普遍规定占有的法律事实都具有物上请求权的效力，[1] 那么，各种类型的物权，至少就那些物权人有权占有标的物的物权类型而言，当然也应该具有物上请求权的效力。

关于物权请求权，存在两种不同的规范模式。第一种模式可称"所有权请求权类推适用模式"：在大陆法系的主要国家，尽管学理和判例大多承认物上请求权系物权的一般效力，但民法典极少以明文直接规定物权的物上请求权效力；实际上，由于所有权在物权体系中的重要性，民法典通常都详尽地规定基于所有权的各种物上请求权，对于各种定限物权的物上请求权效力，则视情形类推适用法律关于所有权的物上请求权规定。第二种模式则系在立法上直接采用学理上的"物权请求权"概念，可称"抽象的物权请求权模式"：我国《物权法》在第一编"总则"中的第三章"物权的保护"部分，针对各种物权类型统一地规定了各种物权的保护方法，包括返还占有、排除妨碍和消除危险几项请求权。我国物

---

〔1〕 如我国《物权法》第245条，参见本书"占有"部分。

权法所采取的抽象模式符合民法体系化的要求，它表明各种物权类型均具有物上请求权的效力。不过，上述两种模式其实各有利弊。类推适用模式需要在个别判断的基础上考虑何时应将所有权请求权类推适用于具体的用益物权、担保物权类型之上，从而使法律适用变得相当复杂。而我国《物权法》采用的抽象规范模式在法律适用上也有其难题：实际上，并非所有的物权类型均具有各项物上请求权的效力。举例而言，对于包含占有权能的物权类型（如动产质权）而言，物权人固然可以主张《物权法》第34条所规定的返还请求权，[1] 但是，对于权利人并不取得物之占有的抵押权而言，第34条规定的返还请求权当然就不包含在抵押权的效力范围以内。由此例可知，在《物权法》的"总则"统一地规定了物上请求权的情况下，法律适用者需要对哪些情况下应排除某种物上请求权适用的问题作出个别判断。

（二）物上请求权的内容

我国《物权法》未使用"物上请求权"或"物权请求权"的概念，但该法于第一编"总则"的第三章规定了"物权的保护"，从而从权利救济的角度确认了一般的物权都具有物上请求权效力这一规则。

具体而言，物上请求权包括以下几方面的内容：

1. 占有返还请求权。所有权人以及有权占有标的物的定限物权人（如质权人、土地承包经营权人、宅基地使用权人等），对于无权占有其物之人，可以请求占有的返还。对此，我国《物权法》第34条作出了如下规定："无权占有不动产或者动产的，权利人可以请求返还原物。"依该条规定可知：①享有占有返还请求权之人为"权利人"，该权利人指的应该是动产或不动产的所有权人以及其他拥有占有权能的用益物权人或担保物权人。②该请求权针对的是无权占有人，即现在占有其物但缺乏占有本权之人，包括直接占有人和间接占有人。例如，甲的手机为乙所盗，丙明知手机系赃物而从乙处购买，并出借于丁，此时，甲的返还请求权既可以向直接占有其物的丁提出，也可以向间接占有其物的丙提出，但不得向窃取其物的乙提出，因为乙已不占有该物（虽不能向乙提出物权请求权，但在乙的行为满足侵权行为构成要件时，甲可向其主张侵权损害赔偿）。

《物权法》第34条在措辞上采用"权利人可以请求返还原物"的表达。"返还原物"这一表达指明了返还的对象系物权所针对的特定物，且具有通

---

〔1〕 例如，甲向乙借款1万元，并以自己的笔记本电脑出质，为乙的债权提供担保，且已交付于乙；在乙占有笔记本电脑期间，丙强行拿走了乙手中的笔记本电脑；此时，质权人乙可主张基于质权的物上请求权，向无权占有人丙要求占有的返还。

俗易懂的好处。但是，“返还原物”这一表述本身包含两种可能的含义：返还物权人丧失的占有；返还丧失的物权。在前者，权利人在行使此项请求权时，对请求返还之物仍享有物权，故其先前丧失且借助该请求权要求返还的，仅仅是对物的实际控制意义上的占有而已，例如，因物之遗失，所有权人可向拾得人要求物的占有的返还。相反，在后者，物权人已经由于特定的法律事实而丧失了物权，因此，其在要求“返还原物”时，实际上要求返还的是先前丧失的物权，例如，在不当得利法上，无法律上原因导致物权丧失者，可向因此取得物权者主张不当得利的返还。[1] 依逻辑，物权人在丧失物权后，其所获得的法律救济已不属于物权请求权的范畴，故以物权的回复为标的的请求权在性质上属于债权请求权（如不当得利请求权）。《物权法》第34条所使用的“返还原物”，显然指的是占有的回复（就所有权而言，使用“所有物返还请求权”即可精准表达其意义）。

根据《物权法》第34条，占有返还请求权指向的对象系“无权占有”人。“有权占有”与“无权占有”系对占有的基本分类。作为法律事实的占有，其自身构成物权法独立的一项制度。因此，有关占有分类的意义和不同占有类型的法律效力问题也往往会在占有的效力方面被加以考虑，例如，在解释适用《物权法》第245条的占有保护（“占有的不动产或者动产被侵占的，占有人有权请求返还原物”）时，探讨无权占有人是否也受保护的问题（如“小偷是否受保护？”）。本书作者认为，这种认识思维并不准确。由于占有的效力系基于对物管领的单纯事实而发生，因此，占有人在主张第245条之保护时，其占有为“有权占有”抑或是“无权占有”应在所不问。事实上，有权占有与无权占有区分的主要意义，恰恰在于《物权法》第34条：简言之，物权人仅能向“无权占有人”主张占有返还请求权；如占有人之占有系有权占有，则物权人纵然享有物权，亦不可向占有人要求物之占有的返还。据此，所有权人固然不得在质押期间向质权人要求返还质物的占有（因质权人对质物的占有为有权占有，且须继续占有以担保债权的实现），而且，所有权人同样不得在租赁期间要求承租人返还租赁物（因承租人的占有同样以租赁合同上的债权为基础而为有权占有）。如果房屋所有权人甲出卖房屋于乙并为交付，但双方未办理不动产转移登记，则尽管出卖人甲仍保

---

〔1〕《最高人民法院关于贯彻执行〈中华人民共和国民法通则〉若干问题的意见（试行）》第131条规定，“返还的不当利益，应当包括原物和原物所生的孳息……”在表述返还的对象时，此条也使用了“原物”的表达。鉴于不当得利请求权的债权请求权属性，此处所称返还原物，当指所有权的回复，即使权利人重获之前丧失的所有权。

留所有权人身份，但他同样不得依《物权法》第34条向买受人乙要求交还房屋，因为买受人乙基于买卖合同的效力而有权占有该房屋。在前例中，如果出卖人甲一房两卖，又将房屋出卖于第三人丙并为其办理所有权移转登记，则取得房屋所有权的丙可向占有房屋的乙主张第34条的权利，这是因为，乙固然可基于买卖合同而对出卖人甲主张有权占有，但相对于丙，其占有无正当权源，构成无权占有。

2. 排除妨害请求权。所谓妨害，指的是以占有以外的方法不法地阻碍或侵害物权人对物的支配，包括但不限于以下几个方面：①对物的实体的侵害，如未经同意在他人土地之上施工；②无权使用他人之物，如在他人建筑的外墙上悬挂户外广告；③直接影响他人权利的行使，如停车于他人车库；④对物的有形侵入，如丢弃垃圾于他人的庭院等。物权人对于其标的物的支配，因他人行为之妨碍而受影响时，可直接依物权的效力，请求妨害之排除。例如，甲对一块土地拥有承包经营权，邻近土地的承包经营权人乙越界在甲承包的土地上砌墙，甲有权依其物权要求乙拆除墙体、排除妨害。有关排除妨碍请求权，《物权法》第35条规定："妨害物权……的，权利人可以请求排除妨害……"

3. 妨害预防请求权。对物权人而言，排除已发生的妨害固然重要，但是，在对物的支配有被妨害的现实威胁时，也应赋予物权人以一定请求权，使其能够预防妨害的发生。例如，甲所有的祖传老宅年久失修，随时有坍塌的危险，而一旦坍塌，其邻居乙的住宅必将受损，在此情况下，乙可以请求甲加固或拆除房屋，以消除存在的危险，从而保全自己的住宅。关于妨害预防请求权，我国《物权法》称其为"消除危险"，该法第35条设有如下规定："……可能妨害物权的，权利人可以请求……消除危险。"

另外，从权利保护的角度出发，《物权法》还规定了请求确认权利（第33条）、恢复原状（第36条）和赔偿损失（第37条）等救济方法。本书作者认为，这些救济方法要么属于程序性规定（如所谓"确权之诉"），[1]要么是债法

---

〔1〕《物权法》第33条规定："因物权的归属、内容发生争议的，利害关系人可以请求确认权利。"与《物权法》第三章"物权的保护"其他条文均规定"权利人"的请求权不同，此条中可以请求确认权利的是"利害关系人"，可见，此确权之诉显然并非"权利人"才能提出。而且，更为重要的是，从权利救济的角度看，确认权利本身似乎并无多少独立的价值。实际上，当事人往往在需要提起返还之诉、排除妨害之诉或消除危险之诉且物权的归属又存在争议时，请求权人才需要负担举证责任以证明自己的物权。例如，甲所有之物为乙占有，而后者却认为自己才是所有权人，此时，甲要主张物的返还，需要首先在诉讼中证明自己的所有权；对法院来说，其首要的裁判目标是确认所有权的归属，然后再据此对返还之诉作出判决。

上的请求权（“恢复原状”、“赔偿损失”），[1]并不属于物上请求权。

《物权法》第三章在“物权的保护”这一标题之下，将各种物权保护的手段汇集在一起，突出体现了该法保护物权的立法宗旨。但是，将物权请求权与债权请求权不加区分地排列在一起，反而人为地制造了法律适用上的问题。以《物权法》第34条和第37条两个条文为例：如前所述，第34条规定的请求权属于物权请求权，且该条法律规范属于完全规范，已给出了请求权的全部构成要件与法律效果；相反，第37条规定几乎没有任何意义，因为，侵害物权是否发生损害赔偿义务，绝不能仅以该条作为请求权基础，而是必须根据《侵权责任法》第6条等规范，考虑过错、因果关系、违法性等侵权行为之债的构成要件是否充分。如果法官在确立侵害物权的损害赔偿义务时，仅以《物权法》第37条作为规范基础，则原本应加以考虑的过错等要件都会被忽略，从而造成严重的法律适用错误。实际上，在涉及物权保护和权利人救济方面，《物权法》应仅规定物上请求权，而将债权的保护手段留给《侵权责任法》等法律加以调整。在《物权法》第三章中规定债权请求权，这种立法处理如果说有什么实际效果的话，那就是容易导致法官发生错误的法律适用。

关于物上请求权是否适用诉讼时效的问题，我国《民法通则》与《物权法》均未作明确规定。[2]学术上主要有三种不同的观点：第一种观点认为，物上请求权是物权本身产生的效力，只要物权存在，物上请求权就应继续存在，而无诉讼时效适用的余地；第二种观点认为，物上请求权与债权请求权一样，其在诉讼上的行使均应受诉讼时效的制约；第三种观点认为，应区分物上请求权的不同类

---

〔1〕《物权法》第36条规定：“造成不动产或者动产毁损的，权利人可以请求修理、重作、更换或者恢复原状。”该法第37条规定：“侵害物权，造成权利人损害的，权利人可以请求损害赔偿，也可以请求承担其他民事责任。”一些学者将“恢复原状”与“赔偿损失”两项请求权均归入物上请求权的范围。本书作者认为，上述条文中规定的请求修理、重作、更换、恢复原状以及损害赔偿的请求权均以义务人的行为构成侵权行为为前提，这些请求权都具有债权请求权的性质，而非物上请求权。

〔2〕《物权法》有一处规定似乎暗示所有权人的原物返还请求权并不适用普通诉讼时效期间。根据该法第107条的规定，如果善意受让人受让的是遗失物的所有权，则受让人不能根据该法第106条的规定直接获得所有权，遗失物的所有人可以在知道或应当知道受让人之日起2年内向受让人请求返还原物。《物权法》第107条系关于遗失物善意取得的特别规定，它需要兼顾所有权人的保护与善意受让人的利益，因此我们有理由认为，该条关于所有权人在2年之内可要求返还原物的规定构成了一项特别规范，其中体现着对善意受让人加以一定保护的立法宗旨；由此反推，在不存在善意受让的场合，唯一应受保护的当事人为所有权人，其主张原物返还请求权应不受此2年期间的限制。

型，有些物上请求权适用诉讼时效（如动产的原物返还请求权），而另一些则不适用（如基于登记不动产的物上请求权以及排除妨害请求权、妨害预防请求权等）。就此问题，在比较法上，也存在不同的立法例。

2008年8月21日，最高人民法院发布了《关于审理民事案件适用诉讼时效制度若干问题的规定》。该规定第1条将诉讼时效的适用范围限定为“债权请求权”（同时排除了某些特殊的债权请求权对诉讼时效的适用）。关于物上请求权是否适用诉讼时效的争论，该规定并未明确给出回答。但是，前述第1条既然仅提及“当事人可以对债权请求权提出诉讼时效抗辩”，而且在该司法解释的说明中也明确地将《物权法》作为制定该解释的依据之一，因此有理由认为，此规定对物上请求权适用诉讼时效实际上持否定的立场。

第四节　物权的变动

一、物权变动的意义

物权的变动，是指物权的发生、变更与消灭。就权利人而言，物权变动意味着物权的取得、设定、内容变更与丧失。我国《物权法》并未使用“物权变动”这一较抽象的术语，而是采用了“物权的设立、变更、转让和消灭”这样具体的表述。

（一）物权的发生

物权的发生，是指物权与特定主体的结合。所谓“物权的设立”，通常指的是在他人之物上设立定限物权，因此这一表达指的是定限物权的发生。物权的发生，自特定的物权人方面观察，为物权的取得。物权的取得，可分为原始取得与继受取得。

1. 物权的原始取得。原始取得，又称固有取得，是指非依据他人既存的权利而取得物权。具体而言，原始取得大致又包括两种情形：①物上本来就不存在任何物权，因此物权的取得当然不受制于任何既存的权利。例如，无主物，无论其自始即为不属于任何人所有的无主物，还是被他人抛弃而成为无主物，均依法律规定的先占方式而归属于先占人所有。②物上本存在他人的物权，在正常情况下，依意思自治的原则，物权取得人取得物权须以原权利为基础并以原权利人的意志决定，但是在特殊情况下，为追求交易安全或维持交易秩序等目标，法律也直接规定某些法定的物权取得方式，从而使物权的取得不受既存物权的影响。例如，依法律关于取得时效、添附及善意取得的规定而取得所有权，均不以原所有人的意志为转移。

2. 物权的继受取得。继受取得，又称传来取得，是指基于他人既存的权利而取得物权。继受取得，又可分为移转继受取得和创设继受取得。所谓移转继受取得，是指就他人的物权依其原状而取得，例如，基于买卖、赠与等原因而受让他人的所有权，或者支付一定代价，从某建设用地使用权人手中受让该建设用地使用权等。所谓创设继受取得，特指在他人之物上设定用益物权或者担保物权等定限物权。定限物权的设定，一方面，须以所有权为基础，其本身就构成所有权人对其所有权的处分，故属于继受取得；另一方面，所有权人并不因定限物权的设定而丧失其所有权，实际上，所有权人只是将所有权的部分权能暂时地让渡给了定限物权人。

区分物权的原始取得与继受取得，其法律意义在于：①从取得原因上看，物权原始取得多基于法律的直接规定，也就是说，法律直接规定物权取得的各项构成要件。从权利取得人的角度观察，其对物权的取得，多基于一定的事实行为（法律直接赋予该事实行为以物权取得的法律效果），如对无主物先行占有的事实。而物权的继受取得，除少数情形外（如基于法定继承原因而概括地取得物权），大多基于法律行为。因此，在通常情况下，判断物权是否发生，在原始取得与继受取得之间有很大的不同：在前者，应考虑法律直接规定的各项权利取得要件是否充分；在后者，则首先应就法律行为的有效性（行为人是否具有相应行为能力、意思表示是否真实等）作判断。②原始取得既非基于他人既存权利而取得物权，则物权的取得自然不受先前权利上存在的负担影响，这些负担因物权的原始取得而消灭。例如，甲因向乙借款而将其电脑质押给乙，后者将电脑寄存在丙处，丙将电脑卖于不知情的丁；此时，丁可依据《物权法》关于善意取得的规定主张取得电脑的所有权，甲因此将丧失电脑的所有权；因为善意取得属于原始取得方式，故该电脑上先前存在之乙的质权也消灭，也就是说，丁取得的是一个完整的、没有他人权利负担的所有权（可参考《物权法》第108条之规定）。相反，在继受取得，物权系继受而来，而原权利人当然不能将大于其所有之权利让与他人，因此，在标的物上的一切负担，均继续存在，取得人须承受这些负担。例如，如果某甲的房屋上存在某乙的抵押权，而甲将房屋出卖给丙，并与丙共同办理了所有权转移登记，则受让人丙能够取得房屋所有权；但由于乙的抵押权具有对抗性，房屋所有权变动的事实并不影响抵押权，故丙所取得的房屋所有权上仍存在乙的抵押权。

（二）物权的变更

物权的变更，有广义和狭义之分。广义而言，物权的变更是指物权法律关系诸要素的变更，包括主体变更、客体变更和内容变更。其中，主体的变更，实际表现为物权的取得和丧失，因此，一般所谓物权变更系指狭义上的物权变更，即物权的客体变更和内容变更。

物权的客体变更，是指物权标的物在量上发生的增减。例如，当某动产（如抽水马桶）附合于某房屋时，房屋所有权的标的物因添附而有所增加，但是，在法律上和观念上，这一事实并未导致房屋之上原有所有权的消灭与新所有权的发生，也就是说，在客体变更的情况下，所有权仍保持了其同一性。当然，对因附合而成为房屋构成成分的动产而言，其因丧失了独立性而发生了所有权的消灭。

物权的内容变更，是指在不改变物权性质的情况下，其内容有所改变。例如，当事人在设立地役权的合同中，约定地役权存续期间为10年，后又通过合意将其变更为20年；又如，动产抵押权开始因未办理抵押登记而不具有对抗善意第三人的效力，后抵押权因登记而取得了对抗第三人的效力。

（三）物权的消灭

物权的消灭，是指物权与主体的分离，就物权人方面而言，为物权的丧失。物权的丧失可分为绝对丧失与相对丧失。物权的绝对丧失，是指物权本身终局地归于消灭，例如，物权标的物发生灭失，致使权利客观地发生消灭。物权的相对丧失，仅指对特定的主体发生权利的丧失，也就是说，物权仅与原权利主体分离，但其权利本身并未发生消灭，而是归属于其他的权利主体。可见，物权的相对丧失，对于原权利人而言，固然属于权利的消灭，而对于新权利人而言，则属于权利的继受取得；对于物权本身而言，则属于权利的主体变更。因此，通常所说的物权丧失，仅指物权的绝对丧失。

除其他原因外，物权还因混同、抛弃而发生消灭：

1. 混同，是指两个无并存必要的物权同归于一人的事实。例如，在土地私有的情况下，某块土地的所有权人通过继承、受让等原因，取得了在自己所有的土地上设定的建设用地使用权，此时，所有权与该使用权发生混同，后者即丧失了继续存在的必要性，而发生了消灭。然而，如果他物权的继续存在对于所有权人或第三人有法律上的利益，那么该权利不因混同而消灭，例如，在上例中，如果在所有权人取得建设用地使用权之前，原使用权人已经在该权利上为第三人设定了一项担保物权，那么，为该担保物权人的利益计，建设用地使用权不因与所有权同归一人的事实而消灭，而是应该继续存在，并继续作为第三人担保物权的客体。《担保法解释》第77条也明确规定了此种物权不因混同而消灭的情形——“同一财产向两个以上债权人抵押的，顺序在先的抵押权与该财产的所有权归属一人时，该财产的所有权人可以以其抵押权对抗顺序在后的抵押权”。

《担保法解释》第77条例解

甲有一价值100万的房屋A。甲向乙借款80万元，以房屋A为乙设立了抵押权，并办理了抵押登记；甲又向丙借款70万元，仍以房屋A为丙设立了抵押权，双方也办理了抵押登记。此时，债权人乙是第一顺序抵押权人，而丙是第二顺序抵押权人，乙的债权优先于丙的债权受偿。假定后来由于某种原因，乙取得了房屋A的所有权，此时，如果根据一般的权利混同规则，乙的抵押权势必会因被其所有权吸收而消灭；一旦乙的抵押权消灭，丙的第二顺位抵押权即可变为第一顺位抵押权，而由于不动产抵押权的对抗效力，丙可以其抵押权对抗新的房屋所有权人乙，即丙可以第一顺位抵押权人的身份，要求对房屋A进行变价，并就其价金优先受偿。以上结果对于原本具有第一顺位抵押权人身份的乙明显不公平，因此，根据《担保法》该条解释的特别规定，即便抵押权人乙事后取得了该抵押物的所有权，但考虑到抵押物上还存在着第二顺位抵押权，故乙的抵押权并不因为混同而消灭；如此，在丙主张抵押权的实现时，乙可以第一顺序抵押权人的身份要求从抵押物的价金中优先受偿，也就是说，如果房屋卖得100万元的价金，则乙可先主张就其80万元的借款债权本息受偿，剩余部分才由第二顺位抵押权人丙受偿。

2. 抛弃，是指物权人依单方的意思表示而使物权归于消灭。物权为财产权，原则上应允许权利人自由抛弃。抛弃系单方法律行为，须以意思表示为之（因此要求行为人必须具有行为能力），而且尚须符合其他方面的要求：在动产，如抛弃的是所有权，则除须为抛弃的意思表示外，还须放弃对该动产的占有；如抛弃的是他物权，则抛弃为有相对人的意思表示，须向因抛弃而直接受益者（如出质人、留置物的所有人等）作出意思表示，并将动产返还于后者。在不动产，如抛弃所有权，除须作出意思表示外，还须向不动产登记机关作所有权涂销登记；如抛弃他物权，须向因抛弃而直接受有利益者作出意思表示，并向不动产登记机关作涂销登记，才能发生物权消灭的效力。

二、引起物权变动的法律事实

在民法上，导致法律关系发生、变更或消灭的因素被称为法律事实。物权法律关系的变动也系由一定的法律事实引起，其中包括法律行为与法律行为以外的事实。

（一）法律行为

法律行为是指行为人欲发生一定私法上的法律效果，而将其意思表示于外部的行为。在因法律行为而发生的物权变动中，当事人有意识地追求特定物权发生、变更或消灭的法律效果，并将此效果意思表示出来，法律即依其意思发生物权变动的法律效果。例如，当事人通过合意移转标的物的所有权，或者通过抛弃所有权的意思而使所有权归于消灭，又或者是通过订立抵押合同设定抵押权等。

在所有权人抛弃所有权的例子中，导致所有权消灭的法律行为清晰可见，即当事人抛弃所有权的意思表示。然而，在因买卖、赠与等原因转移标的物所有权的情形下，识别究竟是何种法律行为引起了物权变动的法律效果却并不容易。本书将在有关物权行为理论的部分讨论这一问题。

由法律行为引起的物权变动是最为常见、也是最为重要的原因。实际上，所谓物权变动的模式、物权变动的无因性等，仅针对因法律行为而引起的物权变动，而不适用于以下非因法律行为而引起的物权变动。

（二）法律行为以外的事实

所谓法律行为以外的事实，既包括人的行为中的事实行为，也包括行为以外的法律事实，如事件和状态。此处的事实行为，是指行为人无须对外作出某种意思表示，而仅须有符合法律规定的一定行为，即可直接发生一定物权变动效果的情形，例如，因对无主物的先占而依法取得其所有权；因建造的房屋完工而取得其所有权等。没有人的意志参与的客观现象，如标的物的自然灭失，或天然孳息的产生与分离，也可能引起物权的变动。事实行为和人之行为以外的事实所引起的物权变动，均系直接基于法律的规定而发生的。

我国《物权法》实际上遵循了以上区分。如前所述，该法第二章“物权的设立、变更、转让和消灭”系关于物权变动的基本规范，而该章第一节“不动产登记”与第二节“动产交付”实际上规范的是因法律行为而发生的物权变动，第三节“其他规定”则是对几种因法律行为以外的原因而发生的物权变动进行规范。

三、物权变动的公示原则

物权是对标的物为直接支配的权利，具有对世性和排他效力。物权的变动，尤其是由法律行为引起的物权变动，体现了当事人的意思自治。但是，由于物权变动的效果不仅与交易关系的直接当事人相关，而且还潜在地对所有民事主体产生影响，因此，法律必须将一定的公示方法规定为物权变动效果发生的要件，从而使第三人能够从外部认识到物权变动的法律现象，并以此外在的法律现象为基础，安排其法律生活。

基于物权的绝对性，近现代物权法为维护交易的安全，将“公示原则”与“公信原则”确立为物权变动的两项基本原则。我国《物权法》也明确规定了物权的公示原则，并通过善意取得的规定，体现了物权变动的公信原则。

（一）公示原则的必要性

公示原则是指在物权变动之时，必须以一定的公示方法表现权利的变动，才能发生一定法律效果的原则。

物权的绝对效力，要求其具有外在的可识别性，因此物权的变动必须具有恰当的公示方法。如果变动物权的相关行为欠缺一定的公示方法，那么第三人根本无从知晓物权变动的事实，此时，如果仍然赋予相关行为以物权变动的完整法律效果，则依物权的对抗效力，物权取得人就可以其物权对抗完全不知情的第三人，交易的安全就无法得到维护。举例而言，某甲和某乙约定，在某甲所有的房屋A上为某乙设定抵押权，但除此约定外，双方并未将抵押权设定的事实以任何方式予以公示；其后，所有人某甲又以市场价格将该房屋的所有权转让给某丙；假定某甲与某乙之间关于设定抵押权的约定本身就可以产生抵押权设定的法律效果，那么根据物权的追及效力和优先效力，某乙在其债权到期而甲不履行债务的情况下，就可以向新的房屋所有权人某丙主张抵押权，而后者此时会感到这种法律后果的不公平，因为他已经按房屋的完整价值支付了买价，而在进行交易时，他也无从知晓房屋之上具有某乙的抵押权。在这种情况下，法律固然可以规定由上当受骗的某丙（因为某甲隐瞒了房屋设定抵押权的事实）向某甲主张权利，如规定转让行为无效，或者允许买受人丙解除买卖合同，要求返还价金并要求损害赔偿等，但此类请求权的性质系债权性的请求权，只有在某甲尚具有清偿能力的情况下，该债权请求权才能够实现（试想，如果某甲在出售房屋后就消失得无影无踪，那么某丙要求返还价款并赔偿损失的请求权又如何能够实现呢?）。相反，如果法律以强制性的规范要求物权的变动必须具有法定的公示方法，如不动产物权变动须经登记，则在该法定公示方法欠缺的情况下，抵押权设定行为就不能产生使某乙取得房屋抵押权的法律效果，从而，在某丙通过购买行为而受让房屋时，就可以取得无负担的所有权，某乙不得对某丙提出任何权利主张，因此交易安全就可以得到维护。物权的绝对性使得法律必须特别注意对交易安全的维护，这正是物权变动须实行公示原则的根本原因。

相对于之前我国法律在这方面较为零散的规定，《物权法》对物权公示制度作出了更为完整的规定。《物权法》于第一章“基本原则”中，明确地将物权公示规定为物权法的一项基本原则。该法第6条规定：“不动产物权的设立、变更、转让和消灭，应当依照法律规定登记。动产物权的设立和转让，应当依照法律规定交付。”

需要指出的是，公示对于物权变动的必要，应仅限于依法律行为而导致物权变动的情形。对于非因法律行为而导致的物权变动，无须将公示作为其生效条件或对抗条件。就此，我国《物权法》第28、29条和第30条分别针对司法裁判、政府征收、继承或者受遗赠以及合法建造、拆除等情形作出了物权直接发生变动而无须公示的规定。不过，即便在这些情形下，公示也并非完全没有意义。根据该法第31条的规定，如果在这些情形中权利取得人取得的是需要登记的不动产，那么，为能够对其已取得的这些权利进行处分，权利人应完成不动产的登记，否则其处分行为不发生物权效力。[1]

（二）确定公示方法的标准

公示的方法由公示的目的决定，而公示的目的在于使他人能够方便地知晓物权享有和变动的事实。因此，恰当的公示方法须满足以下几方面的要求：①须针对一切不特定人，因为任何人都是潜在的交易当事人；②须简便易行、低成本，否则将构成交易的障碍；③尽管公示出来的权利外观与实际的权利状态有可能会发生不一致的情形，但恰当的公示方法应该尽量使二者相吻合。

具体而言，因动产与不动产的物理属性上的差异，可以分别针对二者采取不同的公示方法，即不动产以登记为其物权变动的公示方法，而动产则以交付为其物权变动的公示方法。

（三）不动产登记

以土地为核心的不动产稳定地附着于地球的表面，具有位置上的固定性。不动产的这一特征使得将登记作为不动产物权享有和变动的公示手段成为可能：一方面，不动产占据地表的不同区域，每一个不动产都是独一无二、不可替代的，因此也是可以被明确标识的；另一方面，不动产位置上的固定性，使得属地的登记制度成为可能。不动产依其所在地理方位，经法定登记机构进行权属登记后，任何相关当事人都能够方便地查阅不动产的权属状况。通常情况下，采用登记的方法对不动产物权的享有和变动进行公示，能够准确地反映不动产上的真实权利状态。无论不动产的占有人为谁，其真实的所有权归属状况均可通过不动产登记簿得到反映，而且，除所有权状况外，不动产登记簿还可以同时表现特定不动产上的他项权利（定限物权）状况，如房屋登记簿可同时清晰地载明如下物权：甲为房屋所有权人；乙为抵押权人。因此，相对于以占有作为物权公示的方法而言，以登记为公示方法更能够准确地体现不动产的权利状态。

我国《物权法》对不动产的登记制度作出了较为完整的规定，其要点如下：

1. 登记机构。《物权法》出台前，我国在不动产登记方面，基本上实行依不动产的类型而分别确定不同登记部门的做法。这种做法时常会导致重复登记甚至权属冲突、登记资料分散、查询困难、增加当事人负担等问题。

---

〔1〕《物权法》第31条规定："依照本法第28～30条规定享有不动产物权的，处分该物权时，依照法律规定需要办理登记的，未经登记，不发生物权效力。"另外，住房和城乡建设部于2008年2月15日发布的《房屋登记办法》第35条第1款规定："因人民法院或者仲裁委员会生效的法律文书、合法建造房屋、继承或者受遗赠取得房屋所有权，权利人转让该房屋所有权或者以该房屋设定抵押权时，应当将房屋登记到权利人名下后，再办理房屋所有权转移登记或者房屋抵押权设立登记。"

在《物权法》的立法过程中，立法机关经过研究，认为应该通过统一登记制度，解决上述分散登记的弊端。于是，该法第10条规定："不动产登记，由不动产所在地的登记机构办理。国家对不动产实行统一登记制度。统一登记的范围、登记机构和登记办法，由法律、行政法规规定。"

统一登记制度的建立，既需要对现行的体制作出较大的变革，又需要对已有的众多登记信息作出处理，因此，需要耗费一定的时间。鉴于此，《物权法》在"附则"部分的第246条作出了如下变通性的规定："法律、行政法规对不动产统一登记的范围、登记机构和登记办法作出规定前，地方性法规可以依照本法有关规定作出规定。"〔1〕

2. 登记生效时间。关于物权变动之登记的生效时间，《物权法》第14条规定："不动产物权的设立、变更、转让和消灭，依照法律规定应当登记的，自记载于不动产登记簿时发生效力。"

不动产登记须遵循一定的程序，其中包括登记申请人的登记申请、登记机构的审查及将登记事项载入登记簿等。依《物权法》该条的规定，物权变动自相关登记事项载入登记簿之时发生效力。

3. 登记簿与权属证书。《物权法》第16条规定："不动产登记簿是物权归属和内容的根据……"该条规定应如何理解呢？是否可以认为，有关不动产物权的归属与内容，一律以登记簿的记载为准？本书作者认为，答案应该是否定的。实际上，该条所称"根据"，仅表明登记簿的记载是认定物权归属与内容的表面证据，即在无相反证据存在的情况下，应认定不动产登记簿上记载的权利人是物权人；质言之，不动产登记簿的记载具有权利推定的效力。登记簿的记载并非物权归属的"标准"，这一点在以下两种情形表现得尤为明显：①《物权法》第19条规定了更正登记，这表明，登记簿的记载的确可能存在错误；如果说，登记簿的记载是确认物权归属的唯一标准的话，在逻辑上，就不会存在登记错误的问题了；可见，一定还存在着登记簿记载以外的真正的物权归属的认定方法。②《物权法》第二章第三节中规定了一些无需经过登记即可发生物权变动的情形，例如，甲生前拥有的房屋，在其死亡的那一刻，其所有权就立刻转移至其继承人手中；而在变更登记之前，已死亡的甲仍然会是登记簿上记载的权利人；显然，此时登记簿上记载的权利人已经不可能再是真正的房屋所有权人了。

除在登记机构管理的登记簿上作出登记公示外，我国在不动产登记管理的实践中，还普遍存在向权利人发放权属证书的做法。在交易中，人们往往通过查看

---

〔1〕根据《物权法》第10条授权，由国土资源部负责起草的《不动产登记暂行条例》已于2014年12月由国务院发布，并将于2015年3月1日施行。

权属证书来了解不动产的归属及其内容。应该说，用权属证书来标明权利人及权利的内容，这是一种简便易行且符合我国传统习惯（如“地契”）的做法。但是，与不动产登记簿的记载相比，权属证书具有以下两方面的缺陷：①权属证书尽管也是由不动产登记机构制作发放，但是它为权利人所持有，而并非可公开查阅的资料，因而不宜作为公示的手段；②权属证书由私人所持有，其真实性可能会存在问题（有伪造、变造的可能），相反，为不动产登记机构直接管理的不动产登记簿通常不会存在此类问题，更值得信赖。

鉴于此，《物权法》第 17 条规定：“不动产权属证书是权利人享有该不动产物权的证明。不动产权属证书记载的事项，应当与不动产登记簿一致；记载不一致的，除有证据证明不动产登记簿确有错误外，以不动产登记簿为准。”这就意味着，在法律上真正可以信赖的应该是不动产登记簿的记载，而非当事人所持有的权属证书。例如，要主张依《物权法》第 106 条的规定善意取得不动产的所有权，仅仅信赖对方当事人持有的权属证书的不实记载是不足以成立善意的，而信赖不动产登记簿的（错误）记载可以成立善意。

4. 登记资料的查询。《物权法》第 18 条规定：“权利人、利害关系人可以申请查询、复制登记资料，登记机构应当提供。”如前所述，不动产登记的目的在于公示，而所谓公示当然须以不特定的公众为对象。《物权法》第 18 条一方面规定登记资料可供查询、复制，从而肯定了登记的公示功能；但是，另一方面，却将可以申请查询、复制的主体限定为“权利人”和“利害关系人”。[1]

5. 更正登记。《物权法》第 19 条第 1 款规定：“权利人、利害关系人认为不动产登记簿记载的事项错误的，可以申请更正登记。不动产登记簿记载的权利人书面同意更正或者有证据证明登记确有错误的，登记机构应当予以更正。”

根据该条规定，并结合目前有关不动产登记的规范，可知：①权利人发现登记簿记载错误，并在申请更正登记时提供证据加以证实的，不动产登记机构应予以更正；②如系登记簿记载的权利人以外的利害关系人（例如，主张自己才是不动产真正所有权人之人）提出更正登记，则只有在不动产登记簿记载的权利人书

---

〔1〕 支持对查询主体作出如此限定的人大多以登记信息涉及隐私等作为理由。但实际上，登记信息中关于不动产的权利归属、权利内容、不动产本身的描述等不应该具有任何隐私的内容。不动产的权利人本身了解不动产的状况，因此通常不需要查询登记信息；而从不动产交易的角度观察，规定“利害关系人”才能够查询则可能会导致如下悖论：如果某人对某不动产产生购买的愿望，那么在决定进行购买之前，基于交易上的谨慎，他应通过查询登记簿来了解该不动产的状况，然而，此时，他尚未与出卖人订立不动产买卖合同，故难以证明自己是“利害关系人”；如果只有在订立买卖合同并因此成为“利害关系人”之后才能查询，则此时的查询已经失去了交易保障的功能。因此，在本书作者看来，不动产登记簿的基本信息原则上应向公众完全开放，而不应限定查询人的范围。

面同意之时，登记机构才能予以更正。法律之所以作出如此规定，其理由在于：如果登记簿记载的权利人不同意更正，则说明在当事人之间存在有关不动产权利归属的争议，而此争议属于司法管辖的范围；登记机构并非司法机关，不宜直接对争议作出裁决从而自行决定是否进行更正。

6. 异议登记。《物权法》第19条第2款规定："不动产登记簿记载的权利人不同意更正的，利害关系人可以申请异议登记。登记机构予以异议登记的，申请人在异议登记之日起15日内不起诉，异议登记失效。异议登记不当，造成权利人损害的，权利人可以向申请人请求损害赔偿。"

依该条规定，异议登记发生于利害关系人要求对登记簿进行更正登记而登记簿上记载的权利人不予同意的情形。所谓异议登记，是指登记机构将利害关系人对不动产登记簿登记事项的异议记载在登记簿上的行为。异议记载于登记簿上，并不等于说登记簿的记载一定有问题，它仅仅表明，有人认为登记簿的记载存在错误，从而通过此种登记公示提醒他人注意可能存在的法律风险。

该条并未明确规定异议登记的效力。依法理，异议登记将使记载于登记簿上的物权失去公信力，从而使第三人无从主张根据登记的公信力善意取得不动产物权。例如，甲生前留有遗嘱，表明要将其所有的房屋A留给自己的幼子乙；甲死亡，其长子丙伪造遗嘱，并骗取了不动产登记，成了房屋登记簿上记载的权利人；乙知道情况后提出更正登记，而丙拒绝，于是，乙提出异议登记申请，登记机关将此项异议载入登记簿；其后，在乙、丙进行诉讼期间，丙将房屋出售于丁；丁在查阅不动产登记簿时未留意乙的异议登记；后乙在诉讼中胜诉，法院判决争讼房屋根据甲的有效遗嘱应归乙所有；于是，登记簿上记载的名义权利人丙实际上对房屋并无处分权，其与第三人丁之间处分房屋的行为构成无权处分行为；而对于丁而言，在此情形下，并不能主张根据《物权法》第106条关于善意取得的规定取得房屋的所有权，因为异议登记的存在使其难以主张善意的存在。[1]

异议登记是一种临时性保护措施。登记机构在进行异议登记之后，申请人应

---

〔1〕《房屋登记办法》第78条规定："异议登记期间，房屋登记簿记载的权利人处分房屋申请登记的，房屋登记机构应当暂缓办理。权利人处分房屋申请登记，房屋登记机构受理登记申请但尚未将申请登记事项记载于房屋登记簿之前，第三人申请异议登记的，房屋登记机构应当中止办理原登记申请，并书面通知申请人。"依该规定，在出现异议登记后，登记簿上记载的权利人丧失了通过转移登记而将不动产权利出让的可能性。本书作者认为，如此界定异议登记的效力将使不动产的流通性受到过度的影响，实无必要。其实，只需消除相关登记的公信力即可，在异议登记存在且登记簿上的名义权利人有意转移权利时，登记机构仍应为当事人办理转移登记，只不过，在事后证明出让人无处分权时，受让人不得因此主张善意取得而已，相关不动产转移登记可作涂销处理。

在异议登记之日起15日内向人民法院提起诉讼，要求确认自己在不动产上的物权。逾期不起诉的，异议登记失去效力。如异议登记申请人在此期间内提起了诉讼，则异议登记继续保持其效力，直至法院作出生效的判决：如果异议申请人败诉，则申请人或登记簿记载的权利人可申请注销异议登记，权利人因此遭受损失的（如因异议登记丧失了交易机会），可以向异议申请人要求损害赔偿；如果异议申请人胜诉，即法院判决申请人是真正的不动产权利人，则登记机构可根据生效的司法文书或协助执行通知书等进行更正登记，异议登记同样失去效力。

7. 预告登记。

【导入性问题】

甲与房地产开发企业乙签订期房买卖合同，并支付了全部款项；双方约定，乙于订立合同之日起的1年内确保建成、交付房屋，并为甲办理所有权登记。甲担心，乙可能会将已出售于己的房屋再次出售给他人，并为他人办理过户。试问：

1. 甲有没有办法确保自己最终获得自己所购买之房屋的所有权？什么是预告登记？其功能为何？

2. 如果在作了预告登记后，乙又将该房屋出售给丙，则丙能否获得房屋的所有权？

《物权法》第20条规定："当事人签订买卖房屋或者其他不动产物权的协议，为保障将来实现物权，按照约定可以向登记机构申请预告登记。预告登记后，未经预告登记的权利人同意，处分该不动产的，不发生物权效力。预告登记后，债权消灭或者自能够进行不动产登记之日起3个月内未申请登记的，预告登记失效。"

预告登记是《物权法》引进的一项新制度，其功能在于：通过不动产登记簿上的预告登记，使一项旨在引起不动产物权变动的债权请求权获得某些物权的效力（所谓"债权物权化"），从而使权利人能够以经过预告登记的债权对抗不特定第三人，从而保障债权的实现。预告登记的必要性产生于债权的非排他性与平等性。举例而言，如甲将自己的房屋出售于乙，则在甲、乙之间产生不动产买卖合同关系，买受人乙有权请求出卖人甲交付房屋并通过不动产过户登记转移房屋所有权；但根据不动产物权变动的规则，在办理转移登记之前，甲仍然保有房屋的所有权；此时，甲若因房价上涨而将该房屋再次出卖于丙，并为丙办理了登记，则房屋所有权为丙所获取；乙的购买行为尽管发生在先，但其债权并不足以对抗丙，而仅能向出卖人甲要求损害赔偿。

有了预告登记制度，在前例中，甲、乙订立房屋买卖合同时，乙可要求进行预告登记，即将乙在将来有权获得房屋所有权的事实记载于不动产登记簿。进行预告登记后，根据《物权法》第20条的规定，若不经过乙的同意，所有权人甲处分不动产的行为将不能发生物权变动的效力，也就是说，当甲将该房屋再次出售给丙时，丙无法取得该房屋的所有权，从而使乙的债权得到了保全，并可最终使乙如愿获得房屋的所有权。

根据《物权法》第20条的规定，预告登记的前述效力因两方面原因而消灭：①债权本身消灭，如因买受人未依合同约定及时付款而出卖人行使了合同解除权；②自能够进行不动产登记之日起3个月内未申请登记，例如，因期房完工而可要求进行所有权转移登记之日起3个月内未申请登记，此时，债权并不消灭，债权人仍可要求债务人转移标的物的所有权。但是，因预告登记已失去效力，如果债务人将标的物处分给他人，则该处分行为有效，债权人仅能向债务人要求损害赔偿。

（四）动产交付

登记的公示方法虽具有准确表现物上权利的优点，但其适用面却是有限的，即主要仅适用于不可移动的不动产。对动产而言，以登记作为公示手段原则上是不可行的。动产具有空间上的可移动性，无法将其固定在某一特定区域，即便勉强建立了动产的登记制度，相关当事人也无从知晓该到何处查阅登记簿。

一般来说，动产物权只能通过事实占有状态加以表现，即物的占有人推定为所有权人。根据生活经验，物不为所有权人占有乃常有之事，如物因租赁、借用等关系为承租人、借用人等占有，或者因失窃、遗失等为无权占有人占有，因此占有并不能很准确反映物权的真实归属。尽管如此，从交易的观点来看，人们无法找到比占有更佳的动产物权公示方法。占有是静态的物权的表现方法，就物权变动而言，其公示方法即为占有的移转，也就是说，以可观察到的现实占有的变化表现抽象的权利归属的变动。占有的移转，民法上称之为“交付”，因此动产物权变动的公示方法原则上为交付。但是，对于一些特殊动产，也可以适用登记的公示方法，《物权法》第24条就规定了船舶、飞行器和机动车的登记公示，这主要是因为，针对这些交通运输工具都有着基于道路安全管理、运政管理等目的的登记发牌制度，而这一登记制度也可为此类动产的物权变动所用。

以机动车为例，就其物理属性与经济功能而言，它应属典型的动产，而且，尽管机动车属于典型批量制造的工业品，但是通过给发动机与机身编号的方式，每一辆车都被赋予了一个唯一的登记编号。另外，通过号牌中的行政区划信息，人们也能够了解一辆车的登记机构，并可据此查询相关登记信息。因此，在登记与查询方面，机动车等特殊动产具有与不动产相似之处，针对机动车等特殊动产，亦可构建以登记为要件的物权变动规则。问题是，正如在不动产查询方面可能存在制度障碍一样，目前我国的机动车登记制度主要着眼于登记管理本身，未能够为民事交往中相关当事人的查询提供便利。根据公安部颁发的《中华人民共和国机动车登记办法》第58条之规定，除机动车所有人外，仅有执法部门、纪检监察部门以及公证机构、仲裁机构、律师事务机构因办案需要才允许查询机动车登记档案，这就使得此种登记在物权法上的公示意义大大降低。

交付通常指的是现实交付，即出让人将对物的管领支配现实地移交于受让人。对物的现实控制是否移转，应依交易观念而定，例如，出卖机动车的，交付机动车钥匙，即可认为已完成交付。关于交付本身是否构成法律行为的问题，学理上有争论。无论如何，交付的构成还是需要考虑意思的因素——对物实际控制的移转，须基于让与人的意思，受让人自行占有的，不构成交付。例如，甲出售自行车于乙，后反悔不愿交付，一日，乙发现甲将未上锁的自行车停放路边，遂将其骑走，此种情形不构成交付，乙亦无法因此取得所有权。

在现实交付之外，《物权法》遵循民法传统，也承认简易交付、返还请求权让与及占有改定等三类“观念交付”。

1. 简易交付。《物权法》第25条规定：“动产物权设立和转让前，权利人已经依法占有该动产的，物权自法律行为生效时发生效力。”该条规定，在学理上称为“简易交付”。由于受让人已因在先的法律事实而占有动产，现实的交付已无必要，不过，为满足动产物权变动须交付动产的法律要求，将当事人间的让与合意视为交付，直接发生动产物权变动的效力。举例而言，甲将其所有的笔记本电脑一台出借于乙使用；乙十分喜欢这台电脑，于是向甲提出以6000元价格购买，甲表示同意；尽管一般情况下出卖人有交付标的物的义务，但此时标的物已在买受人手中，因此就不需要再进行现实的交付，电脑所有权自双方达成买卖合同时移转于乙。

《物权法》第25条关于简易交付之规定，要求权利人已经“依法”占有动产。“依法”二字实为赘语。从简易交付的原理出发，受让人对动产的占有，不问其为有权占有（如承租人之占有），抑或是无权占有（如拾得人之占有，甚至是窃贼之占有），应均可成立简易交付。例如，甲拾得乙的画作，甚是喜欢，遂据为己有；乙找上门来，甲表达了对乙画作的赞赏，乙视为知己，当场决定以该画相赠；甲虽非“依法”占有，但并不妨碍成立简易交付，在双方达成赠与合意时，画作所有权即移转于甲。

2. 返还请求权让与。《物权法》第26条规定：“动产物权设立和转让前，第三人依法占有该动产的，负有交付义务的人可以通过转让请求第三人返还原物的权利代替交付。”该条规定，在学理上称为“返还请求权让与”或“指示交付”。关于返还请求权让与的适用范围，学理上存有一定争议。不过，当间接占有人就其所有之物设立或转让物权时，可通过将针对直接占有人的返还请求权让与受让人以替代交付，这一点应无疑问。例如，甲将其所有的笔记本电脑一台出借于乙使用；借用期间，丙向甲提出以6000元价格购买该电脑，甲表示同意；甲进而表示，由于电脑在乙手中，为避免麻烦，由丙直接向乙要求返还电脑，丙表示同意接受这种交付方式；此时，标的物所有权直接移转于丙，丙有权以所有权人身份要求直接占有人乙向其返还标的物。

就《物权法》第26条的解释适用而言，有两点应予以明确：①以返还请求权让与替代现实交付的，不仅须基于出让人的意思，而且也应征得受让人同意（第26条的措辞给人以出让人可单方决定的感觉），也就是说，仅在物权变动当事人双方就以让与对第三人的返还请求权替代交付达成一致时，此种观念交付之方式才能发生效用。②在物权变动双方当事人就以返还请求权让与替代现实交付达成一致时，物权变动的效果立刻发生，而无须以第三人的同意为必要或以对第三人的通知为生效要件。[1] 不过，为保护第三人计，在不影响受让人取得物权的情况下，在此应适用《合同法》第80条第1款之规定（“债权人转让权利的，应当通知债务人。未经通知，该转让对债务人不发生效力”），这就意味着，如果第三人由于未接到通知而将动产返还于让与人（原所有权人），则应免除其对受让人的返还义务。

另外，与《物权法》第25条相同，该条同样要求第三人“依法占有”。实际上，在法律上重要的是让与人对占有人享有返还请求权，与该占有人的占有是否“依法”（或“合法”、“有权”）并不相关。具体而言，在让与人

〔1〕与第25条及第27条不同，《物权法》第26条未明确规定发生物权变动的时间。有观点认为，通过指示交付方式旨在发生物权变动的，物权变动的效力应自通知第三人时发生。至少就以指示交付方式设立质权而言，这一观点得到了最高人民法院《担保法解释》的支持——该解释第88条规定，“出质人以间接占有的财产出质的，质押合同自书面通知送达占有人时视为移交。占有人收到出质通知后，仍接受出质人的指示处分出质财产的，该行为无效”。该条关于“质押合同……视为移交”的表述不佳，应解为“质权自书面通知送达占有人时设立”。本书作者认为，无论对第26条作文义解释，还是从学理上探讨应然的规则，均无法得出自通知占有人时发生物权变动的规则。

为间接占有人（如出租人）的情形，第三人（如承租人）的占有固然算是“依法占有”，但是，如果让与人之物为第三人所无权占有（例如，出卖人遗失其出卖之物，被第三人拾得），则该第三人之占有显然非“依法占有”，那么，这是否意味着不得适用指示交付？如果出卖人将对拾得人的遗失物返还请求权让与买受人，从而使后者可以向拾得人要求物的返还，此种情形何以要被排除在第26条的适用范围以外呢？因此，与第25条相同，本条中出现的“依法”二字亦属多余。

3. 占有改定。《物权法》第27条规定：“动产物权转让时，双方又约定由出让人继续占有该动产的，物权自该约定生效时发生效力。”该条规定，在学理上称为“占有改定”。占有改定，系通过使受让人取得对动产的间接占有——同时让与人对其所让与的动产成立直接占有——的方式实现物权变动。例如，甲乙达成协议，由甲以6000元价格出售其所有的一台笔记本电脑于乙；由于感觉自己还需要继续使用这台电脑一段时间（但又不愿意放弃当前以6000元成交的机会），甲随即向乙提出，愿意以每月300元价格租赁该台已出卖的电脑，乙表示同意；于是，甲得以直接占有其出卖的电脑，而乙则取得间接占有。此时，为发生该电脑所有权移转的效果，无须进行现实的交付，自当事人达成租赁协议之时，标的物所有权即已移转于买受人乙（同时也是租赁合同中的出租人）。

或许是为了追求立法语言的通俗化，在《物权法》第27条中未出现“间接占有”的表述，而是采用了“双方又约定由出让人继续占有该动产的”这样一般性的表达。立法上的此种通俗处理造成了该条解释上的困难和借助学理的必要性，因为，法律适用者只有首先将该条定性为“占有改定”，然后再经由学理上对“占有改定”的构造，才能解读出该条的真正意义。如果仅依字面理解，则当事人间一项单纯的关于延期交付的约定都会落入第27条之下，例如，买受人依在先的买卖合同要求出卖人交付标的物，出卖人提出宽限半月的请求，买受人同意，此项履行期宽限之约定可导致“出让人继续占有该动产”，但如赋予此项约定引起物权变动的效果显然是荒谬的。实际上，第27条中所谓“约定”，其自身必须构成一项独立的合同（如租赁合同、借用合同、保管合同等），因该项合同的效力，受让人取得间接占有，从而构成占有改定。

（五）物权公示的效力

1. 两种立法例。如前所述，物权的变动须有外在的公示手段，即动产的交付与不动产的登记。就公示与物权变动的法律效果之间的关系而言，存在两种不同的立法例：①公示生效主义。依此种立法模式，当事人之间以物权变动为目的的法律行为，如果欠缺相应的公示，即动产未经交付或不动产未经登记，则法律行为根本不发生任何物权变动的效果，也就是说，该法律行为即使在直接当事人之间（如合同双方当事人之间）也不发生物权变动的效果，对抗第三人的效力当然就更谈不上了。②公示对抗主义。在此立法例下，当事人之间以物权变动为目的的法律行为，虽未经登记或交付，但在当事人之间仍可发生物权变动的效力，只不过此物权变动的效果不得对抗不特定的第三人，只有进行了交付或登记，物权变动才发生完整的效力，产生对抗所有不特定第三人的效果。

对上述两种立法例，可以作以下几点观察和评价：①公示生效主义更符合罗马法以来欧陆法律的传统。无论是古老的罗马法和日耳曼法，还是欧洲中世纪的共同法，在缺乏不动产登记制度的情况下，都坚持将交付作为所有权变动的界限。公示对抗主义为1804年《法国民法典》所采，具有明显的张扬个人意志、反对封建传统的时代印迹，但其不得对抗第三人的效力安排与物权的绝对性之间不能很好地协调，从而在法律适用时增加了解释上的困难。②表面上看，公示生效主义与公示对抗主义存在极其显著的对立，但二者的实际差异并没有初看起来那样明显，因为，取得不具有对抗性的物权对当事人的意义有限。③在对物权和债权进行严格区分的情况下，公示生效主义似乎更加符合逻辑的要求，因为，公示对抗主义势必会造成普遍存在不具有对抗性的物权的情形，从而与物权的对世性产生矛盾。

2.《物权法》之前的规定。我国《民法通则》第72条第2款规定："按照合同或者其他合法方式取得财产的，财产所有权从财产交付时起转移，法律另有规定或者当事人另有约定的除外。"实际上，所有权从交付时发生转移的，主要是针对动产而言；对于不动产所有权的转移，我国相关法律都要求须办理登记。

由此可见，我国法律原则上采公示生效主义。但是，《民法通则》第72条所谓"法律另有规定"，也包括公示对抗主义的例外情形。例如，根据我国《担保法》第43条的规定，在某些动产上设定抵押权时，自抵押合同成立时起即在当事人之间发生抵押权设定的法律效果；当事人可以自主选择是否进行抵押登记，未办理登记的，抵押权虽然成立，但不得对抗第三人。

3.《物权法》确立的公示效力。《物权法》原则上确立了公示生效主义。针对不动产，该法第9条第1款规定："不动产物权的设立、变更、转让和消灭，经依法登记，发生效力；未经登记，不发生效力，但法律另有规定的除外。"同时，针对动产，该法第23条规定："动产物权的设立和转让，自交付时发生效力，但法律另有规定的除外。"由此可见，该法将登记与交付的效力确定为生效主义。

但是，尽管确立了上述公示生效主义的一般原则，《物权法》本身也广泛地承认了公示对抗主义的公示效力，包括但不限于：①船舶、航空器和机动车可适用登记，但该登记仅具有对抗效力（第24条）。②土地承包经营权自土地承包经营权合同生效时设立（第127条）。土地承包经营权人将土地承包经营权互换、转让，当事人要求登记的，应当向县级以上地方人民政府申请土地承包经营权变更登记；未经登记，不得对抗善意第三人（第129条）。③地役权自地役权合同生效时设立。当事人要求登记的，可以向登记机构申请地役权登记；未经登记，不得对抗善意第三人（第158条）。④以《物权法》第180条第1款第4项、第6项规定的财产或者第5项规定的正在建造的船舶、航空器抵押的，抵押权自抵押合同生效时发生效力；未经登记，不得对抗善意第三人（第188条）。

四、物权变动的公信原则

（一）公信原则的意义

以占有或登记等公示方法所表现的物权，即使不存在或者与真实的权利状态有所差异，但对于信赖此项公示方法所表现的物权，并以此为基础进行交易的人而言，法律仍承认其具有与真实物权存在相同的法律效果，此原则即为物权变动的公信原则。

举例来说，假定某甲是某房屋的所有权人，但由于某种原因（如登记机关工作人员的失误），该房屋被登记在某乙的名下。某乙知道这一登记错误后，遂恶意地出售该房屋。某丙行事谨慎，在订立房屋买卖合同前，到不动产登记部门查阅了该房屋的登记资料，得知某乙确实是登记簿上的所有权人，遂放心缔约、付款，并与某乙办理了所有权移转手续。由于某乙自始未取得该房屋所有权，故其对房屋实施的处分行为应为无权处分，根据《合同法》第51条关于无权处分的相关规定，除非某甲予以追认或者某乙事后取得所有权，否则处分行为不能发生效力，受让人某丙也就不能取得所有权。但在此例中，某丙显然具有应受法律保护的利益，其基于对国家机构所设置的房屋登记簿的信赖而进行的交易应获得法律保护。根据公信原则，某乙虽在法律上欠缺处分权，但基于不动产登记的公信力，某丙仍可确定地取得该不动产的所有权。

（二）实行公信原则的理由

物权对于公示的要求，其目的在于使他人能够从外部观察到物权的表象，并以此作为其行动的基础。问题是，事物的表征与其内在实际情况并不总是能够相吻合：一方面，动产由非物权人占有乃常有之事；另一方面，不动产登记的错误也在所难免。在权利的表征与其实际情形存在差异的情况下，不能苛求善意的第三人必须掌握权利的真实状态。如果一个人在进行交易时，对由公示所表现出来的物权状态给予了合理的信赖，而法律仍对其作出不利的规定，那么这样的法律规则就会诱导行为人去深入考究标的物的实际权利状态，而这个信息搜寻过程对当事人可能意味着极高的交易成本，结果往往是导致交易本身的失败，而物权公示的意义也就会荡然无存。公信原则的确立，赋予了公示的物权表征以公信力，重新分配了交易风险，使当事人可以放心地利用简便易得的公示信息，并确保以此为基础的交易得到预期的法律效果。显然，公信原则对于维护交易安全具有重要的意义。

早在罗马法上就有“任何人不得以大于自己所有之权利让与他人”的法律谚语，同样，根据现代民法，处分行为须以处分人具有处分权为必要。从法律效果上来看，公信原则构成了前述规则的例外。将处分权之享有作为处分行为有效的要件，其目的在于保护真实权利人的利益，保护静态的财产安全。而公信原则在现代物权法上的确立，则表明立法者在静态财产安全之维护与动态财产安全之维护的价值衡量中，选择了优先保护后者。

（三）公信原则的体现及效力范围

公信原则在动产和不动产的物权变动规则中都有所体现。一方面，动产善意取得为各国民法所承认，如果某人善意信赖动产的占有人为有处分权人，并据此进行交易，那么，即便该占有人实际上并无处分权，亦可因此而取得标的物的所有权，原所有人则因此丧失所有权；另一方面，相对于占有而言，登记本身更能准确地反映物权之归属，而且不动产登记往往在国家行政机构或司法机构进行，具有更强的公信力，因此，善意信赖登记簿之记载而进行交易者，更应受不动产登记之公信力的保护，因登记之公信力而取得不动产的所有权也是许多国家民法承认的一种重要的所有权取得方式。

我国《物权法》针对动产与不动产设置了统一的善意取得制度。应该说，善意取得制度背后的立法理由主要就是承认公示方法所具有的公信力。关于此善意取得制度，我们将在“所有权”一章中予以讨论。

公信原则的适用，可能对享有处分权的原物权人造成不利的后果，此乃立法者有意识的价值选择的结果。当然，原物权人的利益保护也应在法律考量的范围之内。为避免真实权利人的权利受过度的剥夺，可以采取一些预防性或补救性的措施。例如，可以完善不动产登记制度，对不动产登记实行实质审查主义，尽量避免登记与实际情形不符的情况发生；可以确立异议登记制度，在当事人对登记内容有异议又不能及时更正时，应进行异议登记，以排除不动产登记的公信力；建立、健全国家赔偿制度，对于原权利人因登记机关的错误而遭到的损害给予国家赔偿等。当然，民法体系本身的规则也会给原权利人以相应的救济。在前例中，某乙的处分行为使善意的某丙取得了原属某甲所有之物，某甲固然不能对抗善意受让人丙，但显然可根据侵权行为、不当得利等规定向乙主张所有权丧失的损害赔偿或不当得利的返还等。

需强调指出的是，公信原则的基础是由动产占有或不动产登记的物权公示状态对不特定第三人所形成的物权表征，至于非物权人的占有人或名义登记人，则当然不能援引公信原则来与真实权利人争权夺利。无论是占有还是登记，都只是物权的公示手段，是物权的外观，而不是物权本身，它们虽具有权利推定的效力，但物权之享有与否须依法律自身的逻辑加以判断，公示手段的推定效力当然能够为反证所推翻。只有在涉及第三人的交易安全利益维护之时，占有和登记所制造的权利表征才被法律拟制为真实的权利，公信原则才有适用的余地。

五、物权变动的立法模式

【导入性问题】

甲将A物出售给乙，问：①从时间点上考虑，A物所有权何时发生移转？②从效力来源上看，所有权因何发生转移——因买卖合同，还是因在履行环节上的其他意思表示抑或是事实行为？③如果买卖合同无效，那么所有权变动的结果是否一概不发生？

法律为物权所赋予的对世效力使得对物权归属及变动问题的判断显得尤为重要。在引起物权变动的法律事实中，最重要的是法律行为。此类法律行为中包含了当事人变动物权的效果意思，但是，一方面，效果意思往往并不清晰（如在当事人的意思中往往难以区分发生债权的意思和直接变动物权的意思），需要在逻辑层面上进行客观解释；另一方面，物权变动的效果具有涉他性，当事人的意思自治应受到若干限制。物权如何因法律行为而发生变动，乃立法政策上的一个重大问题。

就各国立法例加以分析，物权变动的立法模式主要有意思主义、物权形式主义与折衷主义三种。

（一）意思主义

所谓意思主义，是指仅须当事人的意思表示，即足以产生物权变动的法律效力，而无须以登记或交付为其成立要件或生效要件的立法主义。此种物权变动的立法例为《法国民法典》所采，日本、意大利等国从之。

意思主义的立法例，有以下几方面的特点：

1. 不区分债权发生的意思表示和物权变动的意思表示。例如，作为债权发生原因的买卖合同，不仅在合同当事人之间产生债的法律关系（出卖人有权要求买受人支付价金；买受人有权要求出卖人交付标的物等），而且也直接产生标的物所有权移转的物权变动效果。

2. 使物权发生变动的法律行为，如买卖合同，仅须当事人的合意即可产生物权变动的效果，公示原则所要求的交付或者登记只是物权变动的对抗要件，而非成立或者生效要件。因此，买卖合同一经成立，即使动产尚未交付，不动产尚未登记，在当事人之间也立刻产生所有权移转的法律效果。

3. 既然不存在独立的旨在变动物权的法律行为，而买卖、赠与等债权行为构成了物权变动在法律上的直接原因，因此不存在所谓无因性的问题，物权变动的效果当然受其原因关系即债权行为的影响。也就是说，如果买卖、赠与等合同无效，则物权变动的法律效果当然不发生。

4. 意思主义强调当事人意志的作用力，但它并非完全置交易安全于不顾，而是使欠缺公示的物权变动丧失对抗第三人的效力，将物权变动的效力相对化，即仅在法律行为的直接当事人之间发生效力。

（二）形式主义

所谓形式主义，是指物权因法律行为而变动时，须另有物权变动的意思表示，并履行登记或者交付之法定形式的立法主义。形式主义以《德国民法典》为典范，依通说，我国台湾地区“民法典”也采形式主义的立法例。

形式主义的立法例，有以下几个特点：

1. 区分债权行为与物权行为。债权行为（如买卖合同）仅在特定当事人之间发生以请求为一定给付为内容的债权关系；为发生物权变动的效果，需要在当事人之间另行达成一个旨在直接变动物权的合意，即物权合意。在解释上，物权合意并不包含在债权合意之中，而是独立存在的。

2. 物权合意虽直接指向物权的变动，但其本身仍不能产生物权变动的法律效果，还需要履行登记或者交付之法定形式。也就是说，在形式主义立法例下，公示原则所要求的物权公示方法是物权变动的成立要件或生效要件（即动产非经交付，不动产非经登记，不发生物权变动的效力），而不是意思主义之下的对抗要件。

3. 在债权行为与物权行为并存的情况下，尽管债权行为是物权行为的原因（如为履行买卖合同而进行标的物所有权移转的合意），但形式主义立法例坚持物权行为的无因性，即物权行为独立地发生物权变动的效果，债权行为有效与否不影响物权行为的效力。

依形式主义立法例，要想使买卖合同标的物的所有权发生移转，在买卖合同这一债权行为之外，还需要当事人作成一个独立的移转标的物所有权的物权合意，并须由出卖人将标的物交付于买受人，或者办理所有权移转的登记。在法律逻辑上，所有权移转的法律效果是物权行为独立产生的，因此，即使买卖合同不存在、无效或被撤销，物权行为所产生的所有权移转的效果仍不受影响，出卖人不得以所有权未发生移转为由主张物上返还请求权，而只能依不当得利之规定，主张债法上的请求权，请求利益之返还。

形式主义的核心问题是物权行为理论，对此问题，将在下一节中设专节予以讨论。

（三）折衷主义

折衷主义，也称“债权形式主义”。意思主义与形式主义之间存在显著差异，而所谓折衷主义则介乎二者之间：一方面，意思主义强调单纯意志的作用力，物权变动不以交付或者登记为成立或者生效要件，而折衷主义则和形式主义一样，将登记或者交付的法定形式设置为物权变动的生效要件；另一方面，形式主义强调物权行为对于债权行为的独立性和无因性，而折衷主义或者不承认有独立的物权行为之存在，从而规定由债权行为与登记或者交付的法定形式相结合共同产生物权变动的效果，或者至少不承认物权行为的无因性，而将债权行为的有效作为物权行为发生效力的要件。《奥地利民法典》采折衷主义，《瑞士民法典》的规定虽不清晰，但在解释上，通说认为其实行的也是折衷主义。

由此可见，折衷主义的立法例有以下几个方面的特点：

1. 实行公示生效主义，以登记或者交付之法定形式的践行作为物权变动的生效要件。

2. 实行物权变动的有因主义。作为物权变动原因的债权行为必须有效，才能引起物权变动的效力。

就买卖合同与标的物所有权移转的法律效果之间的逻辑关系而言，在意思主义之下，前者是后者的充分必要条件：只要存在有效的买卖合同，就能发生所有权转移的物权变动效果；同时，如果买卖合同无效，所有权转移的效果当然不能发生。在形式主义之下，前者不是后者的充分条件，甚至也不是后者的必要条件：仅有买卖合同而无转移所有权的物权合意，不能发生所有权转移的效果；同时，即便买卖合同无效，只要存在有效的物权合意，仍可发生所有权转移的效果。在折衷主义之下，前者是后者的必要条件，但不是充分条件：所有权转移的效果，不仅要求存在有效的买卖合同，而且还要求有动产的交付或者不动产的登记；如果买卖合同事后被撤销，则即便进行了交付或者登记，物权变动的效果也溯及既往地不发生，出卖人可以向买受人或者第三人主张物上返还请求权，除非第三人受交付或者登记的公信力的保护。

（四）我国的物权变动立法模式

尽管我国已经颁布了《物权法》，但该法并未完全回答我国法律上的物权变动模式问题。

可以明确的一点是，我国法律所确立的物权变动立法模式并非意思主义的模式。无论是《民法通则》第72条，[1] 还是《物权法》的第6、9、23条，都明确要求物权变动须完成法定的公示形式，即动产的交付与不动产的登记。[2]

但是，对于我国法律所确立的物权变动模式究竟属于上述形式主义立法模式还是折衷主义立法模式的问题，我们却无法从法律条文本身得出解答。

第一，《民法通则》第72条提及的所有权变动原因为"合同或者其他合法方式"，而"合同"究竟是指买卖、赠与等债权合同，还是指以转移所有权为内容的物权合同，存在解释上的余地。

第二，《物权法》在规定物权变动须加以公示时，使用的都是"不动产物权的设立、变更、转让和消灭"、"动产物权的设立和转让"这样的措词，而这样的措词究竟指的是直接导致动产或者不动产物权变动的物权行为，还是仅仅指向债权行为，同样存在解释上的问题。

第三，前引《物权法》之规定仅仅是强调了登记和交付对于物权变动效果的必要性，也就是说，它们仅仅被确认为必要条件，至于它们是否同时也构成了充分条件，则同样需要借助法律解释加以明确。

在《物权法》出台之前，对于我国法律究竟确立的是形式主义还是折衷主义立法例的问题，学者之间就存在着激烈的争论。持形式主义见解的学者认为，《民法通则》第72条并不排斥存在物权合意的可能性，因此可以从该条款中抽象出物权行为独立性和无因性的规则。持折衷主义的学者则认为，该条款根本未提及当事人之间移转所有权的物权合意，而是直接以买卖、赠与等合同作为所有权变动的原因，因此应属于典型的折衷主义立法例。由于《物权法》在这个问题

---

[1] "按照合同或者其他合法方式取得财产的，财产所有权从财产交付时起转移，法律另有规定或者当事人另有约定的除外。"

[2] 关于交付或者登记的必要性，相对于以前的立法，《物权法》实际上作了进一步的强化。无论是《民法通则》第72条，还是《合同法》第133条（"标的物的所有权自标的物交付时起转移，但法律另有规定或者当事人另有约定的除外"），均在规定交付作为所有权转移之必要条件的同时，承认了"当事人另有约定的除外"，从而将交付的必要性规则设置为了任意性规范。相反，《物权法》第6、9条及第23条均未加入"当事人另有约定的除外"这一表述，而是仅承认了"法律另有规定的除外"这种例外情形。据此，我们似乎可以得出如下结论：关于登记对于不动产物权变动的必要性，交付对于动产物权变动的必要性，相关规则的性质属于强行性规范，不允许当事人以特别约定排除其适用。

上相关规定的含糊性，上述争论势必还会在该法实施后继续存在。[1]

对此对立的学术观点，本书作者的基本看法是：

1. 各国物权变动的立法模式虽有为法律明确规定者，但也有许多物权变动的基本规范是经过长期学术争论和司法活动才得到较为确定的解释。例如，瑞士民法中的物权变动立法模式属于所谓的折衷主义，这一点就是学说和判例经由法律解释的方法逐渐确立的。《民法通则》第72条和《物权法》的相关规定本身确实存在较大的解释空间，需要依赖学理和判例从体系出发对其不断作出澄清，最终得出一个被广为接受的"通说"。

2. 如后文关于物权行为的讨论所指出的那样，形式主义立法例尽管更为抽象，但它对于若干具体规则具有更强的解释力。至少在逻辑和说理的层面上，形式主义立法例似乎是更为优越的立法模式。

3. 从我国目前学理和司法实践的一般情形出发，结构简单的折衷主义似乎更容易被我国法律界所接受。

第五节　物权行为

一、物权行为的意义

对于物权行为的概念，学说上有两种基本的定义方法：第一种方法从物权行为的内容或者目的上对其进行定义，称物权行为是以物权的得丧变更为直接内容的法律行为；第二种方法从物权行为的构成或者方式上对其加以定义，称物权行为是由物权的意思表示与外部的变动特征（交付或者登记）相互结合而成的法律行为。

关于物权行为的构成，一个在学说上存在争议的问题是：登记或者交付的公示手段究竟是物权行为的成立要件，还是其生效要件？若认为其为成立要件，则物权行为除包含意思表示要素外，尚须具备登记或者公示的要素；相反，若认为其为生效要件，则物权行为仅指物权的意思表示（单方意思表示或者物权契约）。其实这种争论仅具有理论意义，而不具有多少实践意义。相对而言，生效要件的学说较为合理，因为不动产登记是由登记机构实施的公法上的行为，将其作为私法上法律行为的构成要素并不合理。

由物权行为的概念可知：

1. 物权行为属法律行为之一种，以意思表示为其构成要素，体现行为人的意思自治。因此，民法总则有关法律行为的规定，如行为能力、意思表示、附条

[1] 近年来，物权变动模式问题已不是学界讨论的热点问题，但是，司法实践的一些新立场却有将我国的物权变动模式引向形式主义的趋势。相关讨论，参见下一节"物权行为"。

件、附期限、代理等，原则上对物权行为均有适用的余地。

2. 物权行为属于处分行为。处分行为是指直接使某种权利发生、变更或者消灭的法律行为，它与负担行为相对，包括物权行为和所谓准物权行为。物权行为不为当事人设置任何负担，而是直接引起物权的发生、变更或者消灭；准物权行为则是指以债权或者无体财产权作为标的的处分行为，如债权让与、债务免除等。物权行为属处分行为，因此须行为人具有处分权，物权行为才能发生效力。

二、物权行为的类型

（一）单方物权行为与双方物权行为

物权行为，依其是否由行为人一方的意思表示构成，可以划分为单方物权行为和双方物权行为。

单方物权行为，是指由行为人一方的意思表示构成的物权行为，其最典型者为物权的抛弃。单方物权行为中，最有意义的一个法律问题是，意思表示是否为需要受领的意思表示。原则上抛弃所有权的意思表示无须受领，而抛弃他物权的意思表示须向因抛弃而直接受益的当事人作出。如下文所述，是否存在独立的物权合意（双方物权行为）可能存在争议，但抛弃所有权等单方物权行为的存在是不容置疑的。

双方物权行为，又称物权合同，是指通过双方意思表示一致而构成的物权行为。当事人之间转让物权、设定他物权等行为均须通过物权合同进行。物权合同属于合同的一个类型，在其成立等方面，可以适用民法总则关于合同的一般规定。如果有关合同的一般规范规定在民法债编或者单行法中，则物权合同也可准用相关规定。[1]

（二）不动产物权行为与动产物权行为

依物权行为所指向的标的物为动产或者不动产，可以将物权行为区分为不动产物权行为与动产物权行为。

不动产物权行为，是指以变动不动产物权为目的的法律行为。变动不动产物权的意思表示欲发生预期的法律效力，除须满足法律行为的一般生效要件，并以处分人具有处分权为必要外，尚须完成相应的登记。因此，不动产物权行为系以物权变动的意思表示与登记相结合的法律行为。作为物权行为生效要件的不动产

---

〔1〕我国现行立法上并未使用“物权合同”这一术语，但是，《物权法》中明确规定了抵押合同、质权合同、地役权合同、土地承包经营权合同等旨在设定他物权的合同。另外，《合同法》尽管以规范债权合同为其主要内容（“分则”部分规定的合同类型均为债权合同），但该法第2条并未将其调整范围限定于“债权债务关系”，而是将其界定为“民事权利义务关系”，这就为物权合同适用《合同法》提供了可能性，例如有关要约、承诺的合同订立规则对于抵押合同等也有适用的余地。

登记，指的是将不动产物权变动的事项，依有关法律或者登记规则，完成登记程序。不动产物权变动登记虽由实施物权行为的当事人提出登记申请，但物权变动事项之记入登记簿，系主管不动产登记之公共机构的职责，因此登记行为本身并非私法上的行为，而是公法上的行为。不动产物权行为还具有要式性的特点，考虑到不动产物权变动的重要性，法律往往要求当事人的变动物权的意思表示须采取书面、公证等特定形式。

动产物权行为，是指以变动动产物权为目的的法律行为。作为处分行为，动产物权行为同样要求处分人具有处分权，而且还须以标的物的交付作为特别生效要件。所谓交付，通常是就现实交付而言的，即标的物占有的现实移转，但法律为顾及交易之便利，有时也以无须现实移转占有的所谓的“观念交付”替代现实交付。动产物权行为通常是不要式法律行为，法律对意思表示的形式并无特别的要求。

三、物权行为的独立性与无因性理论

物权行为的真正问题，在于所谓物权行为的“独立性”与“无因性”问题。实际上，如果不是为了说明物权行为的这两种特性，民法理论完全没有必要在与债权行为相区分的意义上提出“物权行为”这一抽象概念。

（一）理论渊源

物权行为的理论是19世纪德国法学的重要贡献。1896年的《德国民法典》明确接受了这一理论，该理论也借助该法典的影响力，对包括我国在内的许多国家的立法与民法学说产生了深远的影响。

《德国民法典》制定以前，尤其是在德国统一之前，在德意志各邦所实行的所谓“共同法”以罗马法为其基本要素，这是早些世纪在德国发生的罗马法继受运动的结果。19世纪的德国法学正是在对罗马法进行系统、精细分析的基础上，逐渐提出并完善了所谓物权行为的理论。

导出近代物权行为理论的古老的罗马法规则主要包括以下两个方面：

1. 在罗马法上，物权的变动以交付为必要，买卖契约仅在当事人之间发生债的效力，并不能直接引起物权的变动，这就引起了学者们对交付的法律性质的讨论。物权行为理论的奠基者萨维尼在其1840年出版的《当代罗马法体系》中写道：“私法上的契约，以各种不同制度或者形态出现，甚为繁杂。首先是基于债权关系而成立的债权契约，其次是物权契约，并有广泛的适用。交付具有一切契约的特征，是一个真正的契约，一方面包括占有的现实交付，另一方面也包括移转所有权的意思表示。此项物权契约常被忽视，例如在买卖契约中，一般人只想到债权契约，但却忘记交付之中也包含一项与买卖契约完全分离，而以转移所有权为目的的物权契约。”在此，萨维尼已经明确提出了一个与债权契约相分离的物权契约的概念。

2. 罗马法上的不当得利制度也是物权行为理论的重要基础。在罗马法上，不当得利诉权（condictio）是典型的对人诉权，它与所有物返还之诉（rei vindicatio）的对物之诉的性质显著不同。从现代民法的请求权类型来看，不当得利诉权系债权的请求权，而所有物返还之诉则属于物上请求权。根据罗马法的法源，在非债清偿的情形（如甲误认为对乙负债而向后者给付金钱），清偿人在实际不负债的情况下做出清偿行为后，不得提起对物性的所有物返还之诉，而只能提起对人性的不当得利之诉。从实体权利的角度来观察，这似乎意味着，尽管并不存在有效的移转所有权的原因，但清偿（体现为标的物的交付）本身已经导致了所有权的移转。物权行为的无因性理论由此而生。

尽管许多学者都从物权行为的功能角度来解释《德国民法典》采纳物权行为理论的理由并进而对其合理性予以评价，[1]但本书作者认为，德国法对于物权行为理论的接受，主要是基于逻辑而非功能方面的考量。

（二）物权行为的独立性

物权行为的独立性，也称分离原则，是指物权的变动须有一个独立于买卖、赠与等债权行为以外，而以物权变动为内容的法律行为，从而在体系上，物权行为独立于债权行为而存在。

根据该理论，举例来说，在通过买卖所实现的标的物与金钱的交换关系中，共包含三个法律行为：①在特定当事人之间发生特定给付义务的债权合同（买卖合同）；②移转标的物所有权的物权合同；③移转价金所有权的物权合同。作为债权合同，买卖合同并不产生任何所有权变动的法律效果，而是仅在买卖当事人之间成立以请求对方当事人为特定行为为内容的债权债务关系，即出卖人有权要求买受人支付价金，而买受人有权请求出卖人交付标的物并移转标的物的所有权。所有权移转的法律效果被认为由专门以物权变动为内容的物权合同所产生。物权合同与债权合同相互独立，并不存在一个既产生债权效果又产生物权变动效果的统一的法律行为。

应该说，物权行为的独立性理论与普通人的认知往往并不相符，这尤其体现在"一手交钱一手交货"的即时清结交易之中。就此，德国学者鲍尔和施蒂尔纳曾举例加以说明："顾客在书店买一本书，通常是当场付款并当场取走书。此时若一法律人告诉他，他的行为在法律上涉及一项买卖契约与两项（金钱与书）

---

〔1〕典型的观点是，物权行为是为保护交易安全之目的而创设的。从而，支持者的论证进路为：交易安全应获得保护，故有利于维护交易安全的制度应获得支持。相反，反对者的论证逻辑是：即便法律应维护交易安全，此项功能也可由善意取得等制度完成，故没有必要叠床架屋地另行承认什么物权行为理论。

所有权让与行为，他肯定认为，这纯属脱离生活之谈。”[1]实际上，关于物权行为理论脱离生活和难以为普通人所理解的批评一直以来都是该理论所承受的最主要的批评之一。

然而，这种从经验出发看似合理的批评实际上是相当肤浅的。首先，在非即时清结的买卖关系中，即便是法律的外行人也能感觉到负有交付的义务（债的效果的发生）与最终通过履行行为所实现的所有权让与（物权变动的效果）之间的差异。其次，也是更重要的一点，“脱离生活”之类的批评似乎将有关物权行为独立性方面的规范视为了行为人必须遵行的行为规范，该批评的逻辑似乎是这样的：行为人只有充分地理解了法律规范，并了解其行为的法律意义，才能有意识地通过实施法律行为创造出某种特定的法律效果。而实际的情形是，民法规范更多地——即便不是全部地——表现为裁判规范，是指引法官将特定案件事实赋予某种特定的法律效果，从而“客观地”对个案作出公正判决的法律工具。因此，一方面，从规范层面讲，行为人完全不需要具备任何专门的法律知识，也能通过实施在司法者眼中具有法律意义的行为而使某种特定的法律效果发生；另一方面，从事实层面讲，在许多情况下，行为人意思表示中的效果意思绝非是清晰的。行为人往往是根据一般社会经验而非根据具有很强技术性的法律规范行事。如果我们说，某人实施了一项法律行为，这并不意味着该行为人知道自己作出了一个“意思表示”，而他对自己意思表示中的“效果意思”则可能就更加茫然不知了。就在书店买书的例子而言，如反对物权行为理论的批评者所指出的那样，普通人的确难以理解在该交易中有独立的物权行为的存在，然而，问题是，当事人是否能够意识到债权行为（或者债权效果与物权效果一体发生的法律行为）的存在？事实上，考虑到法律概念的技术性，大多数人甚至并不知道这是在订立一项“合同”。但这当然不影响交易的完成，以及相应法律效果的发生。显然，在这样一个交易中，所有权因何及在何时移转这样的问题并不会困扰买卖关系中的当事人。如果不能很好地理解这一点，我们或许真的会对实施分离主义立法例国家的国民充满同情地说：他们真可怜，他们需要懂得一个买卖关系中有三个法律行为才能够进行买卖！

与不区分债权行为与物权行为的“一体原则”相比，分离原则的逻辑建构更加严密、精确，它不仅与财产权利体系中的债权与物权的区分相吻合，而且对于许多具体的法律规则也有着更好的说明价值。例如，在买卖关系中，如果出卖人希望在交付标的物于买受人后继续保留标的物所有权直至其价金债权受到清

---

〔1〕［德］鲍尔、施蒂尔纳：《德国物权法》，张双根译，法律出版社2004年版，第91页。

偿，那么他可以和买受人达成一个保留所有权的特别约定，将价金的清偿作为所有权移转的条件，从而在买受人不按约定履行价金支付义务时仍可以所有权人的身份主张物的返还；此时，如果不区分债权行为与物权行为，就会给法律推理造成一定困难：如果价金的清偿被作为一个延缓条件附加在买卖这样一个完整的法律行为之上，那么在该条件成就前，买卖这个法律行为的效力——无论是其债权效力还是物权效力——就应处在停止的状态，结果是，出卖人反而无权向买受人请求价金的支付。相反，在分离原则之下，这一问题可以很轻易地得到解决：延缓条件乃附加在所有权让与的物权契约之上，而非产生债权效果的买卖契约之上，因此，出卖人当然享有在清偿期届至后向买受人请求支付价金的债权，所有权保留的特别约定仅影响物权契约，而不影响债权契约。

我国《物权法》虽未明确承认物权行为的独立性，但该法第 15 条的下述规定却对在学理上作出分离主义的解释提供了空间："当事人之间订立有关设立、变更、转让和消灭不动产物权的合同，除法律另有规定或者合同另有约定外，自合同成立时生效；未办理物权登记的，不影响合同效力。"以房屋的买卖为例，根据该条的规定，当事人之间的房屋买卖合同自合同成立时立刻发生效力，而该效力当然只能是债的效力，因为所有权移转的效果须自完成过户登记时始能发生。由于《物权法》本身并未将物权变动的基础归之于一个物权行为——它只是规定了登记和交付的必要性，而未回答在当事人之间是否存在一个物权合意（合同）的问题——因此，还很难直接从上述条文中得出存在独立的物权行为的结论。但该条文至少澄清了这样一条规则：买卖等债权行为仅发生债的效力，债的发生的效力可以与物权变动的效力区分开来。

近年来，我国司法实践的一些新的立场进一步强化了负担行为与处分行为相分离的解释路径，这主要体现在最高人民法院于近年出台的以下两项司法解释之中：

1.《最高人民法院关于适用〈中华人民共和国合同法〉若干问题的解释（二）》（以下简称"《合同法解释（二）》"）第 15 条。接续《物权法》第 15 条对买卖合同债权效力的界定，该条从多重买卖的角度进一步强调了买卖合同负担行为的属性。该条规定："出卖人就同一标的物订立多重买卖合同，合同均不具有合同法第 52 条规定的无效情形，买受人因不能按照合同约定取得标的物所有权，请求追究出卖人违约责任的，人民法院应予支持。"据此，不分动产与不动产，针对同一标的物的买卖合同均发生债的效力。与《物权法》第 15 条相同，该条解释同样未涉及是否存在独立物权合同的问题，但是，它也的确可以引发这样的疑问：既然买卖合同于成立时已经发生效力，且效力仅限于在当事人之间发生债权债务关系，那么，物权变动的效力又是如何发生的？如果当事人在仅存的一项法律行为中既有发生债之关系的意思表示，同时又包含了物权变动的意思，则何以前者立刻生效，而后者却因等待其他条件（如登记或交付）的完备而引而不发？或许折衷主义的理论模式也能勉力应对这些问题，但无疑一旦承认物权行为与债权行为相分离的物权行为理论，则这些问题立刻就迎刃而解。

2.《最高人民法院关于审理买卖合同纠纷案件适用法律问题的解释》（以下简称《买卖合同解释》）第3条。如果说，前述《合同法解释（二）》只是承认了债权合同的非排他性的话，那么，2012年出台的《买卖合同解释》第3条则最终确立了“负担行为无须处分权”的学理规则。该条规定：“当事人一方以出卖人在缔约时对标的物没有所有权或者处分权为由主张合同无效的，人民法院不予支持。出卖人因未取得所有权或者处分权致使标的物所有权不能转移，买受人要求出卖人承担违约责任或者要求解除合同并主张损害赔偿的，人民法院应予支持。”依该条，出卖他人之物的合同为确定有效的合同。应该说，该条只是进一步确认了买卖合同作为负担行为的属性，并进一步承认了负担行为的效力不建立在处分权基础之上，尚无法从该条中直接得出物权行为独立存在的结论。然而，如果折衷主义遵循的是“物权变动=有效合同+交付或登记”模式（此即所谓“债权形式主义”称谓的由来）的话，那么，只有维持买卖他人之物合同的不生效力，才能确保他人之物不因交付或登记而发生物权变动。该条承认出卖他人之物的合同确定地产生债的效力，这就为主张我国物权变动模式属于所谓折衷主义模式的观点带来了论证上的困难。在出卖他人动产的情形，毫无疑问，买卖合同的有效，再加上物的交付，并不能使买受人取得所有权。相反，如采负担行为与处分行为相分离的物权行为理论，则这一问题又将迎刃而解：如该条解释所示，买卖合同的有效仅产生债的效力；物权变动须另有物权合同，且处分人必须有处分权，并经交付或登记。《买卖合同解释》第3条已经承认了出卖他人之物合同的效力，同时，该条第2款又明确地将出卖人未取得所有权或处分权作为了标的物所有权不能转移的原因，因此，该条解释实际上已经相当接近明确承认物权行为的独立性。

（三）物权行为的无因性

【导入性问题】

买受人甲以欺诈的手段与出卖人乙订立A物的买卖合同，为履行该合同，乙

将该物交付给甲；事后，乙得知甲欺诈之情事，遂撤销了买卖契约。问：A 物所有权的移转情形如何？乙能否要求 A 物的返还？其可依何种请求权请求 A 物的返还？

物权行为的独立性旨在说明在债权行为之外，尚有独立的物权行为存在。关于二者在法律效力方面是否具有牵连关系的问题，则涉及物权行为的有因性或者无因性的问题。

所谓物权行为的无因性，是指物权行为的效力不受其原因行为（债权行为）的影响，债权行为即使不成立、被撤销或者无效，物权行为也并不因此而受影响，仍能独立地发生物权变动的法律效果。

根据物权行为的无因性，物权行为不仅作为意思表示在存在形态上具有独立性，而且在效力上也具有独立性。判断物权行为是否有效，根本无须考虑其原因行为的法律效力，而只需要对物权行为本身作判断。举例来说，甲作出错误的意思表示与乙缔结了一项买卖合同，随后二者就标的物所有权的移转达成合意，并完成了交付。事后甲发现了该错误，并依法撤销了买卖合同，此时，在法律上产生了这样的问题，即撤销权行使的效力是否也同时及于移转标的物所有权的物权合同？在承认物权行为无因性的立法例下，该问题的答案是否定的，也就是说，买卖合同虽因错误而被撤销，当事人关于移转标的物所有权的意思表示却不存在错误，物权契约因满足其自身的各种成立和生效要件而仍能够发生效力，标的物所有权移转的法律效果仍然发生。

当然，物权行为的无因性并不表明当事人必须忍受无原因的物权变动而得不到任何救济。实际上，在原因关系不存在、被撤销或者无效的情况下，受让人尽管已经因物权行为的独立效力而得到了物权，但是，其无法律上原因而获得利益并造成处分人损失，这一事实已经充分了不当得利之债的构成要件，因此，处分人仍可以向受让人主张返还不当得利的债权。

与无因性规则相比，有因性规则的实际差异主要体现在：在有因性规则下，债权合同的无效或者被撤销同时导致物权变动效果的不发生，处分人仍享有物权，因此可以向受让人或者其他占有人主张物上请求权性质的返还请求权；而在无因性规则下，如前所述，由于已经丧失了物权，处分人仅能向受让人主张债权性的不当得利返还请求权。仍以通过买卖实现所有权让渡为例，如果买卖合同无效或者被撤销，在无因性规则下，出卖人仅能依不当得利之规定向买受人主张标的物（如果该标的物还在买受人的手中）或者替代利益（如买受人因出让标的物而获得的价金）的返还；而在所谓有因性规则下，原则上，由于买卖合同被确认无效或者被撤销具有溯及既往的效力，出卖人被视为从未丧失所有权，故仍保有所有权人的身份，并可向买受人或者标的物的其他占有人主张物上返还请求权。

将此两种立法例相比较，显然，无因主义立法例对出卖人的保护较为不利（因为债权请求权的效力弱于物上请求权），这一点也是物权行为无因性理论反对者对该理论的一项主要批评。然而，如果考虑到在买卖合同无效或者被撤销后，买受人要求返还价金的请求权的性质，我们或许可以说，无因性理论的这一效力结果恰恰能更好地平衡双方当事人的利益——毕竟，买受人对于价金的返还，只能主张债权性的返还请求权，而不能主张物上请求权。更何况，类似“将物上请求权人为地降格为债权请求权”的批评实际上也犯了先入为主的错误——有什么理由认为，此种情形下的请求权“原本”就应该是物上请求权呢？

物权行为无因性规则对于维护交易的安全具有重要的意义。债权行为的效力缺陷并不影响物权变动的效果，因此，在出让人行使不当得利返还请求权之前，受让人作为物权的取得人可以有效地将标的物转让给第三人。这样，由债权行为的缺陷所产生的实际法律效果就被局限在债权行为的当事人之间，后续交易的法律效力不受前手交易的效力瑕疵的影响，于是，交易的安全得到了切实的维护。善意取得制度也具有类似的维护交易安全的功能，但“善意”是一种难以证实的主观心理状态，物权行为的无因性则可以避免对这一难以确定的因素作出判断；而且，在民法体系上，善意取得始终是作为一种例外情形（“无权处分行为效力待定”这一规则的例外）而存在的，如果因善意取得制度的存在而主张排斥在功能上具有相似性的物权行为无因性理论，则无异于将普遍存在的对交易安全维护的需要以一种只有在例外情形下才能发生作用的制度来加以实现，这种选择或许并不明智。

综上所述，关于物权行为独立性与无因性的理论，本书作者的观点可总结如下：①关于物权变动，存在多种立法模式，只要能够在体系上相互协调，任何一种立法模式都具有可行性；②物权行为独立性与无因性理论尽管结构复杂，但恰恰是这一精致的法律推理结构使得该理论具有极强的逻辑性与说明价值，如果我们追求一种精致的法学与法律适用，物权行为理论应该是一个很好的选择；③从我国现行立法上并不能清晰地识别出物权变动的立法模式，但现行的相关规则能够在解释上对物权行为的独立性与无因性提供支持；④对于物权行为无因性可能产生的一些问题，可以通过将此无因性予以相对化的一些理论予以化解。[1]

---

〔1〕 将物权行为无因性予以相对化，从而使其在一定程度上与债权行为共命运，其相关理论包括共同瑕疵理论、条件关联理论、法律行为一体性理论等。可参见王泽鉴：《民法物权：通则·所有权》，中国政法大学出版社 2001 年版，第 89～90 页。

第四章
所有权

［本章提要］

本章探讨在物权体系中居于核心地位的所有权的相关问题，包括所有权的概念、特性、类型、权能以及所有权的取得、相邻关系、共有、建筑物区分所有权等。

第一节　概　　述

一、所有权的意义

所有权乃各国民法上最为重要的概念之一。就民法法系国家而言，它是贯穿整个财产法制度的中心线索：一方面，物权以所有权为其原型，并以其为核心构建——各种“他物权”均为设立于他人所有权之上的物权；另一方面，债法规范也时常需借助所有权概念加以表达，而且至少就权利移转型债务关系而言，所有权的移转时常构成债权发生的目的。

如果说在原始公有制下还不太可能发育出所有权观念的话，那么，自从人类历史上出现了私有财产制度，所有权的观念也就随之建立起来了。历史地看，确立所有权的目的在于定分止争。因此，从一开始，所有权就表现出了权利人支配标的物并排除他人干预的法律上的力量。[1]

所有权观念是一个社会历史观念而非一个逻辑观念，因此抽象地给它下一个定义并不容易。事实上，大陆法系国家的法典或者学理通常用两种方法来定义所有权：①概括式定义，例如，《德国民法典》第903条将所有权界定为“在不违反法律和第三人利益的范围内……可以随意处分其物，并排除他人的任何干涉”。②列举式定义，即在定义中列举出所有权的具体权能。例如，《法国民法典》第

〔1〕 英国法学家威廉·布莱克斯通（William Blackstone）在其名著《英国法释义》一书中指出：“没有任何事物像所有权一样，如此普遍地激发想象力而又触动人的情怀；也没有任何事物像所有权一样，让一个人对世界中外在之物得为主张与行使独自且专断的支配，并完全排除其他个人的权利。”

544条规定："所有权是对于物有绝对无限制地使用、收益及处分的权利，但法律所禁止的使用不在此限。"我国《物权法》第39条规定："所有权人对自己的不动产或者动产，依法享有占有、使用、收益和处分的权利。"可见，该立法定义采用的是列举式的定义方法。

本书作者认为，在学理层面上，概括式的定义方法要优于列举式的定义方法。所有权是权利人对物的全面支配，其体现的是权利人的自由状态。采用权能列举的方法不仅不能全面涵盖所有权的全部权利内容，同时各项权能之间在逻辑上往往也会存在一些问题（例如，将"使用"与"收益"并列，实际上使用本身即可获得利益)，更重要的是，权能列举法容易导致对所有权的一种误解：所有权的内容系由法律明确规定，未为法律规定者，不在所有权人的权利范围内。此种错误的观念严重背离所有权的自由价值，容易导致公权力对所有权这种基本私权的不当侵入。因此，应采用概括式的方法，为所有权给出如下定义：所有权是在法律限制的范围内，对物为全面支配的权利。

这一定义揭示了所有权概念中的两个重要因素：①所有权是对物的全面支配，它体现了所有权人充分的意志自由；②这种全面的支配须受法律规定的限制，也就是说，所有权的行使也要遵循一定的法律限制。

二、所有权的特性

作为物权体系中处于核心地位的一种权利，所有权具有以下特性：

（一）全面性

所有权是对物的全面的支配。所有权人可以自由地运用自己的意志，对物进行其所希望的各种利用和处置。无论是物的使用价值，还是其交换价值，均为其所有权人支配。实际上，这种对物的支配达到了如此全面的程度，以至于我们根本无法真正穷尽所有权人对物的实际支配方式。例如，只要不对他人造成损害，原则上，所有权人并不负有"妥善地"或者"经济地"利用自己所有之物的义务，他甚至可以将其物加以毁损。

所有权以外的其他物上权利则不可能是对物为全面支配的权利，这些物权的权利人仅能依法律的规定或者所有权人的意志在某些特定的方面对标的物产生支配权。例如，地役权人仅能根据地役权合同的约定，为需役地的特定利益而对供役地加以一定的利用。

全面支配性是所有权的法律属性，但这种全面性不必表现为所有权人在任何时刻对物的实际支配形态。事实上，由于物上可能同时存在其他权利，在某些时刻，所有权暂时地会受到其他权利的限制。如前文所述，当一物之上同时并存所有权和他物权时，他物权在其具体的支配范围内有优先于所有权的效力。然而这一点并未改变所有权为全面支配物之权利的特性。因为，作为一种法律上的力量

（而非现实的力量），此时的所有权具有一种面向未来的全面的支配力——物上的其他权利一旦消灭，所有权会立刻恢复其全面支配物的形态。

（二）整体性

所有权的整体性，是指所有权是一个浑然一体的权利，它并不是由数种权能简单相加而得出的一种权利。即便所有权（以N来表示）的权能可以具体分解为占有（A）、使用（B）、收益（C）和处分（D）等方面，以下数学等式也不能够成立：$N = A + B + C + D$。这是因为，如果这个等式成立，那么任何要素的变化（如暂时缺失）都将导致所有权不再存在。例如，如果所有权人暂时丧失收益权，那么原所有权人的权利性质也将发生变化：$N \neq A + B + D$。我们看到，这并不符合所有权的法律特性。

所有权不能在内容上加以分割。在所有物上为他人设立用益物权或者担保物权，并非是出让所有权的一部分从而使原所有权人与新的权利人共享所有权，相反，它是在保留所有权的情况下，创设一个新的独立物权。

所有权也不能在时间上加以分割。不存在此时段为我所有而彼时段为你所有的所有权（共有人分时段利用共有物，这一点并不改变他们在整个共有期间共有标的物的事实）。另外，在保留所有权的买卖关系中，标的物所有权自最后一笔分期给付的价款偿付那一刻起由出卖人移转于买受人；在此之前，并不存在买受人对标的物所有权的部分享有；所有权的移转是瞬间完成的。

（三）弹力性

所有权的弹力性，也称为所有权的回归力，它描述的是所有权所具有的这样一种属性：所有权具有整体性，因此其内容可自由伸缩；在所有物上设定他物权，并不影响所有权的属性；尽管在他物权存在期间，所有权中与该他物权相对应的权能处于受限状态，但是一旦此他物权消灭（如有期限的用益物权到期或者抵押权所担保的债权得到清偿），无须任何人之行为的介入，所有权会立刻且自动地回复到其圆满的状态，所有权人可以重新对物加以全面的现实支配。

（四）恒久性

所有权属于典型的无期限物权，其法律属性决定了其不得被附加存续期限，因此在法律上不存在因期限届满而导致所有权消灭的可能性。即便是在附买回条款的买卖中（如“我将该物以8000元卖给你，3年后我有权以同一价格买回”），所有权本身也未被附加期限，只不过先前的买受人又负有了将标的物所有权再次移转回出卖人手中的义务而已；此时，3年期限的届满并不当然导致买受人的所有权消灭。

所有权的恒久性当然并不意味着所有权不会发生消灭，实际上，标的物的毁损、他人的时效取得或者善意取得等都将导致所有权的消灭。不过，这些情况下所有权的消灭均非因期限的届满而导致。

很大程度上，坚持所有权的恒久性系逻辑的需要。就有期限的他物权而言，其因期限届满而消灭后，基于所有权的弹力性，该物权原先的权能将自动回归于所有权人；如果所有权本身也具有期限，那势必会产生一个问题：所有权因期限届满而消灭后，其标的物将成为无主物，而成为他人竞相争夺的对象。

三、所有权的类型

（一）不动产所有权与动产所有权

根据所有权客体的性质不同，可将其分为不动产所有权与动产所有权。顾名思义，所有权凡以不动产为客体的，为不动产所有权；以动产为客体的，则为动产所有权。

由于不动产与动产性质上的差异，上述两种所有权在权利的得丧变更以及内容等方面存在诸多差异。例如，先占、遗失物拾得等原始取得方式仅适用于动产；在继受取得，动产所有权以动产之交付为要件，而不动产所有权则以登记为要件。此外，不动产所有权还涉及相邻关系问题以及建筑物区分所有权等问题。

（二）单一所有权与多数人所有权

根据所有权人数量的不同，可将所有权分为单一所有权与多数人所有权。所有权人为单一法律主体的，无论其为自然人抑或为一法人，所有权为单一所有权；所有权人为两个或者两个以上法律主体的，该所有权为多数人所有权。

单一所有权是指通常意义上的所有权，它也是物权法中所有权的原型，也就是说，如无特别指明，法律中关于所有权的规定均系针对单一所有权而设。

多数人所有权主要指的是共有，包括共同共有和按份共有两种形态。另外，建筑物区分所有权也是一种特殊类型的多数人所有权。相对于单一所有权而言，多数人所有权的规则较为复杂，它需要明确多数人所有权的内部效力和外部效力等问题。

（三）国家所有权、集体所有权和私人所有权

根据生产资料所有制的不同形式，可将所有权分为国家所有权、集体所有权与私人所有权。尽管民法理念强调所有权的平等，但这种根据生产资料所有制的不同而对所有权所作的区分在我国法上却具有十分重要的意义。事实上，《民法通则》和《物权法》都坚持这种区分，并将其作为了所有权的法定类别。

1. 国家所有权。我国宪法确立了以公有制为主体的经济制度，而公有制的法律形态即为国家所有权和集体所有权。国家是一个政治组织形式，但它也可以作为民事主体参与民事活动。所谓国家所有权，指的就是国家以民事主体的身份对依法归其所有之物所享有的所有权。

作为抽象的民事主体，国家所享有的所有权具有两个基本特点：①国家本身

并非终极的利益主体，国家所有权所体现的是全体国民的利益，因此国家应以有利于全民的方式行使其所有权；②作为一个抽象的法律构造物，国家须借助具体的组织机构来行使其所有权。根据《物权法》的规定，除法律另有规定外，国有财产由国务院代表国家行使所有权。

国家所有权在民法上的一个重要意义在于某些财产的国家专属性。《物权法》第41条明确规定，“法律规定专属于国家所有的不动产和动产，任何单位和个人不能取得所有权”。例如，根据《物权法》的规定，城市土地属于国家专有，任何个人、集体、组织都不可能拥有城市土地的所有权。另外，该法还确立了国家对矿藏、水流、海域、野生动物资源等的专属权。

国家专属的特性实际上意味着流通的禁止。例如，规定城市土地归国家所有，这就意味着，一般法律主体，无论其为自然人，还是法人均不得通过任何形式取得城市土地的所有权；如果需要在国有的土地之上确立私主体的权利，则只能通过创设国有土地使用权等方式加以实现。

2. 集体所有权。集体所有权是公有制的另一种法律形态。“集体”是一个很难从民法上加以定义的概念，它本身不一定构成一个法人。大致而言，集体指的是依某种特定标准（如村落、城镇街道等）而确定的人的集合体。所谓集体所有权，指的就是以各类集体作为物之所有人而形成的所有权形态。

作为体现公有制的一种特殊的所有权形态，集体所有权具有下列基本特征：①集体本身未必构成民法上的法人，但集体所有又不能完全等同于全体集体成员的共有；[1]②集体所有权由法律所规定的集体经济组织等具体行使。《物权法》第59、60条等条文对集体所有权的具体行使作出了规定。

根据我国法律的相关规定，农村土地原则上属于集体所有。作为集体组织成员的个人并不享有土地的所有权，因此，无论是基于农业目的的土地承包经营权，还是基于建筑目的的宅基地使用权，均是建立在集体所有权基础之上的“他物权”。

3. 私人所有权。私人所有权指的是非表现为国家所有或者集体所有等公有形态的自然人、法人所享有的所有权。私人所有权是民法上所有权的常态，作为私主体的所有权人可自由运用自己的意志行使所有权。

《物权法》第64条规定：“私人对其合法的收入、房屋、生活用品、生产工具、原材料等不动产和动产享有所有权。”其第65条规定：“私人合法的储蓄、

---

〔1〕《物权法》第59条第1款规定：“农民集体所有的不动产和动产，属于本集体成员集体所有。”但这一规定显然不能简单地被解释为“集体所有就是集体成员的共有”。集体由具体的自然人组成，如果集体所有就是成员的共有，那么集体所有的概念也就失去了独立的意义。

投资及其收益受法律保护。国家依照法律规定保护私人的继承权及其他合法权益。”

实际上，法律完全没有必要也不可能具体列举私人能够拥有什么——除法律规定专属于国家或者集体所有的财产外，私人可享有一切物的所有权。

第二节 所有权的权能与限制

一、所有权的权能

在法律限定的范围内，所有权人对其标的物可以“为所欲为”。然而，对于这种抽象的自由可以通过权能列示的方法说明其具体内容。《民法通则》和《物权法》都在关于所有权的定义中列出了占有、使用、收益和处分四种积极权能。另外，所有权当然还具有排除他人干涉的消极权能。

（一）占有

占有，是指对标的物的现实管领和支配。无论标的物为动产还是不动产，所有权人均有权占有其标的物。占有是表现所有权的直接方法，同时它往往也是所有权人对标的物进行使用、收益和处分的必要前提。

作为所有权权能之一的占有与物权法上更为广义的占有概念有所不同：前者指的是一种占有权，它描述的是所有权人有权实际管领支配其标的物这一法律状态；后者指的是一种法律事实，即占有人实际控制标的物的法律事实。窃取他人之物的小偷因实际控制而对他人之物实施着现实的占有，但他显然缺乏对该物的占有权。

所有权人的这种占有权能是一种法律上的力量而非单纯的法律事实，因此，当所有权人对物的占有被他人所剥夺时，前者可以向任何无权占有其物的当事人要求占有的回复。

作为权能的占有，所有权人不仅可以自己行使（即由其实际控制、支配标的物），他也可以通过他人来行使，如在所有权人将标的物出租、出借给他人期间，其对标的物的占有并不被认为已丧失——承租人、借用人为直接占有人，所有权人为间接占有人。

（二）使用

使用本身是一个相当宽泛的概念，可以包容所有权人对物的各种利用方式。为与处分权能相区分，使用应指根据物的性质，在不加以毁损或者变更其性质的前提下，以满足所有权人需求的方式对物加以利用。

根据这一定义，某些物根据其性质，通常是不能为其所有权人使用的。例如，就金钱、食品、燃料等消耗物而言，通常的利用本身也就意味着其实体的耗尽灭失或者移转，而耗尽实体的利用已属于处分的法律范畴。因此，原则上使用权能仅存于不可消耗物之上。当然，具体的使用方式终归处于所有权人的自由意志支配之下，所以对于消耗物也有发挥其使用权能的可能性，例如，将粮食装袋用于构筑战场防御工事；同样，对于通常的不可消耗物也可以消耗的方式加以事实上的处分，如以书本烧火取暖。

原则上，所有权人可依其意志对标的物任意加以使用，即便这种使用在经济上未必对其有利或者未必合理（如不合理地使用电脑致其使用寿命大大缩短）。但这种使用自由也非毫无限制，具体表现在以下三个方面：①基于特定的公共利益，法律可能限制所有权人对物的利用方式，例如，城市规划的需要可能对土地所有权人在土地之上进行建筑这种土地使用方式加以限制；②特定的使用方式如果必然造成他人的损害，则法律可能要求所有权人限制自己的使用方式，如在相邻关系上对所有权人的诸多限制；③无论如何，对物的使用不得专以损害他人为目的，否则将构成权利的滥用。

（三）收益

与使用相并列的收益权能，指的是收取所有物天然孳息或者法定孳息的权能。其实，使用本身就是一项利益，所以使用利益也应属于广义的“收益”范围。因此，这里所说的收益权能指的应该是狭义的孳息收取权能。

孳息可以是天然孳息。天然孳息系由原物依其自然属性所产生，例如果树生长的果实或者母牛所产的小牛。天然孳息必须与原物相分离才产生权利归属问题，因为在分离前其为原物的成分，而当然地归属于原物所有人。天然孳息与原物一经分离，即成为独立之物，此时其法律上的归属须由法律加以确定。《物权法》明定所有权有收益的权能，因此，除法律另有规定或者当事人另有约定外，天然孳息的所有权应归属于原物的所有权人。

孳息也可以是法定孳息。法定孳息是所有权人针对所有物实施一定法律行为而依该行为的性质而获得的财产增益，如出租房屋获得租金、出借款项获得利息等。法定孳息虽不像天然孳息那样直接来自于原物，但终究是他人利用所有物而应给付的对价，所以此对价应归属所有权人所有，即使法定孳息非依原物所有权人的意志而产生（例如，未经其同意，甲的住房被乙出租于丙而产生的租金），所有人仍可主张获得此孳息。

（四）处分

处分有事实上的处分与法律上的处分之别。前者指的是事实上毁损消灭标的物或者使其性质改变，如拆毁房屋、吃掉苹果或者将石料雕刻成雕塑；后者指的是使所有权发生移转、限制或者消灭，从而使所有权发生法律上的变动，如出让标的物于他人、将动产出质或者抛弃所有权等。

处分是在事实上或者法律上改变所有物命运的重大举动，它充分体现了所有权人对物所拥有的自由意志。处分权能的具备往往是享有所有权的根本标志。尽管占有、使用和收益等权能都可以从所有权中暂时分离出去而不改变所有权的属性，但处分权能原则上不得与所有权人相分离。如果在某些情形下由所有权人以外的人获得了处分权，则该他人行使权利的结果也将使所有权人丧失所有权，例如，在债务人不履行到期债务时，为担保债权实现而设立的抵押权即具备了行使条件，抵押权人取得了对抵押物的处分权，而其通过拍卖、变卖等方式行使变价权的结果势必使抵押人丧失对抵押物的所有权。

（五）排除他人干预

排除他人干预的权能是所有权的消极权能。所有权是对物为全面支配的权利，而所有权人在行使占有、使用、收益和处分权能时，均有可能受到来自他人的不当侵扰。为贯彻上述积极权能，需要所有权产生出排斥他人不当干预的力量。这种排除他人干预的权能，只是在出现所有权行使的妨害时才表现出来，正常情况下则隐含于所有权之中，因此我们称其为消极权能。

所有权之排除他人不法干预的权能，有两种表现方式：①在合理限度内，所有权人可以自力救济，直接排除他人的侵扰行为。例如，土地所有权人可以自行割除伸展至自己土地上的他人之树木的枝条；他人无权利而在自己土地上任意穿行的，土地所有权人可设置栅栏等。②行使物上请求权，要求占有的回复、妨害的排除和危险的消除等，必要时可以请求公力救济。

二、对所有权的限制

（一）所有权的社会化与权利限制

19世纪的民法，充斥着所有权神圣、所有权完全自由的气息。至20世纪，人们开始意识到，以纯粹个人主义为基础的所有权不受限制的理念是有问题的。于是，人们开始寻求从社会利益最大化的角度对私人所有权作出各种限制，这一现象被称为“所有权的社会化”。

在社会化的背景之下，所有权受到了来自公法、私法等各方面的限制。

1. 公法上的限制。公法对于所有权的限制，其目的在于保护社会公共利益，以使私人所有权的行使不以牺牲社会公众的利益为代价。例如，城市建筑规划方面的法规对土地所有权人利用土地的自由构成了极大的限制；公用事业立法、环境保护立法等也都经常涉及对私人所有权的限制。

2. 私法上的限制。私法本身也对所有权构成一定的限制，例如，禁止权利滥用原则在民法上的发展就构成了对所有权行使的一种限制，即不得以损害他人之目的而行使所有权。另外，有关相邻关系、建筑物区分所有等私法规范都构成了对所有权的限制。

（二）对所有权限制的限制

所有权曾被描述为绝对的、不受限制的权利，所有权的神圣也被认为与契约自由和过失责任共同构成了19世纪各国民法的三大原则。但晚近以来人们开始谈论所有权的社会化问题，认为所有权负有社会义务，所有权人不得为所欲为，而应受到诸多限制。

所有权自由与所有权的限制之间存在紧张关系，限制越多，自由空间就越小。那么，在现代社会中，应如何在自由与限制之间恰当地规制所有权呢？本书作者认为，体现权利人意志的所有权自由无论如何都应该处于所有权观念的核心地位，对所有权的限制仅仅是从消极的方面划定所有权自由的边界。这就意味着，法律决不能从正面去穷尽性地罗列所有权的权能，然后将这些权能以外的领域都宣告为所有权人行动的禁区；相反，正确的规制方式应该是：立法者对每一种限制所有权的具体措施给出正当性的证明并明确所有的限制情形，这些具体限制情形之外的广大领域完全都是所有权自由的空间。简单地说，这里所适用的仍然是法治的一般规则：法不禁止则自由。

实际上，在一个真正的法治社会中，仅仅强调对所有权的限制必须以法的形式表现仍然是不够的。立法者在制定法律时（尤其是对私法关系加以强行限制时），不应该是完全自由的。质言之，在私法自治的理念之下，立法者对于私人关系的强行介入应有充分的立法理由支持。实际上，对私人所有权的保障，不仅关系权利人的财产利益，而且与其个人自由的保障也休戚相关。[1] 无正当理由任意限制私人所有权的法律应可归入所谓“恶法”的范畴。

（三）征收、征用问题

法律对于所有权作出限制的典型例子就是国家的征收和征用。

所谓征收，是指国家作为主权者基于公共利益方面的需求强行将他人的不动产征为国有。我国《物权法》第42条第1款规定：“为了公共利益的需要，依照法律规定的权限和程序可以征收集体所有的土地和单位、个人的房屋及其他不动产。”征收行为是一种以公共权力为基础的公法行为，征收的结果将导致被征收者丧失其对不动产的所有权，而这一法律效果并非权利人的意志所能控制，因此

---

〔1〕德国联邦宪法法院关于所有权保障的一段判决要旨深具启发。该判决称：“所有权是一种根本性的基本权，与个人自由的保障具有内在关联性。在基本权的整体结构中，所有权负有双重任务：确保权利人在财产法领域中的自由空间，并因此使其得自我负责地形成其生活。将所有权作为法之建制，有助于确保此项基本权。个人的基本权系以‘所有权’此一法律制度作为前提。若立法者以名实不符的‘所有权’取代私有财产，则个人基本权将无法获得有效的保障。”参见王泽鉴：《民法物权：通则·所有权》，中国政法大学出版社2001年版，第162～163页。

征收是对所有权人意志的直接强制。

实际上，在宪法上所规定的私有财产保护原则，其主要的立法目的恰恰在于限制公权力对私人所有权的过度限制和剥夺。因此，征收的问题其实不仅是一个民法上的所有权限制问题，它更是一个界定公共权力与私人权利之界限的宪法问题。

如前引法条所要求的那样，强制性的征收必须是“为了公共利益的需要”，也就是说，在发生征收之时，必须有一种赋予剥夺所有权的行为以正当性的强大的“公共利益”需求。我国现行《宪法》和《物权法》等法律尚未对此“公共利益”作出相应界定。本书作者认为，立法和司法实践应对“公共利益”作出严格的界定，将其局限于国防、公共安全、重大社会利益等较为狭窄的范围之内，而决不应该任意地扩张其范围，[1] 以至于私人和集体所有权受到不正当的剥夺。

征收之所以是一种强制手段，是因为所有权人的意志要受到强制——无论其是否同意，其所有权都将转为国有。此种意志强制并不一定意味着对私人利益的实质性剥夺。许多国家的法律都要求，在实施征收行为时，政府应给予被征收人以充分、及时的补偿。因此，在给予充分补偿的情况下，征收实际上并不意味着对私人利益的牺牲，因为为了所谓公共利益而可以牺牲某个私人的个人利益，这一规则是否具有正当性是值得怀疑的。在给予充分补偿的情况下实行强制征收，其真正强制的是所有权人的意志自由，因为后者原本完全可以拒绝高额的对价而拒绝出让其所有权。

我国《物权法》第 42 条第 2、3 款对征收补偿问题作出了如下具体规定：“征收集体所有的土地，应当依法足额支付土地补偿费、安置补助费、地上附着物和青苗的补偿费等费用，安排被征地农民的社会保障费用，保障被征地农民的生活，维护被征地农民的合法权益。征收单位、个人的房屋及其他不动产，应当依法给予拆迁补偿，维护被征收人的合法权益；征收个人住宅的，还应当保障被征收人的居住条件。”相对之前的相关规范，《物权法》的该条规定强化了对被征收者的利益保护，值得肯定。当然，随着社会的进步与民众保护私人财产意识的增强，我国法律应当对有关征收的法律规范设置更加严格的条件及更高的补偿

---

〔1〕 如果不进行严格的界定，“公共利益”将会无所不在，例如，进行旧城改造，即便明显地具有商业开发的目的，也能被描述为“改善城市景观”、“改善居民居住条件”等公益事业。另外，《物权法》第 42 条本身在表述上表现为一条授权性规范，即授权有关机构可以在符合公共利益的情况下实施征收、征用行为。本书作者认为，为了切实地保护私权，有必要限制征收这种公权行为，因此，《物权法》在涉及征收的问题时，相关条文宜采用诸如“非为公共利益的需要，并严格依法律规定的权限和程序，不得对集体、私人的不动产进行征收”这类以保护私权为宗旨的表述。

标准。

与征收构成对所有权的剥夺不同，征用仅仅涉及被征用物的强行使用问题，而并不改变标的物的所有权归属。依所有权自由原则，物的使用原本也应由所有权人控制。但是，如果出现公共利益方面的急迫需求，国家也能够不经所有权人同意而对其动产与不动产加以必要的利用。根据我国《物权法》的规定，可以适用征用的情形是“抢险、救灾等紧急需要”，而且征用必须遵循法定的权限和程序。因征用仅仅涉及使用，故在为征用的目的而使用完毕后，应将标的物返还给所有权人。被征用人有权因所有物被征用而请求国家给予补偿，因征用而导致标的物毁损灭失的，所有权人有权请求赔偿。

第三节　所有权的取得

一、概述

所有权之享有和救济以所有权的取得为前提。本书第三章已全面地阐述了以所有权为代表的各种物权所具有的各种效力，不过，从法律适用方面来看，只有首先证明自己是所有权人，才能主张法律上关于所有权的效力与救济。因此，从物权变动的角度探究所有权的取得也就成了一个至关重要的问题。

所谓所有权的取得，是指所有权因一定的法律事实而对特定主体发生效力。以权利取得是否须以前权利人之所有权为前提作为标准，所有权的取得可分为原始取得和继受取得。继受取得主要是基于法律行为的取得，也就是说，所有权取得的效果系由前所有权人实施法律行为所产生的。关于此类基于法律行为所导致的所有权取得，我们在前文的物权变动模式中已作出了相关讨论。所有权也可因法定继承的原因而发生继受取得，此时所有权的取得依继承法的规则加以判断。

因此，本节所述及的所有权取得方式仅限于原始取得方式，包括先占、拾得遗失物、添附、善意取得、孳息收取和时效取得等。实际上，《物权法》第九章“所有权取得的特别规定”就是对所有权原始取得的几种方式的规定。

二、先占

（一）先占的意义和性质

先占，指的是以据为己有的意思，占有无主的动产，而取得该动产所有权的法律事实。原本无主之物，当其进入人类生活而为人们的利益服务时，就需要在法律上确立其权利的归属，以起到定分止争的作用。此时，依自然理性，[1] 相对于其他人而言，将对其先行占有且有据为己有之意思者确认为所有权人最为合理。

在人类社会的早期，尤其是在农业出现之前的采集与狩猎社会中，先占取得是人类获得物质手段的基本方式。晚近以来，先占取得已经失去了其先前所具有的重要意义，但它仍然是所有权取得的一种方式，而且，作为所有权起源的一种理论，它也具有一定的说明价值。

关于先占的法律性质，有法律行为说、准法律行为说与事实行为说等多种理论。通说认为，先占属于一种事实行为。如后文所述，先占尽管要求先占人须有所有的意思，但此意思并非包含效果意思的"意思表示"，而仅指行为人事实上所具有的将物据为已有的主观目的而已。

对先占性质的上述界定并非没有实际的法律适用价值。例如，如采法律行为说，则要想发生所有权取得的效果，先占人必须具备行为能力，因为行为能力是法律行为的生效要件。相反，如采事实行为说，则不要求对先占人的行为能力加以考察，于是，不满10周岁的儿童也可因先占而取得无主物的所有权。

我国《物权法》对于先占这种所有权取得方式未作规定，但习惯法规则及学理事实上均承认先占的所有权取得效力。

（二）先占的要件

先占是事实行为，其法律效果由法律设定，其构成要件也应由法律加以确定。先占的要件包括以下几方面：

1. 标的物须为动产。依我国法律之规定，中国境内的土地，无论其位于何方，其所有权或者归国家所有，或者归集体所有，不发生无主的问题。土地之上的附着物原则上归属于土地所有人或者拥有土地使用权之人，因此，不动产不存在先占取得的问题。

2. 须为无主物。所谓无主物，是指发生先占时不属于任何人所有之物，包括自始无主之物（如野生动物[2]）和被所有权人抛弃之物。物是否无主，应依

---

〔1〕 古罗马法学家盖尤斯曾写道："不属于任何人之物，根据自然理性，归先占者所有"（D. 41，1，3，pr）。

〔2〕 传统上，野生动物是典型的无主物，可实行先占取得。但我国《物权法》第49条规定："法律规定属于国家所有的野生动植物资源，属于国家所有。"姑且不论规定"野生"的动植物资源属于国家所有是否合理，至少对那些未被规定为国家所有的野生动物可以认定为"无主物"。应该看到，对于一些在其他国家法律上被视为"无主物"的物，我国法律经常将国家作为其所有权人（除《物权法》第49条之规定外，还包括《继承法》第32条关于无人继承又无人受遗赠的遗产归国家所有的规定等），从而减少了适用先占取得的机会。

客观的标准判断，而不以先占人的主观认识为准，例如，误以为他人所遗失之物为被人抛弃的无主物而先占的，不能因此取得所有权。

3. 以所有的意思为占有。先占人不仅应事实上占有无主物，而且还须在主观上具有将其归己所有的意思。仅仅是在客观上占有无主物而主观上缺乏据为己有之意思的，不取得对标的物的所有权，如为救治的目的占有野生动物。

4. 无法律上禁止性规定或者他人享有先占权的情形。由于某些公共政策方面的原因，法律可能会禁止人们通过先占取得物的所有权，如濒危野生动物不得为先占之标的物。在特定情形下，某些人还可能会取得独占性的先占权，此种情形也将排除他人的先占取得。例如，在公海上捕鱼，是典型的先占取得；但是，对特定水面取得渔业权者，对该水面内之水产动物拥有独占的捕捞权，可排除一般人的先占取得。

（三）法律效果

具备上述诸要件的，发生先占取得的效果，即先占人取得其先占之无主物的所有权。该所有权取得的效果系基于法律的直接规定，而非基于他人既存的权利，故为原始取得。

“先占”的事实判断有时并非易事。例如，甲射伤野兔，野兔带伤奔走，甲循血迹在后追击；野兔力竭而亡，恰被于树下守株待兔的乙所获，甲赶到后，双方就野兔归属产生争执。此时，应赋予占有的意志因素以更强的效力，判定致伤猎物并持续追击者为先占人。由此可见，正如对“占有”的判断一样，是否构成“先占”亦需借助交易观念。

先占不仅是所有权取得的重要方式，同时也是对“公共物”取得使用权利的判断标准。借助先占，可解释教室资源紧张情况下的“占座”，可解释有限停车位的获取规则。在先占停车位的例子中，也存在类似追捕猎物的情形：甲在某停车场转圈寻觅车位，终于发现一空位；甲按驾驶常规，驶过车位后换倒挡欲倒入车位，跟随在甲后的乙径直将车开进车位，引发纠纷。与前举猎人追击事例相同，本例中，也应认定车辆有开始停车动作时，即构成了先占。

三、拾得遗失物

拾得遗失物系为各国民法通常所确认的所有权取得方式之一。由于强调“拾金不昧”的道德标准，我国《物权法》并未将拾得遗失物确立为所有权取得的一般原因，而只是规定了无人认领的遗失物归国家所有。因此，根据我国当前的法律，无人认领之遗失物的法定归属实际上仅是国家取得所有权的一种特别方式。国家以外的法律主体没有可能因拾得遗失物而取得其所有权。

（一）拾得遗失物的认定

遗失物，是指非基于占有人的意思而丧失占有，现又无人占有且非无主物的动产。遗失物须具备以下几方面的要件：①须为动产，因不动产不可能发生遗失的问题；②须为有主物，如为无主物，即发生先占的问题；③须占有人丧失占有，占有人是否丧失占有须依一般的社会交易经验判断，例如，学生在自习室自习期间因上厕所而将书本留在桌上，此种情形并不被视为丧失占有；④占有的丧失须非基于占有人的意思，如系基于所有人的意思而故意放弃动产的占用，则很可能构成所有权的抛弃，而不是遗失；⑤须该物现无人占有，否则不发生拾得的问题。

所谓拾得遗失物，是指发现他人遗失之物并对其加以占有的事实。拾得包含发现与占有两个环节：发现是认识到物的所在，占有是将物纳入自己的管领和支配之下。经发现并行占有之物，必须是不处于他人占有之下的物，否则将构成侵占而非拾得。

拾得遗失物，在性质上属于事实行为，而非法律行为，因此不以行为人具有行为能力为必要，无行为能力人、限制行为能力人均可为拾得人。

（二）拾得遗失物的效力

根据我国《物权法》的规定，因遗失物的拾得，在拾得人、所有权人和国家有关部门之间形成以下权利义务关系。

1. 拾得人的义务。根据《物权法》的规定，拾得人在拾得遗失物之后，负有如下法律义务：①返还或者送交有关部门的义务，拾得人应当及时通知所有权人等权利人领取或者将遗失物送交公安机关等有关部门；②返还或者送交之前，拾得人对遗失物负有妥善保管的义务，因故意或者重大过失致遗失物毁损、灭失的，应负损害赔偿之责。

拾得人不履行其返还遗失物之义务的，遗失物的所有权人可根据《物权法》第 34 条有关物权请求权的规定要求拾得人返还遗失物。

《物权法》第 109 条规定，“拾得遗失物，应当返还权利人”，问题是，在拾得人拒不返还时，权利人可依何种请求权要求返还？对此，最高人民法院 1988 年发布的《关于贯彻执行〈中华人民共和国民法通则〉若干问题的意见（试行）》第 94 条规定，“拾得人将拾得物据为己有，拒不返还而引起诉讼的，按照侵权之诉处理”。在《物权法》生效前，我国民法未有类似该法第 34 条关于物上请求权的规定，因此有此适用侵权之诉的司法解释。如果权利人之主张仅限于遗失物的返还（如主张因拾得人侵占而造成之损害的赔偿，则当然可以主张侵权损害赔偿请求权），那么，在《物权法》实施后，应适用《物权法》第34条的规定，因为拾得人明显构成"无权占有"。

对前一问题还可补充追问，即到底谁可向拾得人要求返还？或者说，何人有权从拾得人处受领遗失物？该问题并非无意义。例如，乙从甲处窃取其物后不慎遗失，被丙拾得，乙证明其为遗失人后向丙提出返还请求，丙遂将该物返还于乙，后该物在乙的手中毁损；甲知其事，指称丙将物返还于窃贼不当，要求丙赔偿其损失。解决该问题的关键即在于，如遗失人非物之权利人，则其是否有权要求拾得人返还，或者说，拾得人是否可因向此类遗失人返还而免责。根据《民法通则》第79条之规定，遗失物应归还于"失主"，至于何为"失主"则语焉不详。《物权法》则笼统地使用了"权利人"这一表达。结合前例，如果承认丙可因向遗失人乙的返还而免责（即将乙作为受领权人），则由于"失主"这一概念有更广泛的解释空间，因此《民法通则》的规定似乎反而更优。本书作者认为，对拾得人可要求返还遗失物者，包括所有权人、定限物权人（如质权人）以及丧失占有的遗失人，因此，对《物权法》第109条应作扩张解释，将非权利人的"遗失人"包含在内。[1]

2. 有关部门的义务。有关部门收到拾得人送交的遗失物后，如知道所有权人等权利人的，应当及时通知其领取；不知道的，应当及时发布招领公告。在遗失物被失主领取前，该部门也负有妥善保管的义务。

根据《物权法》第113条的规定，遗失物自发布招领公告之日起6个月内无人认领的，归国家所有。

3. 拾得人的权利。在许多国家的民法上，遗失物的拾得人拥有两项主要的权利：①因拾得遗失物而对所有权人享有法定的报酬请求权，即在所有权人要求返还时，拾得人可要求其支付一定的报酬；②在法定期间内无法找到失主，且拾得人已经尽到积极寻找之义务的（包括通过有关机构的招领等），拾得人可直接获得遗失物的所有权。正是在后一种法律效果的意义上，民法将"拾得遗失物"

---

[1] 利用占有的权利推定效力，这是一个可能的解释路径：遗失人在物被遗失前占有该动产，对于拾得人而言，可推定其为遗失物的所有权人，故可因向其返还而免责。即便遗失人并非真正意义上的权利人，无论如何，其占有都要优于拾得人的占有，苛求遗失人只有证明自己系物之"权利人"才能向拾得人要求返还毫无道理。为支持占有人（包括无权占有人）有权向拾得人要求返还遗失物，本书第一版曾以《物权法》第245条的占有请求权为其请求权基础，但第245条所称"侵占"应仅限于以不法手段积极侵夺的情形，拾得遗失物拒不返还应不构成第245条意义上的"侵占"，故第二版修正此观点。

作为了所有权原始取得的一种方式。

我国《物权法》未确认拾得人的上述两项权利，而只是规定了其对其所支出的保管费等费用的求偿权（第112条）。费用与报酬不同，它是拾得人为保管、管理遗失物以及寻找失主等所实际支出的成本，如保管费、饲养走失动物所支出的饲料费等。可以看出，《物权法》关于遗失物的法律规则明显以“路不拾遗”、“拾金不昧”这样的伦理规范为基础。应该说，无论是从促进物尽其用的效率目标看，还是为真正达成遗失物返还结果方面考量，法律都应赋予拾得人更多的权利。

在遗失人发布寻找遗失物的悬赏广告时，依据该悬赏广告的效力，拾得人在完成悬赏广告中指定的工作（即送还遗失物）之后，有权向广告发布人要求其所承诺的报酬。不过，此报酬请求权并非拾得遗失物所产生的效力，而是悬赏广告所产生的债的效力。

拾得人侵占遗失物的，将丧失前述费用求偿权和报酬请求权。

（三）遗失物规则对漂流物、埋藏物或者隐藏物的准用

《物权法》第114条规定：“拾得漂流物、发现埋藏物或者隐藏物的，参照拾得遗失物的有关规定。”这就意味着，对于漂流物、埋藏物或者隐藏物，其能够找到所有权人的，应向其返还，后者应支付保管费等费用；在发布招领公告之日起6个月内无人认领的，归国家所有。

四、添附

（一）概述

1. 添附的意义。添附，系对附合、混合及加工的总称。其中，附合与混合涉及两个以上的属于不同人所有之物相互结合而成为一个新物的情形，加工则涉及原材料与一定劳动的结合，即原材料经过加工后成为一个新物。

在附合与混合的情形，分属于不同之人的两个以上的物相互结合。这种结合是一种紧密的结合，也就是说，在物理上或者在一般的社会经济观念上，发生结合后的物不能再通过分离回复到结合前的状态。如果物的结合是松散的、临时的，则不发生所有权变动的问题——各所有人均可向占有人要求自己之物的返还。例如，甲将乙所有的轮胎安装在自己的汽车上，此时，不发生添附的问题，乙对轮胎的所有权并不因此而丧失，故可据此向甲要求返还。这就意味着，要构成民法上的附合或者混合，两个以上的物或者是因结合而形成了一个独立存在的新物，从而使原先分属于不同人的物因此种结合而丧失了其各自的独立性，从而成了新物的重要成分；或者是其中一个物失去了其独立性而成为另外一物的构成部分，并因此不能再还原到结合前的独立状态。

加工的情形也与此相类似，经加工后的物应构成一个新物，不能简单地回复到加工之前的状况，于是需要对其确立所有权的归属。

2. 立法政策。法律之所以需要对添附的所有权归属加以确立，乃是基于特定公共政策上的考虑：为顾及物在经济上的效益，须对结合后或者加工后形成的新物重新确立所有权，若仍维持先前的所有权状态，则意味着各权利人均能要求回复原状，而强行回复原状极可能在经济上是不合理的，不利于物尽其用。例如，甲未经乙同意，使用乙的建筑材料盖房，如房屋建成后，仍承认乙对其建材的所有权而允许其要求从房屋中分离建材，则势必会对房屋产生不利影响，甚至会导致房屋完全坍塌毁损。

分属不同所有人的两个以上之物相结合，或者一物与他人的劳动相结合，一种简单的处理规则是：按照各人在合成物或者新物中的贡献，确定物归各人按份共有。但在立法政策上，这一看似简单且公平的解决方案往往却并不合理，而且也确未获得各国立法者的青睐。这是因为，一般而言，相对于多人共有的所有权状态，单一所有权更有利于物的利用。尤其是，如果物的结合并非基于各所有权的自愿而发生，则共有的解决方案更无法在各共有人之间促成合作，反而会滋生出许多矛盾和冲突。因此，在因添附而发生所有权重定的必要时，应尽量使所有权单一化，将物归一人独有，然后再通过不当得利、侵权行为等债法上的手段恢复当事人之间的利益平衡。

3. 添附取得的法律性质。如前所述，发生添附时，原有的所有权状态需要被打破，而确立其新的所有权归属状态。这一导致所有权变化的效果是由法律直接规定，而非由当事人设定的，因此，对于因添附而取得所有权之人而言，其所有权的取得为原始取得，而非继受取得。

作为原始取得的方式，添附不依赖于相关当事人的意志。这就意味着，当事人之间通过合同安排寻求物与物的结合或者物与劳动结合的，不适用有关添附的规则。例如，在承揽合同中，定作人提供的原材料与承揽人的劳动亦发生结合，不过，依据合同的性质，加工物的所有权一律归定作人，而由定作人依约定向承揽人支付报酬。

4. 添附的原因。添附可能因许多原因而发生。添附有时因自然原因而发生，例如，天降暴雨导致池塘满溢，甲所饲养的鱼进入乙的池塘发生混合；有时，也因人的行为而发生。在因人的行为导致添附的情形，行为人可能系基于善意（例如，误认为材料为自己所有而进行加工），也可能是出于恶意，如偷窃他人油漆装饰自己的房屋。

特别需要注意的是，无论当事人是否善意，也无论相关行为系合法还是不法，导致添附的原因对所有权归属的判断并不发生影响。例如，即便是偷窃他人油漆来装饰自己的房屋，也不会改变动产与不动产附合应由不动产所有权人取得合成物所有权的规则，即应由实施偷窃行为的房屋所有权人获得合成物（涂刷油漆后的房屋）的所有权。当然，油漆所有人可要求房屋所有人赔偿损失，但这是债法上的救济手段。

我国《物权法》未对添附的规则作出规定，[1]但这并不意味着在我国不会发生添附的问题。[2]实际上，作为所有权取得方式的添附规则是其他规则所不能取代的，将来的立法应明确对添附的规则作出具体规定。在此种立法规定出台之前，司法实践应以通说性的学理规则作为法源来处理相关案件。

（二）附合

所谓附合，指的是两个以上的物相互结合，而形成社会经济观念上一个“新物”的法律事实。发生结合的物可能是动产，也可能是不动产。不动产与不动产的结合（如因河流淤积而使河岸边的土地有所增加）较少发生，而且，我国的土地公有制也使得不动产与不动产附合的规则变得简单：由国家或者集体取得所有权。因此法律主要应明确在动产与不动产的附合以及动产之间的附合两种情形下的所有权归属规则。

1. 动产对不动产的附合。动产与不动产的附合，是指动产与他人不动产相结合，成为后者的重要成分而发生的添附。所谓成为不动产的重要成分，是指动产与不动产密切结合，非经毁损或者变更物的性质而不能分离的情形。例如，甲用乙所有的一根木料作为支柱为自己搭盖房屋，该木料成了房屋的重要成分，如将其拆除，势必会导致房屋的倒塌。此时，基于物的经济性的考虑，法律不应允许乙继续享有木料的所有权从而向占有人甲提出所有权的返还之诉，而是应该在承认房屋整体为不可分的一物的前提下，重新确定其所有权。

动产与不动产发生附合的，不论发生添附之动产与不动产的价值如何，一律

---

〔1〕2005年7月8日，全国人大常委会办公厅公布了《中华人民共和国物权法（草案）》，向社会公开征求意见。在该“征求意见稿”中，存在对添附制度的基本规范——该草案第122条规定：“因加工、附合、混合而产生的物的归属，有约定的，按照约定；没有约定或者约定不明确的，依照法律规定；法律没有规定的，按照充分发挥物的效用以及保护无过错的当事人的原则确定。因一方当事人的过错或者确定物的归属给另一方当事人造成损失的，应当给予赔偿。”最终出台的《物权法》删除了该条文。在本书作者看来，该条文的确存在诸多问题：首先，作为原始取得的方式，加工、附合和混合等添附规则并不适用于当事人有约定的情形；其次，作为所有权的一种重要的取得方式，有关添附的规则恰恰应在《物权法》中加以确立；最后，“充分发挥物的效用”固然是确定添附物所有权归属的重要标准，但将“保护无过错的当事人”作为确定所有权归属的一般原则却是错误的。

〔2〕事实上，我国现行法上就有以添附规则为基础的规范。例如，《担保法解释》第62条规定：“抵押物因附合、混合或者加工使抵押物的所有权为第三人所有的，抵押权的效力及于补偿金；抵押物所有人为附合物、混合物或者加工物的所有人的，抵押权的效力及于附合物、混合物或者加工物；第三人与抵押物所有人为附合物、混合物或者加工物的共有人的，抵押权的效力及于抵押人对共有物享有的份额。”该条系有关抵押物因附合、混合或者加工而发生归属变化对抵押权所产生影响的规定，但包括《物权法》在内的现行法却未对添附本身的规则作出规定。

由不动产所有权人取得添附物的所有权。动产因丧失了其独立存在，其先前的所有权发生消灭。这一规则不因添附原因的不同而有所区别。在前例中，即便是甲故意窃取乙的木料盖房，作为不动产所有权人的他也能取得添附物的所有权。当然，这一规则并非最终将经济上的损害分配给动产所有人。事实上，因添附而丧失动产所有权之人可以依据不当得利、侵权行为等规定向不动产所有权人要求所获利益的返还，从而使其不至于因添附而遭受损失。

2. 动产与动产的附合。动产与动产的附合，是指属于不同人所有的两个以上的动产相互结合，非经毁损不能分离或者分离需花费过巨的法律事实。例如，甲使用乙的油漆喷涂自己的汽车，油漆与车相互结合而不能分离，此种情形即构成了同为动产的汽车与油漆的附合。相反，将他人轮胎装在自己的汽车上或者将他人的坠饰挂在自己的项链上等，均不构成动产之间的附合，因为这些情形下两物的结合是松散的、临时的，这种结合状态极易分离，而重新分离之后的物可仍归属于其各自的所有人，没有必要重新确立所有权。

因动产附合而形成的合成物，原则上应按照各动产所有人在附合时的价值比例而共有。各动产所有人先前对其物的所有权均告消灭，在合成物上形成一个新的以按份共有为表现形态的所有权。

如果在附合的动产中，有明显的主次之分，其中一物在价值、效用或者性质等方面居于主导的地位，那么该物的所有人应获得合成物的所有权，而不成立共有。例如，在以油漆喷涂汽车的事例中，汽车显然居于主导地位，故合成物（喷漆之后的汽车）的所有权应归汽车所有人。该规则的目的在于减少因附合后形成共有物而带来的管理上的不便与分割共有物所造成的成本。在此情形下，丧失所有权的一方有权依不当得利等规则向取得合成物所有权的一方寻求赔偿。

（三）混合

所谓混合，指的是属于不同人所有的两个以上的动产相互混合，以至于不能识别或者识别需花费过巨的法律事实。

混合有可能在两个以上的固体之间发生，如两种纯度不同的黄金被溶化后形成金条；混合也可能是在两种以上液体之间发生，如牛奶被加入咖啡之中；气体之间也可能发生这种混合。另外，不同形态的动产之间也可能发生混合，如方糖溶解于咖啡之中。既然混合导致了对原有成分的识别困难，分离并各归其主也就更谈不上了，因此对混合物也应向附合物那样重新确定其所有权归属。

各国民法一般都规定，对于混合可准用动产附合的规定。也就是说，原则上混合物归各所有权人按照混合时的价值比例按份共有；如果混合的各物之间在数量、功能等方面有明显的主次之分，则发挥主导作用之物的所有人可获得混合物的所有权。例如，咖啡与糖混合，咖啡居于主导地位，故混合物应归咖啡所有人所有。其余规则亦与动产附合的规则相同。

（四）加工

所谓加工，是指在他人动产上劳作，使其成为新物的法律事实。加工的法律要件有三：①加工的标的物须为动产，在他人不动产上劳作的，不构成加工，劳作人可依不当得利等规定要求赔偿；②加工的动产须为他人所有，对自己之物进行加工，自然不发生所有权的变动问题；③加工须形成新物，而是否形成新物，应依一般的交易观念加以确定，如将布料制成衣服或者将玉石雕刻成工艺品等都应属于加工。

关于加工物的所有权归属，有两种主要的立法例：

1. 材料主义，即规定加工物所有权归属于原材料所有权人。不过，此种立法例通常还设有例外条款，规定当加工增值部分超过原材料价值的，加工物归加工人所有。法国、日本和我国台湾地区采此立法例。材料主义与晚近以来的资本主义生产方式相吻合。

2. 生产主义，即规定加工物归从事加工之人所有。德国民法采此种生产主义的立法例。不过，根据德国法的规定，加工人取得所有权的前提是劳动的价值不明显少于材料的价值。

实际上，通过“原则”和“例外”的技术，两种看似相互对立的立法例之间并不存在很大的差别。我国将来在就此问题作出立法时，可就上述两种立法例择一而行。

另外，无论由加工人取得所有权，还是由材料所有人取得所有权，都存在通过债法上的手段寻求利益平衡的问题——受损的一方可依不当得利等规定寻求补偿。

五、善意取得

（一）概念

所谓善意取得，是指出让人与受让人间，以转移标的物所有权为目的而为不动产的移转登记或者动产的交付，即便出让人无转移所有权的权利，在受让人为善意时仍可由其取得标的物所有权的制度。

例如，甲将其笔记本电脑出借给乙而由后者占有之，乙恶意将该电脑出售给不知情的丙，并向其交付，甲知晓后以所有人身份向丙要求返还。在此例中，乙与丙之间实施的处分行为显然属于无权处分，本应属效力待定的行为，丙不能因此处分行为而当然地获得标的物所有权；根据《合同法》第51条的规定，只有在甲表示追认或者乙事后取得所有权的情况下，丙才能作为受让人取得电脑所有权。但是，由于丙的善意，再加上其已现实占有标的物的事实，法律认可其直接取得标的物的所有权，从而使甲丧失了所有权。此时，甲不得向丙提出任何权利主张，而仅能向借用人（无权处分人）主张不当得利等债法上的请求权。

（二）所有权保护与交易安全的立法权衡

非依自己的意思，所有权不发生移转，此乃所有权人意志自由的基本体现。这一观念转化为具体的法律规则就是有关无权处分的效力问题。任何人都不应处分他人之物，即便作此处分，处分行为也不能依意思表示的内容发生效力。无权处分行为属于效力待定的行为，也就是说，只有在事后获得处分权人的追认或者由处分人取得处分权，处分行为才能发生效力，否则该行为不能生效，从而使真实权利人的利益获得保护。

然而，在现实生活中，两种均应获得保护的价值发生冲突乃是常有之事。民法并非单一地保护某种价值，而是要妥善地进行利益平衡，通过构成要件等法律技术对现实状况加以分析评价，使特定情形下最应加以保护的价值获得妥当的保护。

无权处分行为不仅可能危及所有权人的利益，并因此与所有权的保护密切相关，而且它也与相对人的利益保护相关——善意相信处分人有处分权之人也应获得保护。如前所述，无论是动产物权，还是不动产物权，均有相应的权利公示手段。前者以占有为公示手段，而后者则以权利登记为公示手段。然而，经由公示所对外表现的权利表征未必与真实的权利归属相吻合。例如，动产所有人将标的物借给他人使用而由后者直接占有的，对无从了解此种借用关系存在的第三人而言，他显然有理由认为直接占有标的物的借用人就是物的所有人；又如，由于登记机关的过失或者登记申请人的错误，归甲所有的房屋可能会被登记在乙的名下，那么，对于受让该房屋所有权的第三人丙而言，他当然有理由信赖房屋登记机构的登记记载，他们据此而开展的交易有理由受到法律保护。善意地信赖权利外观而进行交易的第三人的利益显然不应被完全忽略，否则交易的安全势必会受到严重的威胁。

于是，我们看到了在无权处分情形下两项价值的明显冲突：对所有权保护与对交易安全保护的冲突。如果过度维护所有权的静态安全，则交易安全无法得到保障，人们将不敢放手进行交易，或者须在交易之前为权属调查等付出大量交易成本；相反，如果过度强调交易环节的动态安全，则所有权保护这一基本价值会被严重损害。民法需要在此两项相冲突的价值中寻求一种平衡方法，使其能够合理地兼顾。善意取得制度正是为此目的而创设的。

（三）构成要件

只有具备法律所规定的各项构成要件，受让人才能依善意取得之规定获得标的物所有权。这些构成要件包括以下几个：

1. 标的物为动产或者不动产。在传统民法理论上，通常区分动产与不动产而确立不同的由非所有权人处取得所有权的制度：在不动产，依据不动产登记的公信力，由善意的受让人因登记而取得所有权；在动产，则依对占有的信赖和物的交付，而由善意的受让人取得所有权。狭义上的善意取得，通常仅指动产的善意取得而言，不包括不动产在内。我国《物权法》第106条将不动产登记的公信力取得与动产的善意取得规定在一个条款之中，从而使得对不动产与动产均可适用善意取得。

2. 出让人须为动产的占有人或者不动产的名义权利人。因受让人系因善意受让，所以要求其必须有可资信赖的权利外观。此权利外观因动产与不动产的不同而有所差异：动产所有权以占有表现；不动产所有权以登记为公示手段。如果缺乏基本的权利外观，自无受让人的善意可言。因此，就动产的善意取得而言，出让人必须是标的物的占有人；而对不动产的善意取得而言，出让人必须是登记簿上记载的权利人。

3. 须出让人与受让人有转移所有权的合意。善意取得制度作用的对象乃是出让人与受让人之间实施的以转移标的物所有权为目的的物权法律行为。如出让人具备处分权而且符合法律行为其他方面的生效要件，则该物权行为直接依意思表示的内容发生所有权变动的效果，在此情形下，受让人的所有权取得属于继受取得。

善意取得制度是对无权处分行为效力的弥补，它以处分行为的存在为前提。而且，此处分行为系双方法律行为，即当事人之间存在移转标的物所有权的合意。如不存在当事人之间以变动物权为内容的双方法律行为，则无善意取得的适用，例如，甲死亡，其法定继承人乙误认为甲借自丙的A物为甲所有而对其占有，此时并不发生善意取得的问题。

无权处分行为的效力与善意取得制度的关系可归纳如下：根据《合同法》第51条的规定，无权处分行为效力待定，须经处分权人追认或者由处分人事后取得处分权，处分行为才能发生效力；不过，无权处分行为即便未经追认或者处分人事后未取得处分权，只要其符合《物权法》第106条所规定的善意取得的各项要件，则受让人仍可直接取得标的物的所有权。因此，可以说，善意取得是无权处分行为效力待定这一原则的例外规定，即：属于无权处分行为并同时符合善意取得其他要件的，受让人直接取得所有权；属于无权处分行为但不符合善意取得要件的（如受让人非为善意，或受让人无偿取得动产占有等），仍属效力待定的行为，受让人是否取得所有权须取决于处分权人是否追认或者处分人是否事后取得所有权。

关于《物权法》第106条所称“无处分权人将不动产或者动产转让给受让人”（或者该要件中所称“转移所有权的合意”）究竟指何种法律行为的问题，存在不同的观点。在负担行为与处分行为相分离的立法例下（如德国法、我国台湾地区“民法”等），善意取得制度所弥补的并非出卖他人之物的买卖合同的效力缺陷，因为作为负担行为，该买卖合同本身就是有效的，出卖人欠缺处分权这一点并不影响买卖合同产生债的效力，即在买卖当事人之间产生如下效力：出卖人有权请求买受人支付价款，而买受人有权请求出卖人交付标的物并转移其所有权。在此种立法例下，处分权的缺失通常影响的是抽象的处分行为的效力，即在当事人之间转移标的物所有权之物权行为的效力，而善意取得恰恰起到了弥补处分权缺失的功能，从而使原本应属效力待定的无权处分行为确定地发生所有权转移的效果。在我国，不少学者支持处分行为（物权行为）与负担行为（债权行为）的区分，并进而将善意取得视为系对无处分权而转移所有权的物权契约的效力补充。不过，在前述《买卖合同解释》第3条出台之前，这种观点并未成为主流学术观点，更远未为司法实践所认同。实际上，根据先前主流的观点，无论是《物权法》第106条的规定，还是《合同法》第51条的规定，都不以负担行为与处分行为的区分为前提，其因“处分”或者“转让”标的物而订立的合同都被简单地认同为买卖合同、赠与合同等，而非处分行为意义上的“物权合同”。于是，按照这种解释，非所有权人未经授权出卖他人之物的，买卖合同本身即属于无权处分的行为，故善意取得制度所弥补的就是该买卖合同的效力缺陷。也正是因为无权处分行为往往被界定为买卖合同，故《物权法》第106条所设置的善意取得的要件中也包括了“以合理的价格转让”这样的条件。

本书作者认为，区分处分行为与负担行为，并将善意取得作为“处分行为”意义上的对无权处分的效力弥补制度，能够更好地体现民法的精神，而且其法律技术也明显地更优，因此应将《物权法》第106条中的“转让”界定为物权合同，而非产生债之效果的买卖合同。《买卖合同解释》第3条事实上承认了出卖他人之物合同的效力，因此，在善意取得环境之下，出卖他人之物合同的效力当然亦可得到承认。[1]

---

〔1〕可以认为，在《物权法》的立法进程中就曾经出现过此种倾向。2005年7月8日全国人大常委会办公厅公布的《中华人民共和国物权法（草案）》（“征求意见稿”）第110条相当于最终通过的《物权法》第106条。比较两个条文，可以发现，在“征求意见稿”第110条所列的善意取得要件中包括了第4项条件，即“转让行为有效”。既然需要运用善意取得制度，在逻辑上，这里的“转让行为有效”所指的一定不是所有权转移行为的效力，而只能是买卖合同等债权合同（负担行为）的效力。不过，最终出台的《物权法》删除了该项条件。关于善意取得环境下买卖合同的效力问题，本书作者曾撰文加以分析，建议采合同有效论，可参见刘家安：“善意取得情形下买卖合同的效力”，载《法学》2009年第5期。

4. 出让人须是无处分权人。所谓无处分权人，是指非所有权人或者在法律上欠缺处分权的其他人。一方面，非所有权人有时也有处分权，如经授权对标的物进行处分的代理人、行纪人等，故此类人实施的处分行为并非无权处分，无善意取得适用的余地；另一方面，在特定情形下，所有权人也可能暂时丧失处分权，例如，当债务人的财产被法院查封后，债务人即失去了对被查封财产的自由处分权。

若处分人具有处分权，则处分行为可直接发生效力，而无须善意取得制度的作用。

5. 所有权移转需要登记的，已完成登记；无须登记的，受让人已取得占有。不动产所有权的变动，须以登记为要件，如登记未完成，则不发生所有权变动的结果。有权处分行为尚且要求登记，无权处分行为要发生物权变动的效果，即便有善意来弥补无处分权的缺陷，移转登记当然也不可或缺。

动产所有权的变动，原则上无须登记，但须由出让人将标的物的占有移转于受让人，即须完成交付。交付可以是现实交付，至于简易交付、占有改定及返还请求权之让与等观念交付是否可包括在内，学理上存在一定的争论，而我国法律尚未就此作出规定。本书作者认为，《物权法》第106条所规定的交付，除现实交付外，原则上也应包括几种观念交付在内。例如，甲出借其电脑于乙，乙转借于丙，其后，乙声称该电脑为其所有，并出卖于丙，此时，若丙为善意，则可依简易交付取得所有权。又如，甲将自己的乐器一件出借于乙，乙擅自将其卖于善意的丙，并称自己还须参加演出，而与丙订立租赁合同，从而使后者取得了对乐器间接占有，只要丙在订立租赁合同之时仍属善意，则其可依此占有改定取得标的物所有权。

如果无权处分之动产尚未交付，或者无权处分的不动产尚未完成转移登记，则即便在订立相关合同时受让人系出于善意，他仍尚未取得标的物所有权。如果此时处分权人发现了无权处分的事实，则其可依其对物的所有权向无权处分人或者不动产的其他占有人要求原物的返还。受让人此时不得以其善意对抗处分权人，而只能向无权处分人主张损害赔偿。

6. 受让人须为善意。所有权的善意取得，须以受让人的“善意”为要件，以受让人的善意弥补让与人处分权的欠缺。善意取得制度的功能在于保护善意的受让人，因此出让人是否出于善意则在所不问。

所谓受让人的善意，是指受让人在受让所有权时不知出让人无处分权的事实。具体而言，对于受让人“善意”的认定，需注意以下几个方面：

（1）应区分动产与不动产而为判断。就动产而言，信赖出让人之占有可以作为善意的基础；而对于不动产而言，则不能依据对不动产的占有状态主张善意，因为不动产以登记而非占有为公示手段，只有受让人信赖不动产登记簿上的权利记载时，其善意才能成立。例如，甲将其所有的房屋出租给乙，乙伪称自己为房屋所有权人而将其出卖给丙，并将房屋的占有转移给后者，此时，丙不得以自己信赖出让人乙对房屋的占有为由主张善意取得。

（2）“善意”究竟仅指受让人事实上不知出让人无处分权，还是尚须以受让人的无过失为必要？关于此问题，存在不同见解：一种观点认为，善意取得制度既然以保护受让人为其立法宗旨，则仅须受让人事实上不知出让人无处分权即可，至于受让人对此不知是否有过失则非所问；另一种观点则认为，善意取得制度需要在对所有权的静态保护（真实权利人的利益保护）与对交易安全的动态保护（受让人的利益保护）之间很好地寻求平衡，因此，“善意”不仅要求受让人事实上不知出让人无处分权，而且还应要求其对此不知应无过失。本书作者认为，第二种意见更为合理，而且也更符合我国法律的精神。《物权法》第106条虽然仅仅规定了受让人的“善意”，而未进一步明确此善意的认定标准，但我国法律往往在界定非善意状态时使用“知道或者应当知道”的表述，[1]从而可将善意解释为“不知道且不得而知”，即无过失地不知道。为强化对受让人的保护，可将此处的过失界定为“重大过失”，于是在受让人明知或者因重大过失而不知出让人非所有人之时，可认定受让人非善意，从而不受善意取得制度的保护。如依客观情势，在交易经验上一般人都可认定出让人无处分权而受让人未辨明的，则可认为受让人因“重大过失”而不知。

（3）在依现有证据不能证明受让人为善意或者恶意时，应采用善意推定的规则，即由主张受让人非善意者负举证责任。这是因为，占有的事实具有权利推定的效力，而根据法理，在无权占有的情形下，应首先将占有推定为善意占有。

（4）善意的判断时点应为取得行为完成之时。在动产善意取得，通常为现实交付之时；如为简易交付，则在当事人达成转移所有权的合意之时；如为占有改定，则在当事人之间达成占有改定协议之时；如为指示交付，则为当事人之间达成让与返还请求权协议之时。在不动产善意取得，善意的判断时点应为完成登记之时。受让人先前为善意，而在交付或者完成登记之时转化为恶意的，以恶意论，不适用善意取得的规定。

7. 受让人须以合理的价格有偿受让。在传统民法上，动产善意取得制度不要求以有偿性为其要件，只要受让人为善意，即便系无偿，也能取得标的物所有权。不过，受让人无偿取得而导致原所有人丧失所有权，在二者之间会产生利益

---

〔1〕例如《物权法》第108条，《合同法》第151、158、370条等。

失衡状态，需要利用债法上的不当得利等制度加以调整，其法律原理与上文中关于添附的所有权原始取得效果须以债法上的手段加以平衡一致。

我国《物权法》简化了相关规则，直接将有偿性规定为善意取得的要件。根据该法第106条的规定，只有在标的物“以合理的价格转让”时，受让人才能依善意取得制度取得所有权。也就是说，受让人只有在支付合理对价的情形下才可主张善意取得。这就意味着，在受让人因受赠而取得动产的占有或者不动产的登记时，并不发生善意取得的问题，原权利人可依其所有权直接要求受让人返还原物。至于何为“合理的价格”，则须以一般人所具备的交易经验为判断。另外，价格的不合理通常也是认定受让人非善意的一个重要判断标准。

（四）善意取得的法律效果

无权处分行为符合上述构成要件的，发生善意取得的效果。具体而言，在我国物权法上，善意取得的法律效果包括以下几个方面：

1. 受让人取得标的物所有权。我国法律将有偿性设置为善意取得的构成要件，而且依法律规定而善意取得也构成了财产取得的合法原因，因此，受让人之取得标的物所有权具有终局性，原所有人不仅不得再主张任何物上请求权，而且也不得向受让人主张不当得利的返还。

当标的物为遗失物时，存在例外的法律效果。遗失物的拾得人不因拾得而获得遗失物的处分权，故其未经失主同意而转让遗失物的行为，属于典型的无权处分。不过，与出借、出租等情形不同，失主并非依据自己的意愿而将其标的物的占有转移给无权处分人，因此，相对于借用物、租赁物等的无权处分而言，遗失物的善意取得规则应相对倾向于保护原所有人。

根据《物权法》第107条的规定，遗失物通过转让被他人占有的，即便符合该法第106条所规定的三项条件，受让人也不能确定地、终局性地获得遗失物的所有权。遗失人可以自知道或者应当知道受让人之日起2年内向受让人请求返还原物，对于遗失人的此项返还请求权，受让人不得以善意对抗之。此2年期间届满而遗失人未提出原物返还的，善意受让人可确定地取得遗失物的所有权。

但是，如果受让人系通过拍卖或者向具有经营资格的经营者购得该遗失物，则此种情形下的受让人也应获得相当程度的保护。如果一味地维护所有人的利益而允许其无条件地向受让人要求返还其物，则人们即便在公开市场上善意地进行交易都可能遭受严重损失。鉴于此，《物权法》针对此种情形又强化了对受让人的特别保护——善意受让人尽管仍不能确定地取得遗失物的所有权，但所有权人等权利人在向其请求返还原物时应当支付其在受让标的物时所付的费用。举例来说，如果甲遗失的价值约8000元的笔记本电脑为乙所拾得，乙委托一经营二手电脑的商店代售，丙在该商店以7000元购得该电脑，则甲有权在知道电脑为丙所购得之日起2年内请求后者返还，而丙有权要求甲偿付自己所付出的7000元价款，如此可保障善意受让人丙不遭受经济上的损失。

另外，《物权法》未对盗赃物是否适用善意取得的问题作出明确规定。根据许多国家的民法，在善意取得方面，盗赃物与遗失物适用相同的规则。然而，《物权法》第107条仅明确地对遗失物的善意取得作出了特别规定。这是否意味着，只有针对遗失物才应适用第107条的特别规定，而盗赃物仍适用第106条关于善意取得的一般规定呢？答案显然是否定的。这是因为，在立法政策判断上，盗赃物善意取得的条件不应比遗失物善意取得的条件更为宽松，既然第107条仅将遗失物列为适用特殊善意取得规则之物，则目前唯一符合立法本意的解释似乎只能是：盗赃物完全不适用善意取得制度。这一结论与当前在公安、检察实践中对盗赃物"一追到底"的做法是相吻合的。[1]

不过，在本书作者看来，这一立场未必合理：明知系赃物而购买甚至可能会构成刑事犯罪，但对于善意受让盗赃物之人而言，他所具有的善意当然也就排除了其行为的不法性，此时完全将其排除在善意取得的规则之外从而使其承担交易的风险是不合理的，因此应该对盗赃物适用与遗失物相同的善意取得规则。

2. 受让人善意取得所有权的，标的物上原有的权利负担原则上也应发生消灭。《物权法》第108条规定："善意受让人取得动产后，该动产上的原有权利消灭，但善意受让人在受让时知道或者应当知道该权利的除外。"该条所称"该

---

〔1〕《刑法》第63条规定，"犯罪分子违法所得的一切财物，应当予以追缴或者责令退赔；对被害人的合法财产，应当及时返还；违禁品和供犯罪所用的本人财物，应当予以没收。没收的财物和罚金，一律上缴国库，不得挪用和自行处理"。该条未考虑善意取得问题，许多司法机关也据此对犯罪行为所涉及的赃物实行无限追及。不过，司法解释也有限地承认了赃物的善意取得。例如，1998年5月8日最高人民法院、最高人民检察院、公安部、国家工商行政管理局颁布的《关于依法查处盗窃、抢劫机动车案件的规定》第12条规定："对明知是赃车而购买的，应将车辆无偿追缴；对违反国家规定购买车辆，经查证是赃车的，公安机关可以根据《刑事诉讼法》第110条和第114条规定进行追缴和扣押。对不明知是赃车而购买的，结案后予以退还买主。"该解释中关于"退还买主"的规定实际上承认了善意取得。又如，最高人民法院、最高人民检察院2011年《关于审理诈骗案件具体应用法律若干问题的解释》第10条规定："行为人已将诈骗财物用于清偿债务或者转让给他人，具有下列情形之一的，应当依法追缴：①对方明知是诈骗财物而收取的；②对方无偿取得诈骗财物的；③对方以明显低于市场的价格取得诈骗财物的；④对方取得诈骗财物系源于非法债务或者违法犯罪活动的。他人善意取得诈骗财物的，不予追缴。"该解释也明确承认了诈骗犯罪所涉赃物的善意取得。

动产上的原有权利”，指的是在无权处分动产前，在标的物上已经存在的所有权以外的他物权，如质权等。

通说认为，善意取得在性质上属于原始取得，因此受让人无须像继受取得人那样，在因出让人的意思获得所有权的同时，也须承受标的物上原有的权利负担。原始取得是一种无负担的取得，因该所有权取得的效果，不仅原所有人的所有权消灭，而且他人在物上的其他权利也将消灭。举例来说，甲因向乙借款，将其所有的A物出质于乙，乙将A物交丙保管，而丙将该物出售给了善意的丁，并完成了交付；此时丁可依善意取得之规定取得A物的所有权，前所有人甲的所有权消灭；同时，由于丁同样不了解A物上有乙的质权，因此乙的质权也消灭。

当然，基于与善意取得所有权相同的立法政策考虑，如果受让人在受让时知道或者应当知道标的物上存在他人权利的，则该权利不发生消灭。这就意味着，该他物权的权利人仍可在现已转归善意受让人所有的标的物上行使自己的物权。

《物权法》第108条仅对动产上的权利负担作出了规定，而该法确立的善意取得制度同时针对动产和不动产，因此还须考虑善意取得不动产时标的物上的权利负担问题。本书作者认为，因登记的公信力与受让人的善意而取得不动产时，不动产登记簿上记载的、在法律上有效的其他权利原则上应不受影响，因为受让人不能主张对这些经登记公示的权利不知情。例如，甲生前拥有一套房产的所有权，甲因向乙借款而将该房屋抵押给乙，并办理了抵押登记；后甲死亡，根据甲所立遗嘱，该房屋由其幼子丙继承；甲之长子丁篡改遗嘱，并在办理继承公证后将房屋过户到自己名下；后丁将该房屋出售于善意的戊，并办理了过户登记。对于该例，可作如下分析：①在丁处分该房屋时，尽管登记簿上记载其为所有人，但此为其篡改遗嘱的结果，真实的权利人应为丙，故丁的行为构成无权处分；②戊为善意，可依据《物权法》第106条的规定取得房屋的所有权；③乙的抵押权已经明确地记载在房屋登记簿上，戊没有理由主张自己“善意不知”，故该抵押权应继续存在于房屋之上，如果乙的债权未得到清偿，则乙仍可对该房屋行使抵押权。

3. 因受让人的善意取得而丧失权利的原所有人可以向出让人主张权利。善意受让人取得所有权，必然意味着前所有人丧失所有权，此乃所有权排他性的要求。在导致受让人善意取得的交易环境中，原所有人往往也是一个无辜的受害者，因此法律应为其所有权的丧失提供救济：因所有权的丧失系由于无权处分人的转让行为所致，故原所有人可以向无权处分人主张利益返还或者损害赔偿等权利。

根据情形的不同，原所有人可以向出让人主张的权利包括：①如在双方当事人之间存在合同关系，如借用、保管等合同关系，则因出让人的无权处分导致受让人取得所有权，从而也就使合同债务人陷入履行不能（如借用人无法返还借用物），此时原所有人可向对方主张违约的损害赔偿；②出让人的无权处分损害了原所有人的所有权，如出让人有过失，[1] 则原所有人可主张侵权的损害赔偿；③对于出让人因转让标的物而获得的对价，原权利人可提出不当得利的返还。上述三种权利可能发生竞合，原所有人可任意选择其一行使。

六、时效取得

所谓时效，指的是一定事实状态在持续一定期间后即可发生一定法律效果的制度。在民法上，时效可分为消灭时效和取得时效。消灭时效，也称“诉讼时效”，为我国民法所承认。所谓取得时效，也称“占有时效”，是指占有他人之物持续达法定期间而取得其所有权的制度。依占有时效而取得他人之物的所有权，此项制度为各国法律所普遍承认，而我国法律（包括新近颁布的《物权法》）迄今仍未对此种所有权取得方式作出规定。

各国法律之所以普遍规定时效制度，其基本的立法理由是：一定的事实关系，即便与法律上的权利归属状况不符，如因长期存在而形成一种秩序，并已引起社会公众或者相关利害关系人的信赖，则强行打破此种长期形成的秩序而回归抽象的权利归属，恐怕会造成不安与混乱。就取得时效而言，占有他人之物的事实固然不能直接改变所有权的归属状况，但如果此种占有状态长期持续，而所有权人的确也长期消极地不行使权利从而来打断此种占有，则不仅社会公众或者相关交易当事人可能会对占有人享有所有权这一点产生信赖，而且甚至连占有人本人——即便他是恶意的占有人——也会因为这一占有状态的长期持续而产生原所有人已默许自己成为所有人的信赖。取得时效制度的基本功能就在于保护此种信赖。

尽管我国法律至今仍未承认取得时效，但反对确立时效取得制度的理由（例如，强调我国社会主义公有制的特殊性等）似乎并不充分。我们有理由认为，我国未来立法可能会对时效取得制度作出规定。

对他人之物的持续占有是时效取得的基础，而此占有行为在性质上属于事实行为，而非法律行为，因此，时效取得不以行为人有行为能力为前提。关于各国法律上所规定的时效取得的构成要件，尽管有一定的共性，但也存在着一些具体的差异。一般而言，时效取得须具备以下几个要件：

1. 标的物为他人所有的动产或者未登记的不动产。动产和不动产均可成为

---

〔1〕无权处分人未必都具有可归责性。当事人尽管在法律上欠缺处分权，但其主观上可能会误认为自己享有物的处分权，例如，拾得他人遗失之物的人或许有理由相信此物为他人抛弃之物，并误认为自己已经因先占取得了所有权。

时效取得的对象。不过，已登记的不动产原则上不可因取得时效而取得所有权，因为此种不动产秩序应依登记状况加以识别。时效取得是占有人取得所有权的方法，因此当然要求标的物原本应属于他人所有。

2．须为以所有的意思为占有。占有他人之物乃十分常见的情形，用益物权人、承租人、借用人等都普遍直接占有他人之物，但在多数情形下，占有人的占有并非自主占有，而是他主占有，即占有人有为他人占有的意思。他主占有以承认他人为所有人为前提，故无论占有时间多长均不会创造出一种不同于权利归属的秩序。因此时效取得要求占有人必须有所有的意思。

非所有人以所有的意思占有他人之物，存在两种情形：占有人可能明知自己并非所有人，也可能善意地相信自己享有所有权。前者为恶意的占有，而后者为善意的占有。相对而言，善意占有更值得保护。但考虑到取得时效制度的主要功能并非对善意的占有人加以保护，而是要维护一种长期形成的秩序，因此许多国家的立法都规定，即便是恶意占有也可适用时效取得，因为恶意占有人的长期占有也可形成一种稳定的秩序。不过，依恶意占有取得所有权往往要求比善意占有更长的占有期间。

3．须为和平占有。所谓和平占有，是指占有人非以强暴、胁迫的方式取得占有或者维持占有。以暴力维持的占有，并非一种“自生秩序”，其占有状态即便长期持续，也不应获得法律的保护，故作为时效取得基础的占有须为和平占有。通过暴力方式取得占有的，如对占有的维持系以和平方式进行的，则自暴力结束之时起，为和平占有。相反，取得占有为和平而维持此占有采取暴力手段的，和平占有即转化为暴力占有，不适用时效取得。

4．须为公然占有。所谓公然占有，是指占有人非以隐藏秘密的方法为占有。占有是否为公然，须依一般的社会观念来加以认定。一般而言，只要不存在故意使他人不知晓自己占有事实的情形，均属公然占有。例如，在拾得珠宝后公开佩戴即为公然占有，而将其藏入保险柜则为非公然占有。

时效取得系对一种长期形成的公开秩序的确认，如果对他人之物的占有本身处在隐秘的状态，则当然不符合时效取得的要件，占有人即便占有达法定期间仍不能取得占有物的所有权。

5．须占有持续法定的期间。占有状态须持续达相当时间后，才能产生时效取得的效果。一般而言，不动产的取得时效期间要比动产的取得时效期间要长。例如，依据我国台湾地区“民法”的规定，动产不分善意占有和恶意占有，其取得时效期间为5年。而在不动产，占有之始为善意并无过失的，其期间为10年；占有之始非善意，或者虽善意而有过失的，其期间为20年。

取得时效完成后，占有人即取得标的物的所有权。该所有权取得的效果不具有溯及力，不溯及至取得占有之时发生。在性质上，时效取得为原始取得，原存在于该物上的权利均归于消灭。

第四节 相邻关系

一、相邻关系的概念与规范方式

所谓不动产相邻关系，指的是法律为调和相邻不动产的利用，而在其所有人或者其他权利人之间所设定的权利义务关系。

不动产，由于其位置上的相邻，经常会产生利用上的问题。如果各不动产的权利人均依其权利的内容自由地对其标的物加以使用、收益、处分，并排除他人干预，那么极可能会在多个不动产权利人之间发生冲突，而且，在当事人无法通过协商加以解决的情况下，此种不动产利用方面的冲突也将无法得到协调。而如果这一冲突问题不由法律加以解决，则不动产难以得到充分的利用，相关权利人的权利无法得到实现，且社会利益也可能因此遭受损失。

因此，有必要由法律在相邻不动产的权利人之间设定法定的权利义务。一方面使某些权利人的权利得到必要的扩张，以实现其权利的内容；另一方面则限制某些权利人依法本可享有的权利，以避免对邻人的权利造成严重损害。

为达到相邻不动产权利人之间的利益平衡，并充分发挥物的效用，民法以下列几种方式予以介入，从而形成了法定的不动产相邻关系：

1. 规定不动产权利人不得为一定行为。例如，《物权法》第 90 条规定："不动产权利人不得违反国家规定弃置固体废物，排放大气污染物、水污染物、噪声、光、电磁波辐射等有害物质。"该法在第 86 条第 2 款中规定："……对自然流水的排放，应当尊重自然流向。"这就意味着，即便是对流经自己土地的水流，权利人也不得有任意设置围堰阻断流水等行为。

2. 规定不动产权利人从事一定行为时，应避免对相邻不动产造成危害。例如，《物权法》第 91 条规定："不动产权利人挖掘土地、建造建筑物、铺设管线以及安装设备等，不得危及相邻不动产的安全。"

3. 规定不动产权利人可在用水、排水、通行、铺设管线等方面利用相邻不动产，但应尽量避免对相邻的不动产权利人造成损害；造成损害的，应当给予赔偿。《物权法》第 92 条规定了这一规则。

需注意的是，相邻关系上所产生的义务，通常都表现为容忍义务，以不作为为其表现。一般来说，相邻关系并不使不动产权利人承受向邻地权利人负有积极作为的义务。例如，就以邻地通行为内容的相邻关系而言，它仅意味着邻地权利人不得以所有权的维护为由阻止对方在自己的土地上通行，而不包括采取积极行动为对方创造通行条件（如修建道路等）的义务。

二、相邻关系的法律性质与原则

（一）法律性质

相邻关系涉及相邻不动产权利人之间的权利义务关系。尽管在学理上人们常常使用“相邻权”来称相关当事人因不动产相邻而对邻人拥有的权利，但是，相邻权并非一种独立的权利，相邻关系中所包含的权利内容只是不动产权利的必要限制或者扩张。

在物权法上，与相邻关系在内容上看似十分接近的一项权利是地役权。实际上，二者之间存在着本质的区别：其一，在发生机制上，地役权是当事人之间通过订立地役权合同，以意定的方式设定的，充分体现了当事人双方的意思自治，而相邻关系则是由法律直接规定的，无须以当事人的合意为基础；其二，地役权只有经过登记，才能产生对抗第三人的效力，而相邻关系由于并非独立的权利，当然也不存在登记的问题，但作为法定的不动产权利义务关系，其仍具有对抗第三人的效力。

关于相邻关系方面的规范究竟是强行规范还是任意规范的问题，民法理论上有一定的争议。持强行规范说的人认为，不动产相邻关系的规范目的，不仅在于协调具体个人之间的利害关系，而且还反映促进物之利用的社会整体利益，因此，不能由当事人任意以特别约定加以排除。本书作者认为，相邻关系尽管具有促进物尽其用的立法目的，但其实际调整的不动产利用关系原则上仍局限于特定的私人之间，因此，私主体的意思自治在此领域内仍应获得承认。例如，按照相邻关系的规则，营造新建筑物，不得影响相邻建筑物的通风、采光和日照等方面的利益，但是，如果营造人与受影响之人达成合意，由前者给予后者以充分的经济上的补偿，则没有理由仍不允许当事人从事营造行为。在本书作者看来，尽管相邻关系规范属于法定规范，但它们仍具有民事规范的一般属性，即任意性规范的属性。

当然，如果某不动产相邻关系同时也构成了某公法关系调整的对象，则依后者的属性，它也会表现出强制性。例如，《物权法》第90条系有关相邻关系上禁止违法弃置、排放污染物的规定，而有关大气污染、水污染、噪声污染方面的环保法规即具有公法的色彩，不得以特定当事人之间的特别约定完全排除其适用。这或许是因为，污染物的排放，其实际影响范围并不限于邻近的不动产（甚至会影响臭氧层），故不得由特定当事人以特别约定排除此类公法的适用。

传统上，相邻关系主要指的是相邻土地所有权人之间的权利义务关系，但是，在我国，由于实行土地公有制，而相邻关系均表现为不动产具体利用方面的权利义务关系，因此，我国法律上的相邻关系尽管也表现为相邻不动产所有人的关系（如住宅所有人之间的关系），但往往更多地表现为承包经营权人、建设用地使用权人等具体利用土地之人之间的关系。鉴于此，我国《物权法》对相邻关系的主体采用了“不动产权利人”这样的表述。

（二）相邻关系的原则

如前所述，相邻关系由法律直接界定调整，而非由当事人通过法律行为自行设计。相邻关系涉及不动产的具体利用，为兼顾私权的保护与“物尽其用”的立法精神，其法律规制十分复杂。例如，不动产权利人不应任意制造噪音而影响邻人的利益，但是，当这种噪音被控制在合理范围内时（如初学小提琴者于上午10时在家中练习小提琴），邻人有容忍的义务。这就产生了一个法律问题，即邻人容忍的限度应如何认定。对此类问题不太可能通过由法律一一作出明确规定的方式加以解决，更为可行的做法是，确定一些调整相邻关系的基本原则，然后在个案中由法官据此作出裁判。

鉴于此，《民法通则》（第83条）与《物权法》（第84条）[1] 都规定了处理相邻关系的基本原则，具体包括以下几个方面的内容：

1. 有利生产。处理相邻关系须注重效率，在造成最小损害和做出补偿的前提下，应尽量做到物尽其用。有关邻地通行、管线铺设、给水排水等相邻关系上的具体规范都体现了“物尽其用”的精神。

2. 方便生活。生活的便利是不动产权利人的重要利益，因此，不动产权利人不应以行使自己的权利为由，给邻人造成不便。例如，根据相邻关系的规范，建造建筑物，不得违反国家有关工程建设标准，妨碍相邻建筑物的通风、采光和日照，从而保障邻近建筑物权利人基本的居住条件。

3. 团结互助。不动产相邻关系涉及道德层面的问题，而我国传统文化主张邻里和睦，因此，处理相邻关系应尽量倡导团结互助的精神。这就意味着，在涉及不动产相邻关系的司法实践中，司法机构应着重运用调解等手段，尽可能化解当事人之间在不动产利用上的矛盾。

---

〔1〕《民法通则》第83条领土完整：“不动产的相邻各方，应当按照有利生产、方便生活、团结互助、公平合理的精神，正确处理截水、排水、通行、通风、采光等方面的相邻关系。给相邻方造成妨碍或者损失的，应当停止侵害，排除妨碍，赔偿损失。”《物权法》第84条规定：“不动产的相邻权利人应当按照有利生产、方便生活、团结互助、公平合理的原则，正确处理相邻关系。”

4. 公平合理。在权利的保护和限制方面应寻求一种平衡，只有这样，才能达致公平的结果。例如，由于土地坐落的自然情况，某土地的权利人甲只有穿过乙的土地才能进入自己的土地，此时，乙应允许甲通行，否则后者根本无法利用自己的土地；但是，甲的通行应尽量避免造成对乙的损害，如果势必要造成一定的损害，则应以造成损害最小的方式进行；而且，如果乙因甲的这种通行而遭受损害，则甲应使乙获得必要的补偿。

当然，过于原则化的规定也存在法的确定性方面的问题，有必要在不影响灵活性的前提下尽量明确有关不动产相邻关系方面的法律规则。相对于《民法通则》仅用一个条文规定相邻关系而言，《物权法》的规定则要细致了许多，这是值得肯定的。

另外，考虑到相邻关系的复杂性，《物权法》第85条还特别规定了地方习惯可以作为确定相邻关系的具体标准，从而使习惯也成了不动产相邻关系的法律渊源。

三、相邻关系的类型

不动产相邻关系相当复杂。尽管《物权法》已增加了规范相邻关系的条文，但它仍未能够涵盖所有应包括的类型。一般而言，不动产相邻关系包括以下基本类型：

（一）邻地的利用

1. 邻地通行。《物权法》第87条规定："不动产权利人对相邻权利人因通行等必须利用其土地的，应当提供必要的便利。"该条所称"因通行等必须利用"指的应该是这样一种情形：由于土地的坐落状况，其四周不通公路（民法理论形象地将此类土地称为"袋地"），或者存在虽可通过公共道路进入但对不动产权利人极为不便的情形（"准袋地"）。由于进入土地是对其加以利用的基本前提，因此，在前述情形，相邻土地权利人不得以排除妨害为由禁止通行。如果并不存在"袋地"或者"准袋地"的情形，而仅仅是为了方便（如穿行邻地能大大缩短进入自己不动产的时间），则不能成立相邻关系意义上法定的"通行权"。如欲取得通行的权利，须通过与需要被通行之土地的权利人订立以通行为内容的地役权合同。另外，在相邻关系上，不动产权利人的通行还须遵循两条基本规则：①应以对邻地造成最小损害的方式进行；②对因通行所造成的损害，应向邻地权利人支付补偿金。

2. 管线铺设。《物权法》第88条规定："不动产权利人因建造、修缮建筑物以及铺设电线、电缆、水管、暖气和燃气管线等必须利用相邻土地、建筑物的，该土地、建筑物的权利人应当提供必要的便利。"此条所指的"必须"应作如下解释：如不通过邻地，则根本无从铺设管线或者所需的花费将过巨以至于无法承受。同样，管线的铺设人也应遵循最小损害方式（例如，凡能在地下铺设的，就不应在地上铺设）及支付补偿金的规则。

3. 因建造原因的利用。因营造建筑物，有时需要对相邻土地加以一定利用，如临时堆放建筑材料等。《物权法》第 88 条肯定了因此目的而对邻地加以利用的权利。

（二）排水及用水关系

《物权法》第 86 条规定："不动产权利人应当为相邻权利人用水、排水提供必要的便利。对自然流水的利用，应当在不动产的相邻权利人之间合理分配。对自然流水的排放，应当尊重自然流向。"具体而言，此类型相邻关系应包括以下内容：

1. 自然排水。自然排水须尊重水流的自然流向，由高地自然流向低地的水流，低地权利人不得加以妨碍，如不得设堰阻挡等。如系自然淤塞，则低地权利人并不负有积极疏通的义务，但低地权利人应允许高地权利人以自己的费用予以疏通。

2. 人工排水。对于自然排水，邻地权利人有承受的义务，但对以人工的方式排水的，邻地权利人并不负有承受义务。例如，雨水本属自然之水，其依地势自然流向邻地的，邻地权利人有承受的义务。但是，如果土地权利人设置屋檐或者其他工作物而使雨水滴落或者注入邻地的，邻地权利人无承受的义务，而有权要求予以禁止。如为不动产利用的必要而不得不进行人工排水的，则排水必须以对邻地损害最小的方式进行，并对邻地权利人所受的损害做出补偿。

3. 用水关系。水源地、井、沟渠或者其他水流地的权利人，可以自由使用其土地上的水，但有特别习惯的，应遵从该习惯。由高地自然流向低地之水，如确为低地权利人所需，则高地权利人不得将水流截断。另外，如土地上无水源，或者虽有水源但其量不足时，应允许其取用邻地多余之水，但邻地权利人有权请求支付补偿金。

（三）建筑相邻关系

《物权法》第 89 条规定："建造建筑物，不得违反国家有关工程建设标准，妨碍相邻建筑物的通风、采光和日照。"就建筑物之所有人而言，获得适当的通风、光线和日照是其在不动产上的重要利益。如果邻近的土地权利人因建筑等原因严重影响其建筑物的通风、采光和日照，则其有权要求予以禁止。建筑物所有人的权利原本应仅局限于其所有的建筑物及其占用的土地之上，而该条规定的获得适当通风、采光和日照的权利将使其产生对邻近不动产权利人的约束，从而体现了所有权的扩张。

目前，我国有关部门制定了有关工程建设的标准，这些标准的目的之一就是要保障邻近建筑物必要的通风、采光和日照。因此，任何不动产权利人在建造建筑物时，均须遵循国家有关的工程建设标准。如建筑未达此标准，则相邻不动产权利人有权主张停止建造、拆除或者经济补偿。

当然，为充分利用稀缺的土地资源，建筑物所有人获得通风、采光和日照的权利也仅仅被局限在必要的限度内。如建筑物所有人需要获得更佳的居住条件，可以与邻近不动产权利人订立地役权合同，设立以通风、采光或者日照等为内容的地役权。

（四）固体污染物、气响等侵入的防止

《物权法》第90条规定："不动产权利人不得违反国家规定弃置固体废物，排放大气污染物、水污染物、噪声、光、电磁波辐射等有害物质。"固体废物、污水、噪声、电磁波辐射等对人的健康及生活品质会造成不利的影响，不动产权利人有权要求排除这些气响的侵入。

但是，如果气响等的侵入轻微，或依不动产的坐落情况等符合习惯的，则不动产权利人有容忍的义务。所谓轻微，是指未造成严重损害。例如邻居在白天演奏乐器发出声响。所谓依不动产坐落情况符合习惯的情形，典型的事例是，不动产位于高速公路之旁，故其权利人不得不容忍一定的噪声、废气等。

（五）邻地损害的防免

《物权法》第91条规定："不动产权利人挖掘土地、建造建筑物、铺设管线以及安装设备等，不得危及相邻不动产的安全。"在土地上施工可能会对相邻的不动产造成损害，例如，挖掘土地可能会造成邻近建筑物地基的动摇，从而危及其安全。不动产权利人在施工时，应注意避免对相邻不动产造成损害。因施工造成相邻不动产损害的，相邻不动产的权利人可请求施工人停止施工。

另外，如果建筑物或者其他工作物有倾倒的危险从而对邻近的不动产造成潜在的威胁，则不论该危险是由人为原因造成，还是由地震等自然原因造成，邻近不动产权利人都有权要求危险不动产的权利人通过加固或者拆除等方式消除此危险。

第五节 共　　有

一、共有的意义

共有，指两个以上的法律主体共同享有一物所有权的状态。

一人单独享有物的所有权，此乃社会生活的常态，也是所有权在法律上的基本形态。单独所有是对个人独立人格的肯定，所有人可根据其意志自由地支配其物，不受部族、家族等的约束。另外，单独所有既可以是一个自然人的所有，也可以是一个法人的所有。就社团法人而言，尽管法人是由多数自然人构成，但由于法人团体具有独立人格，故法人的财产属于法人单独所有，而非构成法人的成员共有。例如，有限责任公司作为法人拥有由股东出资和企业经营所形成之动产或者不动产的所有权，股东享有的权利是具有成员权性质的股权，在股东之间并不存在着对公司财产的共有问题。相反，合伙财产属于典型的共有财产，因为合伙本身不具有权利能力，不能独立地享有所有权，所谓合伙财产实际上是全体合伙人共有的财产。

但是，或者是基于当事人的意思，或者是由于法律调整社会生活的需要，有必要承认两个以上的人对同一个物按照份额或者不区分份额地享有所有权的状态。共有并非指一物之上存在两个以上的所有权，否则，其存在就与所有权的排他性相悖了。共有是两个以上的人分享一个所有权，系所有权在量上的分割。

共有系所有权的特殊形态，但数人共同享有一项物权的，并不仅局限于所有权。《物权法》第105条规定："两个以上单位、个人共同享有用益物权、担保物权的，参照本章规定。"该条所规定的权利共享，在学理上称之为"准共有"。

共有，依其是否可区分为独立的份额，可分为按份共有和共同共有。按份共有与共同共有的法律特征及其所适用的具体规则有相当大的差异，因此有必要分别予以探讨。

二、按份共有

（一）按份共有的意义

所谓按份共有，也称分别共有，指的是数人依其份额享有所有权的形态。《物权法》第94条所给出的界定是：按份共有人对共有的不动产或者动产按照其份额享有所有权。

按份共有，就主体而言，须为多数，即为两个以上的自然人、法人，而且该多数主体本身不能构成另一具有权利能力的法律主体（否则就成了后者的单独所有）；就客体而言，须为一物，《物权法》称其为"共有物"；就权利的内容而言，为按照份额享有物的应有部分。例如，自然人甲、乙、丙各出资50万元，共同购买一价值150万元的住宅，并各自取得对该住宅1/3的共有权。

按份共有不仅表现出了所有权主体的多数性及客体的同一性，而且其最显著的特征是各共有人按照其份额享有所有权。按份共有人对其份额有独立处分的能力，因此，此种共有形态具有强烈的个人主义色彩。

按份共有的发生，主要基于两种原因：①基于当事人的意思。如数人共同出资购买某房产，而按出资比例份额共享对房屋的所有权。②基于法律规定。如在动产附合的情形，大多数国家的法律均规定，附合物由附合前各动产所有权人按物的价值按份共有。其中，第一种原因属于当事人意思自治的结果，比较常见，而由法律直接规定按份共有的情况则较少见。

（二）共有份额

1．份额的意义。共有份额，也称应有部分，是指各共有人对其所有权在量上应享有的部分。份额的对象是所有权而非实物，也就是说，份额抽象地存在于共有物的任何部分，而非具体特定于其某个部分。例如，甲、乙二人对某一房屋各拥有50%的份额，意思指的是，二人各享有该房屋所有权的50%，而非指二人对该房屋的不同部分享有权利。

份额是对所有权在量上的分割，而非质上的分割。因此，按份共有人依其份额对共有物享有占有、使用、收益、处分等全面的权能。按份共有并不指向权能的分割（如由共有人甲享有占有、使用的权能，而由乙享有收益的权能等）。

2．份额的确定。各共有人在按份共有中所享有的份额比例，依该共有关系发生的原因而定。

基于当事人意思发生的按份共有，各共有人的共有份额依当事人的意思而定。《物权法》第104条规定："按份共有人对共有的不动产或者动产享有的份额，没有约定或者约定不明确的，按照出资额确定；不能确定出资额的，视为等额享有。"基于法律规定而直接发生的按份共有，则依法定的标准确定各共有人的应有份额。如依上述方法仍无法确定份额的，应推定各共有人均等地享有份额。

3．份额的处分。《物权法》第101条规定："按份共有人可以转让其享有的共有的不动产或者动产份额。其他共有人在同等条件下享有优先购买的权利。"由该条之规定可知：

（1）按份共有人可以自由地转让其共有份额，而无须征得其他共有人的同意。既已区分为各个共有人所享有，此共有份额自可受其所有人自由支配，包括将其转让。如共有人之间有相反的约定，各共有人固须遵守此约定，不过，此类约定应仅具有债的拘束力（即如若违反将对其他共有人承担违约责任），而不具有物权的效力，对第三人不发生效力。

（2）在共有人之一转让其份额时，其他共有人虽然无权表示反对，但却可依法主张同等条件下的优先购买权。法律设置此项优先购买权的目的在于简化共有关系，因为，若其他共有人行使此项权利，则可消灭共有关系（共有人为二人时），或者减少共有人的数目，从而减少因共有物的利用而可能引起的纷争。因优先购买权的存在，出让份额的共有人应及时将其与第三人的交易条件通知其他共有人。为避免出让人与第三人之间的共有份额出让合同长时间处于不确定状态，应对优先购买权的行使作如下解释：其他共有人决定行使优先购买权的，应在合理期间内以明确的方式加以表达；在合理期间内未作表示的，视为其放弃优先购买权。

问题是，如果因份额的出让人未履行通知义务等原因而使得其他共有人未行使此优先购买权，则份额的转让行为是否有效？受让人是否可取得该转让份额的权利？《物权法》未对此问题作出明确规定。在民法理论上，共有人优先购买权的效力存在两种情形：①此项优先购买权仅具有债的效力，而不具有物权的效力，也就是说，份额的出让人未通知其他共有人行使优先购买权的，其出让行为的效力并不受影响，受让人可确定地取得转让份额的权利；不过，因此丧失了行使优先受让权机会的其他共有人受有损失的，可以向出让人主张损害赔偿。②此项优先购买权直接发生对抗第三人的物权效力，于是，份额转让未通知其他共有人的，后者可以事后主张出让人与受让人之间的转让行为无效，并通过行使优先购买权取得所转让的份额。

本书作者认为，从我国以往的法律实践来看，应可认定此项优先购买权具有物权的效力，也就是说，如果份额出让未征询其他共有人是否优先购买，则其他共有人可于事后主张份额转让的无效。这一处理方式并不会严重影响受让份额之第三人的利益：转让的对象是共有的份额，而非共有物——既然受让的是共有份额，受让人当然知道尚有其他共有人的存在，从而他也应知道其他共有人在法律上享有优先购买权。在此种情形，并不存在份额善意取得的问题。

另外，共有份额转让时其他共有人行使优先购买权的，应如何订立份额的买卖合同？对此问题，存在两种见解：第一种观点认为，优先购买权具有形成权的性质，只要享有该权利的共有人向份额的出让人作出行使该权利的单方意思表示，份额的买卖合同即刻以“同等条件”在其与出让人之间订立；第二种观点认为，优先购买权在性质上属于请求权，不过，一旦共有人向出让人作出行使优先购买权的意思表示，受让人即有义务承诺出卖。实际上，这两种观点并无多少实际的差异。

按份共有人对其共有份额的处分，除可因买卖、赠与等转让外，还应包括以共有份额设置抵押。《担保法解释》第54条第1款规定：“按份共有人以其共有财产中享有的份额设定抵押的，抵押有效。”因抵押权的实现而需要对共有份额予以变价时，其他共有人仍应享有优先购买权。

（三）按份共有的内部效力

按份共有，在共有人之间发生以下内部的效力：

1. 各共有人依其享有的份额对共有物加以使用和收益。至于各共有人如何具体地利用共有物，则须在当事人间达成协议，例如，可按所持份额在各共有人之间具体分配占有、使用共有物的时间。问题是，在当事人就共有物的使用收益方法不能达成协议时，共有人能否诉请法院裁判？例如，甲、乙、丙三人按平等的份额共有一房屋，甲希望将房屋出租于丁，而乙丙二人表示不同意，那么，甲能否以租金合算为理由请求法院对此种共有物的利用方式予以支持？对此问题，学理上的通说采否定的见解，因为共有物的管理问题应由共有人共同决定，而且法院在此方面缺乏判决标准。另外，在共有人不能达成此协议从而影响共有物之利用时，可通过转让共有份额或者请求分割共有物的方式解决问题。

共有人未按其应有份额对共有物加以使用收益从而损害其他共有人利益的，后者可向前者主张不当得利、侵权损害赔偿等请求权。

2. 共有物的处分及重大修缮。依《物权法》第 97 条之规定，处分共有的不动产或者动产以及对共有的不动产或者动产作重大修缮的，应当经占份额 2/3 以上的按份共有人或者全体共同共有人同意，但共有人之间另有约定的除外。

在共有物的处分及重大修缮方面，需注意以下几个问题：

（1）我国《物权法》确立的是“多数决”的原则，即共有物的处分和修缮无须征得所有共有人的同意，而仅需占份额 2/3 以上的共有人同意即可。但是，在解释上，一方面，应将此“多数决”规则适用的“处分”局限于有偿的出让，而不应该包括以赠与为原因的出让，而且，少数共有人当然也有权要求按其所占份额分割有偿出让共有物所获得的价款；另一方面，因对共有物进行重大修缮而支出费用的，应由各共有人依其所占份额予以承担。

（2）如共有物的转让未获占份额 2/3 以上共有人的同意，则共有物的处分行为应属效力待定，须经至少占份额 2/3 以上共有人的同意才能发生效力。但是，如果受让人善意不知物为共有物，则其可依善意取得的规定取得标的物的所有权。

（3）2/3 多数的规定有利于共有物的流通和维护，但也带来了一定的问题，其中主要涉及持异议的、占份额不足 1/3 的少数共有人的保护问题。《物权法》对此未作出规定。本书作者认为，“多数决”取代全体共有人同意原则，不应以牺牲少数共有人的利益为代价。如少数共有人对于共有物的处分或者重大修缮持异议，应允许其即刻提出共有物的分割。若其提出共有物的分割，则必须首先进行分割，从而可以使少数共有人从共有关系中摆脱出来，而不必被迫接受其他共有人为自己确定的交易条件。

（4）《物权法》第 97 条的规范在性质上属于任意规范，可由共有人之间的特别约定予以排除。当事人既可约定共有物的处分和重大修缮须经全体共有人同意，从而维护每一个共有人的利益，同时也可降低“多数决”的标准（如约定处分或者重大修缮只需占份额 1/2 以上的共有人同意），从而便利物的利用与处分。

（5）《物权法》仅就共有物的处分和重大修缮作出了规定，而未明确规定共有物的简易修缮等行为应适用的规则。依法理，简易修缮（如疏通下水管道、更换破碎的门窗玻璃等），可由各共有人单独为之，不必专门征得其他共有人的同意。

3. 共有物的费用分担。根据《物权法》第 98 条之规定，对共有物的管理费用以及其他负担，有约定的，按照约定；没有约定或者约定不明确的，按份共有人按照其份额负担。

所谓管理费，是指为共有物的保存或者改良等所支出的费用。其他负担，是指共有物应负担的税费或者因共有物致他人损害所产生的损害赔偿等。此类费用如何分担，首先依当事人之间的合意确定；如当事人之间未达成此类合意，则各按份共有人应依其份额予以分担。

（四）按份共有的对外效力

1. 对第三人的物上请求权。《物权法》在“共有”一章中未明确规定各共有人对第三人如何主张物上请求权。依法理，共有人也是所有人，也应与单一所有权的所有人受同样的保护。

因此，各共有人都有权单独地或者共同地行使法律赋予所有人的权利，包括：对无权占有人要求占有的返还；对共有物造成妨害的，可以请求排除妨害；对于可能造成妨害的，可以请求消除危险。在行使上述权利时，各共有人均可以就共有物的全部提出主张。

2. 对第三人的债权或者债务。《物权法》第 102 条规定，因共有物产生的债权债务，在对外关系上，共有人享有连带债权、承担连带债务，但法律另有规定或者第三人知道共有人不具有连带债权债务关系的除外；在共有人内部关系上，除共有人另有约定外，按份共有人按照份额享有债权、承担债务。偿还债务超过自己应当承担份额的按份共有人，有权向其他共有人追偿。

需注意的是，上述条文在对因共有物而生的债权债务作出规定时，在对外效力层面上，并未区分按份共有与共同共有，因此，即便是在按份共有中，原则上，共有人对第三人享有的是连带债权，其对第三人所负的也是连带债务。这一规定对按份共有的各共有人较为不利，原因在于：一方面，连带债权的规定使得任何一个共有人均能就债权的总额向债务人提出主张，而这对各共有人未必有利，它很可能反而会徒增共有人之间请求移转债权利益的麻烦；另一方面，相对于按份债务而言，连带债务的规定在对债权人构成有力保护的同时，也将任一共有人（债务人）不能清偿的风险转嫁给了其他共有人。

（五）共有物的分割

按份共有不以共有人之间具有某种共同关系为基础，而且，多人共有一物时常会导致共有人在对物的利用、管理、处分等方面的意见分歧，从而导致物的利用、流通受到不利影响，因此，民法对按份共有采分割自由的原则，即各共有人均有权随时要求终止共有关系，并分割共有物。

当然，根据契约自由的原则，各共有人也可以约定不对共有物进行分割，从而维护共有关系。不过，即便在此情形下，根据《物权法》第99条的规定，在具有重大理由时，共有人仍有权要求分割。此条中所称“重大理由”，应指继续维持共有状态可能会对共有人造成严重不公平结果的情形，例如，共有人之间在共有物的管理、利用方法方面产生了重大分歧无法达成一致等。

关于共有物的分割方式，由各共有人协商确定。在无法达成协议时，如共有物为可分物的，应采取实物分割的方式；如共有物为不可分物，则应当首先就共有物进行折价或者拍卖、变卖，然后对所取得的价款予以分割。[1]

> 《物权法》第100条第1款实际上确定了两种分割方式：
>
> 第一，基于契约自由，首先应由共有人之间通过协议的方式确定分割的具体方案；基于分割协议，各共有人均可请求履行；共有物的（实物）分割，实际上涉及物权的变动，分割的结果是使各共有人分别取得其所分得部分的所有权。又由于分割协议属于法律行为，因此，《物权法》第二章关于物权变动的一般规则应适用于协议分割共有物——就动产而言，只有交付分割后的各部分，各前共有人才取得各部分的单一所有权；就不动产而言，只有在就各分割后的部分办理不动产登记后，才由各前共有人取得分割后不动产的所有权。
>
> 第二，在当事人无法就共有物的分割达成协议的情况下，该条款针对可分物与不可分物确定了实物分割与变价分割的方法。问题是，当事人如果无法达成协议，又如何能够进行具体的分割？实际上，在当事人无法达成分割协议之时（例如，甲、乙、丙三人共有一房屋，甲提出分割共有物，而乙、丙则表示希望继续保持共有状态），任何一个共有人均可向法院起诉，要求

〔1〕《物权法》第100条第1款规定：“共有人可以协商确定分割方式。达不成协议，共有的不动产或者动产可以分割并且不会因分割减损价值的，应当对实物予以分割；难以分割或者因分割会减损价值的，应当对折价或者拍卖、变卖取得的价款予以分割。”

分割共有物，此种分割方法可称为“裁判分割”。[1]

关于共有物分割请求权的性质，主要有“请求权说”与“形成权说”两种观点，其中又以后者为通说。按照通说，所谓分割请求权实际上是共有人分割共有物的权利，而非请求其他共有人共同实施分割行为的权利，故其性质为形成权，而非请求权。这一学说的主要意义在于：要求分割共有物的权利既非请求权，其行使当然不适用《民法通则》关于诉讼时效的规定。

另外，《物权法》第100条第2款还规定：“共有人分割所得的不动产或者动产有瑕疵的，其他共有人应当分担损失。”该条实际上确认了共有人对共有物分割的瑕疵担保责任，即各共有人担保其他共有人所分得之物上不存在物的权利瑕疵和物的瑕疵。所谓权利瑕疵担保责任，指的是共有人应担保第三人就其他共有人分得之物不得主张任何权利。例如，甲、乙二人各出资5万元购买一件明代家具，各享有50%的份额；后二人协议分割共有物，由甲单独取得所有权，甲给乙5万元的金钱补偿；不久发现该家具属于盗赃物，其所有人丙向甲提出了原物返还请求权并追回了家具；此时，乙应负权利瑕疵担保责任，分担甲的损失，将其在分割共有物时所受的5万元补偿金返还于甲。所谓物的瑕疵担保责任，是指共有人应担保其他共有人所分得的共有物的部分在分割之前不存在隐蔽的瑕疵；其他共有人所分得之物上存在隐蔽瑕疵而使其有所损失的，共有人应按其先前所享有的共有份额分担此损失。

三、共同共有

（一）共同共有的意义与特征

共同共有，是指数人不分份额地共同享有一物所有权的共有形态。我国台湾地区“民法”将其称为“公同共有”。

我国《物权法》第95条对共同共有的基本界定是：共同共有人对共有的不动产或者动产共同享有所有权。共同共有具有如下主要特征：

1. 就主体而言，共有人须为两人或者两人以上。两个以上的共有人可以是自然人，也可以是法人，但该两个以上的当事人不能作为成员构成社团法人，否则就不存在共有关系，而由社团法人享有单一所有权了。例如，在甲、乙二人共同出资设立有限责任公司的情形，共同出资的财产应由设立后的公司法人取得所有权，而非甲、乙共有。

---

[1] 由于《物权法》并未明确规定“共有物分割之诉”，最高人民法院2008年2月4日发布的《民事案件案由规定》在“共有纠纷”项下仅列出了“按份共有纠纷”和“共同共有纠纷”两种具体类型，而未单列“共有物分割纠纷”。

2. 就客体而言，共同共有往往指向集合物（如夫妻婚后所得财产、未分割的遗产、合伙财产等），但基于物权法上的权利客体确定原则，仍应认定共有关系存在于每一单一物之上。例如，甲、乙二人作为第一顺序继承人共同继承了其父丙的1所住房、1辆汽车、1件古董，则共同共有关系并非存在于此未分割的遗产集合之上，而是存在于构成遗产的每一个物之上。

3. 共同共有的发生，以共有人之间存在共同关系为其基础。所谓共同关系，是指构成共同共有基础的法律关系，如婚姻关系、共同继承关系、合伙合同关系等。共同关系的存在与否，也是判断共有关系究竟为按份共有还是共同共有的一个标准。《物权法》第103条规定："共有人对共有的不动产或者动产没有约定为按份共有或者共同共有，或者约定不明确的，除共有人具有家庭关系等外，视为按份共有。"可见，家庭关系等共同关系的存在是认定共同共有的一个标准。如果共有人之间不存在婚姻关系、家庭关系、共同继承关系、合伙关系等关系，则共有为按份共有，而非共同共有。

4. 共有人的共有不区分份额。与按份共有不同，共同共有并不在共有人之间区分份额，各共同共有人不分份额地、平等地对共有物享有权利并承担相应义务。在共同关系中，人们仍然可能会产生对共有物享有应有份额的观念，如夫妻双方认为对婚姻财产各有一半；未分割遗产的继承人认为自己享有法律规定的应继承份额；合伙人认为自己对合伙财产享有与出资比例相对应的份额。但是，此种关于份额的观念与按份共有中存在的独立份额有着本质的不同，主要表现在以下两个方面：①这种份额只是潜在的，只有在共同关系结束并需要对共有物加以分割时（如离婚时、合伙关系结束时）才会显现出来，而在共有期间各共有人并不据此享有权利；②这一份额并不存在于每一个共有物之上，而仅仅是潜在地存在于与共同关系有关的集合物之上。

（二）共同共有的类型

构成共同共有基础的共同关系主要包括婚姻关系、家庭共同生活关系、共同继承关系和合伙关系等，因此，共同共有也主要包括以下这些类型：

1. 夫妻共同共有。因婚姻关系而产生的婚姻共同财产制，是包括我国婚姻法在内的许多国家法律承认的制度。根据我国《婚姻法》的规定，在婚姻关系存续期间，夫妻双方或者一方的劳动所得、接受继承或者遗赠的财产以及其他并非依法归一方所有的财产，均归夫妻双方共同所有。婚姻关系存续期间，对于夫妻共有的财产，夫妻双方平等地享有权利，原则上，非经对方的同意，任何一方不得单独处置夫妻共有财产。只有在离婚时，也就是作为共同共有基础的婚姻关系终止之时，双方才可以要求共有财产的分割。

2. 家庭共同共有。依我国传统，儿女即便在成年而获得独立收入来源之后，仍有可能与父母及其他家庭成员居住在一起。基于此家庭共同生活关系，有必要确认一定范围内的家庭财产归家庭成员共同所有。对于家庭共有财产，享有共有权的家庭成员应平等地加以利用。在分家析产时，家庭共有关系终结，家庭成员可要求对共有财产进行分割。

3．遗产的共同共有。根据我国《继承法》，继承开始后，遗产立刻转归继承人所有。如果同一顺序的继承人为多人，则应由数人共同继承遗产。就法定继承而言，遗产以集合物的形式发生此种权利变动，在多个继承人分割遗产之前，并不能确定各个继承人所继承的具体财产是哪些。因此，在遗产继承开始之后遗产分割之前，各继承人共同享有遗产的所有权。这种共有形态是一种典型的共同共有。

4．合伙共同共有。因合伙合同的缔结，在合伙人之间产生合伙关系。合伙不产生独立人格，其财产由全体合伙人共同共有，因合伙所产生的债务由全体合伙人承担连带清偿责任。

（三）共同共有的效力

在对内效力和对外效力方面，共同共有与按份共有存在比较大的差异，主要表现在：

1．除共有人之间另有约定外，对共有物的处分须经全体共有人的同意。部分共有人未经其他共有人同意擅自处分共有物的，其处分行为效力待定，只有在获得其他共有人的追认后才能发生效力。共有物的受让人善意不知部分共有人无权处分的，可依善意取得之规定取得所有权。[1]

2．由于不存在独立的份额，因此各共有人不得向他人转让共有权，更不存在其他共有人优先购买的问题。

3．在共同关系结束前，各共有人不得要求分割共有物。因共同关系消灭而须分割共有物的，可依关于按份共有物分割的规定处理。

---

〔1〕 事实上，我国法律首次对善意取得作出明确规定针对的恰恰就是部分共有人擅自处分共有物的情形。《最高人民法院关于贯彻执行〈中华人民共和国民法通则〉若干问题的意见（试行）》第89条规定："共同共有人对共有财产享有共同的权利，承担共同的义务。在共同共有关系存续期间，部分共有人擅自处分共有财产的，一般认定无效。但第三人善意、有偿取得该项财产的，应当维护第三人的合法权益；对其他共有人的损失，由擅自处分共有财产的人赔偿。"

第六节　建筑物区分所有权

一、概述

(一) 建筑物区分所有权的意义

基于物权客体特定的原则，所有权的客体应为单一之物。就不动产而言，土地是典型的可分物，在土地之上可任意分割、编号而确立各个所有权；对地上建筑物，传统上则以每一独立存在的建筑物为一个物权客体。例如，村民甲在其宅基地上建起一栋三层小楼，则该小楼作为一个不动产归属于甲所有。

然而，随着人口的增加和建筑技术的发展，高层建筑大量涌现。在一栋建筑内可能会分隔出许多个居住单元，并容纳众多家庭居住。此时，如果仍以整栋建筑作为一个所有权的对象，则势必难以界定各建筑部分利用人的权利以及他们相互之间的关系。由此产生了这样一种需要：将整栋建筑物区分为若干个部分，并使其每一部分都成为一个独立的所有权对象。不动产所有权须满足公示的需要，而在建筑物上区分部分并予以分别登记，这在技术上并不会造成困难，因此，建筑物区分所有的制度设计能够符合物权法上客体特定、公示等基本要求。

所谓建筑物区分所有，是指数人区分一建筑物而各有其一部分的情形。对于专用部分，各区分所有权人享有单独的所有权，建筑物的公共部分则由各区分所有权人共有并共同加以管理。

建筑物区分所有关系不仅表现为物权法上的权利义务关系，而且还涉及区分所有权人所组成的共同体（业主大会、业主委员会），所以有必要由法律为其构建一套专门的规范体系。我国《物权法》于第六章规定了“业主的建筑物区分所有权”,〔1〕对建筑物区分所有权作出了基本的规范。

(二) 建筑物区分所有权的内容

建筑物区分所有权并非一种单一的所有权形态。从我国《物权法》的相关规定看，建筑物区分所有权包括三个层次的内容：

1. 对专有部分的所有权。在区分所有权关系中，一个建筑物被区分为许多属于不同所有权人所有的部分，这些部分归各区分所有权人（我国《物权法》

---

〔1〕 实际上，“业主的建筑物区分所有权”这一表述存在两个问题：①“业主”并非法律术语，如果需要使用专业词汇表述区分所有权的主体，应使用“区分所有权人”的表述；②“建筑物区分所有权”这一表述已经能够准确地表达这一特殊的所有权形态，“业主的”这一修饰成分纯属画蛇添足。从《物权法》所采用的这一表述可以看出，该法力求表述上的通俗易懂。

采用了“业主”的这一通俗表述）单独享有，具有与通常的单独所有权完全相同的性质，也就是说，对于专有部分，所有权人能够自由地加以支配并排除任何人的不法干预。

2. 对共有部分的共有。建筑物中除可区分出属于各区分所有权人所有的专有部分外，还存在一些共用的部分，如电梯、走廊、屋顶、外墙、地下室等。这些共用部分，在法律上属于各区分所有权人共有。共有部分的范围多大，共有人如何对其加以管理，这些问题都相当复杂。共有部分是建筑物区分所有的核心问题。

3. 基于区分所有权人之间共有关系的共同体。现代大型建筑造就了人数众多的区分所有权人，对于建筑物区分所有权中的共有部分，很难依关于共有的一般规定加以规范。为改变“各人自扫门前雪，不管他人瓦上霜”的传统观念，有效地对共有部分加以管理，需要建立以各区分所有权人为成员的共同体，并借助此共同体的组织方式实现对共有部分以及其他公共事务的管理。就此，我国《物权法》对业主大会与业主委员会作出了原则性的规定。

二、专有部分

《物权法》第71条规定：“业主对其建筑物专有部分享有占有、使用、收益和处分的权利。业主行使权利不得危及建筑物的安全，不得损害其他业主的合法权益。”

专有部分可为所有权人直接支配并享有其利益，因此须在结构上和使用上均具有独立性。所谓结构上的独立性，是指专有部分在建筑构造上须与建筑物的其他部分相隔离，如通过墙体、地板、天花板等与他人的专有部分及公共部分相隔离。所谓使用上的独立性，是指专有部分须满足单独使用及具有独立的经济效用的要求。于是，原则上，在一套住宅内的一间房屋往往不能成为一个独立所有权的对象（专有部分），因为它不具有使用上的独立性。专有部分所具有的独立性还表现在它可成为独立的登记对象。区分所有权人对专有部分的所有权须满足物权法上一般的公示要求，而只有在具备结构上和使用上的独立性后才能成为独立的登记对象。[1]

对于专有部分，所有权人得行使占有、使用、收益、处分等权能，而为全面的支配。但是，专有部分毕竟是从一个建筑整体中区隔出来的，对此部分的利

---

〔1〕 2009年发布的《最高人民法院关于审理建筑物区分所有权纠纷案件具体应用法律若干问题的解释》（以下简称“《区分所有权解释》”）第2条即将构造上的独立性、利用上的独立性以及能够登记为特定业主的所有权作为专有部分的判定标准。另外，根据我国房地产实践及《区分所有权解释》，除建筑物外，特定空间，如车位、摊位等，如果也能满足前述标准，同样可作为专有部分。

用、处置有可能影响到建筑物的其他部分，例如，在专有部分任意改变建筑结构可能会危及整个建筑的安全。因此，区分所有权人在对专有部分行使权利时，不得危及建筑物的安全，不得损害其他区分所有权人的合法权益。

三、共有部分

（一）共有部分的范围

《物权法》第72条第1款规定："业主对建筑物专有部分以外的共有部分，享有权利，承担义务；不得以放弃权利不履行义务。"

区分所有的建筑物，除归属各区分所有权人单独所有的专有部分外，还有共有部分。这些共有部分包括：①建筑物的基础、承重结构、外墙、屋顶等基本结构部分，通道、楼梯、大堂等公共通行部分，消防、公共照明等附属设施、设备，避难层、设备层或者设备间等结构部分；②其他不属于业主专有部分，也不属于市政公用部分或者其他权利人所有的场所及设施等。[1]

依《物权法》的具体规定，区分所有权人共有的部分包括：建筑物本体中不属于专有部分的各部分；建筑区划内不属于城镇公共道路的道路；建筑区划内不属于城镇公共绿地或者明示属于个人的绿地；建筑区划内的其他公共场所、公用设施和物业服务用房等。

关于建筑区划内规划用于停放汽车的车位、车库的归属，《物权法》第74条作出了三项规定：①首先满足业主的需要，也就是说，业主在承租、承买、无偿使用等方面具有优先于其他人的权利。②由当事人通过出售、附赠或者出租等方式约定。此处所指的"当事人"，应为房屋买卖合同的双方当事人，因此，在车位、车库的归属问题上，《物权法》采取了允许当事人自治的做法。③占用业主共有的道路或者其他场地用于停放汽车的车位，属于业主共有。

《物权法》未对建筑物区分所有权人共有的具体情形作出进一步区分。实际上，建筑物区分所有权人对共有部分的权利并不限于全体共有人（如小区全体业主）共有这一形态。建筑物区分所有的共有部分除全体共有部分外，应该还存在一部共有部分，前者如小区的附属设备等（俗称"大公"），后者如某楼层的走廊等（俗称"小公"）。实际上，对共有的情形作出区分是十分有必要的。如果涉及由多栋建筑物构成的所谓"小区"，则共有的层次就会更为复杂，例如，就某一栋建筑物而言，其共用大门、门厅、外墙、楼顶应为整栋建筑的所有区分所有权人共有的对象，小区其他建筑物的业主

---

〔1〕《区分所有权解释》第3条。

对此不应享有共有的权利。这一区分的实际意义在于可以合理地确定修缮费的负担、建筑物相关收益的归属等。

另外，由于我国实行土地的公有制，故建筑物所占用的土地只能归属于国家或者集体所有，不存在建筑物区分所有权人共有土地所有权的问题。但是，建筑物所有权与其占用土地的使用权必须同一，也就是说，建筑物的所有权人必须享有土地的使用权（“建设用地使用权”或“宅基地使用权”）。就建筑物区分所有权关系而言，建筑物所占用的土地应为各区分所有权人所共有（“准共有”）。

（二）共有的性质

《物权法》未明确指明区分所有权人对共有部分之共有的法律属性，但是，该法第76条在规定业主大会的表决权行使时，将专有部分占建筑物总面积的比例作为表决的计算标准，而第80条也将专有部分占建筑物总面积的比例作为建筑物及其附属设施的费用分摊、收益分配的标准。因此，建筑物区分所有权人对共有部分的共有在性质类似按份共有。[1]

建筑物区分所有权中所包含的共有具有两个重要特征：①不得分割。此类共有的对象在功能上具有共用性，对其加以分割不符合建筑物区分所有的需要。②为使专有部分与共有部分成为一体，根据《物权法》第72条第2款的规定，区分所有权人转让其专有部分的，其对共有部分的共有权也将一并转让。

四、管理组织

如前所述，就建筑物区分所有权的法律内涵而言，除包括各区分所有权人对其专有部分的单独所有权以及他们对共有部分的共有权外，还涉及对共有部分及社区生活加以管理的组织形式。建筑物区分所有权属于私权，因此与其有关的管理体制应采用区分所有权人自治的原则，以期能够保障各个当事人的权益并保障团体的利益。

建筑物区分所有权的管理组织不仅是区分所有权人对共有部分行使共有权的组织，而且也是现代居住条件下邻里关系法律化的一种形式。管理组织可以通过制定管理规约等方式，调整和约束住户的行为，依此营造安宁、清洁、祥和的居住环境。

《物权法》确立了两个管理组织：业主大会和业主委员会。

---

〔1〕不过，严格来说，建筑物区分所有权意义上的“共有”，与一般意义上的共有存在明显不同：后者是对一个独立之物由数人享有共有权，而在前者，作为共有对象的所谓“共有部分”并非独立之物，不能成为独立的物权对象。因此，建筑物区分所有权人对共有部分的权利实际上附着在其对专有部分的所有权之上。

业主大会由全体区分所有权人组成，有权就下列事项作出决定：①制定和修改业主大会议事规则；②制定和修改建筑物及其附属设施的管理规约；③选举业主委员会或者更换业主委员会成员；④选聘和解聘物业服务企业或者其他管理人；⑤筹集和使用建筑物及其附属设施的维修资金；⑥改建、重建建筑物及其附属设施；⑦有关共有和共同管理权利的其他重大事项。业主大会在就前列第⑤项和第⑥项规定的事项作出决定时，应当经专有部分占建筑物总面积 2/3 以上的业主且占总人数 2/3 以上的业主同意。决定前列其他事项时，应当经专有部分占建筑物总面积过半数的业主且占总人数过半数的业主同意。

业主委员会是经业主大会选举其成员而组成的管理社区公共事务的公共机构，可视为业主大会的常设性执行机构。《物权法》未明确界定业主委员会的职责，业主大会可通过决议或者制定管理规约等形式对业主委员会的组成、职责、义务等事项加以明确。

根据《物权法》第 81 条的规定，业主可以自行管理建筑物及其附属设施，也可以委托物业服务企业或者其他管理人管理。对建设单位聘请的物业服务企业或者其他管理人，业主有权依法更换。

业主大会或者业主委员会的决定，对业主具有约束力。业主大会或者业主委员会作出的决定侵害业主合法权益的，受侵害的业主可以请求人民法院予以撤销。

另外，《物权法》第 83 条还赋予了业主大会和业主委员会代表全体业主提起诉讼的权利。根据该条的规定，业主应当遵守法律、法规以及管理规约。对任意弃置垃圾、排放污染物或者噪声、违反规定饲养动物、违章搭建、侵占通道、拒付物业费等损害他人合法权益的行为，业主大会和业主委员会有权依照法律、法规以及管理规约，要求行为人停止侵害、消除危险、排除妨害、赔偿损失。对于侵害个别业主合法权益的行为，被侵害人个人可以依法向人民法院提起诉讼。

第五章
用益物权

［本章提要］

本章讨论用益物权体系，首先探讨用益物权的意义、类型以及特征等，然后分别对《物权法》所规定的土地承包经营权、建设用地使用权、宅基地使用权以及地役权作出分析评介。

【导入性问题】

1. 我国实行土地公有制，土地只能归国家或者集体所有，那么，私主体应如何对公有的土地加以利用？

2. 用益物权系在他人之物上取得的以使用、收益为内容的财产权，既如此，为什么承租人的权利并不被归入用益物权的范畴？

3. 我国《物权法》既已规定了不动产相邻关系，为什么又同时规定了地役权？这是否有叠床架屋之嫌疑？

第一节　用益物权概述

一、用益物权的意义

动产或不动产，除可由其所有权人自由利用外，亦可由所有权人以外之人加以利用。利用他人之物乃社会经济生活的常态，如此可以扩张物的效用，增进人们的福利。

对他人之物合法地加以利用，存在两种典型的方式：①债权式的利用，即利用人通过与所有权人订立债权合同的方式取得对物加以利用的许可，如甲租用或者借用乙之物品加以使用；②物权式的利用，即由利用人在物上取得一项以物的利用为内容的物权。在后一种情形，所涉及的就是用益物权。

民法上关于物权与债权的区分，是在法律效力层面上所作的一种抽象区分。如前所述，对他人之物的合法利用，其权利基础可能是一项债权，也可能是一项物权。

至于此类权利究竟是债权还是物权，其识别标准有二：①从形式上讲，物权法实行物权法定主义，只有法律明确规定的物权类型，才能为当事人所创设；而债权则实行类型自由主义，可以由当事人通过合同（有名合同或者无名合同）任意设立。因此，一项以合法利用他人之物为内容的财产权，如果不属于物权法规定的物权类型，其性质即应属于债权。②从权利效力上讲，物权系权利人在物上所享有的权利，具有对世的效力，即使用益物权系由当事人通过合同来设立，但一经有效设立，原则上该权利就具有了对抗效力，也就是说，该权利不再被视为系针对合同对方当事人的权利，而是成了一项绝对权，可以向不特定之人（如继受所有权之人）主张；相反，债权具有相对性，因债权关系而取得对他人之物的使用与收益的，该权利仍被视为系针对债务人（如出租人、出借人）的权利，权利人原则上仅能向特定债务人主张权利，这就意味着，一旦所有权发生转移，当新所有权人主张物上返还请求权时，该权利人并不能以其对原所有权人的债权对抗新所有权人。例如，假定甲答应将其房屋出借给好友乙居住1年，而在此期间，甲又将该房屋出售给了丙并办理了所有权转移登记，则乙不得以其与甲之间的借用关系来对抗丙的返还请求权。用益物权的对抗性实际上意味着一种极其稳定的对他人之物的利用关系，这一点往往是债权式的利用所不能达到的。

就所谓“承租权”（承租人在租赁合同中的权利）而言，《合同法》第229条规定了“买卖不破租赁”的原则（“租赁物在租赁期间发生所有权变动的，不影响租赁合同的效力”），从而使承租权具有了一定的对抗效力，学理上将这一现象称之为“债权的物权化”。“债权的物权化”这一表述恰恰表明，承租权实际上仍然属于租赁合同这一债权合同所产生的效力，承租权只是出现了一些“物权化”的趋势，而尚未成为一项用益物权。

所谓用益物权，指的是在他人之物上享有占有、使用和收益等权能的物权。《物权法》第117条对用益物权的基本界定为：“用益物权人对他人所有的不动产或者动产，依法享有占有、使用和收益的权利。”

在人类法律制度史上，用益物权出现得很早，几乎与土地所有权相伴而生。这一点表明，对他人之物加以利用以满足自己的某种需要，此乃人类社会生活固有的需求。随着社会经济的发展，尤其是由于资源（特别是土地资源）的稀缺性日渐明显，这种需要变得愈加迫切，于是，以稳定地利用他人之物为内容的用益物权制度也就愈加发达。

用益物权具有两项主要的社会功能：①增进物尽其用的经济效用，即，使非所有人获得物之具体利用，而所有权人则可因此获得收益（他人利用之对价）。

也就是说，他人可支付一定代价获得物之利用，而不必取得物之所有权。于是，用益物权具有调剂“所有”与“利用”的功能，而从“归属”到“利用”已成为现代财产制度的重心。②使物的利用关系物权化，巩固利用人的法律地位，使其具备对抗第三人的效力，从而稳定利用关系，使其一方面不受所有权人出让所有物的影响，另一方面也可直接对抗对其权利行使造成妨害的第三人。具有对抗第三人的效力，这是用益物权在法律结构上异于债权性之利用权的特色。

二、用益物权的种类与特征

（一）用益物权的种类

基于物权法定主义，某种权利之成为物权，须首先在一国或地区立法上获得认可，当事人不得创设未为法律认可的物权类型。因此，就一国或地区而言，其在某个时期的用益物权类型完全可依其法律予以穷尽列举。

用益物权的类型设计，与各国或地区固有的历史传统以及其经济体制和社会发展密切相关。因此，与大陆法系各国或地区在债法领域极大程度的相似性不同，这些国家或地区在法律承认的用益物权的类型方面存在着十分明显的差异。例如，德国民法上的用益物权可概括分为地上权、役权和土地负担，其中役权又包括地役权、限制的人役权、用益权、居住权等。日本民法上的用益物权则包括地上权、永小作权、地役权及入会权等四种。德国法上的土地负担及日本法上的入会权等都极具其民族固有法的特色。我国台湾地区“民法”本着物权法定原则，确定了地上权、永佃权、地役权及典权四种用益物权。其中，典权系我国传统固有的制度。

我国1982年《宪法》确定了严格的土地公有制，土地只能归属于国家和集体所有。由于用益物权一般仅能设立于不动产（尤其是土地）之上，而无论是国家，还是所谓“集体”，都不是一般的、以自由的私人意志作为行动基础的民事主体，因此，无论是在权利类型上，还是在权利的具体内容及其行使方式上，我国现行法上的用益物权都与土地私有制之下的用益物权体系存在相当大的差异。

我国目前实行的土地公有制，对民法用益物权体系主要产生了以下三方面的影响：

1. 由于自然人和法人不能成为土地的所有权人，而土地在许多情况下又需要由私人加以具体利用，而且这种利用关系又要求具有相当的稳定性，这就导致了我国用益物权存在的普遍性：对于集体所有的农用地，普遍存在农户的土地承包经营权；对于集体所有的住宅用地，普遍存在宅基地使用权；对于国有的建设用地，普遍存在建设用地使用权。

2. 在土地私有制条件下，所有权人与用益物权人一样，都可以是作为私主体且拥有独立意志与私人利益的自然人或者法人，于是，在用益物权的设立方面，民法上的意思自治原则有充分的适用余地，相关权利创设行为也是典型的法律行为。相反，土地公有制条件下，用益物权的创设行为并非严格意义上的纯私法行为，例如，无论是土地承包经营权，还是宅基地使用权，都更多地带有以集体成员身份为前提的“分配”色彩；而建设用地使用权的取得虽不对取得人的身份进行限制，而且也可采用市场化的手段，但是，毫无疑问，代表国家行使土地权利的出让方（行政机构）并不能像一个私人那样自由行动，于是才有相关法律要求土地出让合同采用拍卖、招标、挂牌等方式订立。实际上，土地出让方的行为同时也构成一项行政行为，而不单纯是民事设权行为。

3. 在土地私有制条件下，土地所有权可自由流转，因此，具有对抗效力的用益物权显得尤为重要——在许多情况下，用益物权人之所以需要将自己的权利设定为一种物权，其目的主要就是用来对抗新的所有权人，因为仅仅基于债权的利用关系将不得对抗从原所有人处继受所有权的受让人。相反，在土地公有制条件下，所有权本身不可能发生基于法律行为的转移（国家征收集体土地乃是基于行政行为），因此，用益物权本身具有对抗性的实际意义也就相对有限。或许正因为如此，《物权法》对宅基地使用权、土地承包经营权以及地役权的设立均未采取登记生效主义。另外，尤其是在承包经营权本身不能有效流转的情况下，抽象地争论该权利究竟是一项物权还是基于承包合同的一项债权，其本身也没有多少实际意义，因为此种权利原本就没有多少对抗第三人的机会，而承包经营权人依该权利对发包人享有的权利（包括要求发包人不得提前收回承包地等）则只需债权合同即可很好地加以界定并发生效力。

《物权法》上的用益物权制度，完全是以《宪法》所确立的土地公有制为基础，并在城乡两元和土地用途管制的框架内确立。20 世纪 70 年代末以来的土地制度变革，通过在公有土地上确立承包经营权、宅基地使用权等私人享有的权利，在一定程度上缓解了土地公有的前提与私人利用的需要之间的冲突。但是，尤其是在农村集体土地方面，迄今为止的改革以及落实此种改革成果的各项法律制度，主要只是解决了私主体静态利用农用地和住宅用地的问题。承包经营权人和宅基地使用权人固然获得了集体土地的使用权，但法律却未充分承认此种权利的可让渡性，有些权利（如宅基地使用权）甚至几乎没有自由让渡的可能，而且，由于宅基地的不可让渡性，进而导致了宅基地之上的农村房屋所有权的让渡困难。当前，我国的土地制度，尤其是集体土地利用制度，正面临进一步深化改革的急迫需要。未来土地变革的合理路径应该是：在坚持土地所有权归属于国家和集体的前提下，强化以用益物权为表现的土地利用权，将后者塑造成物权效力完整的私权，甚至使其发挥“准所有权”的功效。

在物权法定主义之下，我国《物权法》确立了土地承包经营权、建设用地使用权、宅基地使用权和地役权四种权利。土地承包经营权是设置在农村集体土地之上的、以农业生产为内容的用益物权；建设用地使用权与宅基地使用权都是为了在地面营造住宅等建筑物而创设的用益物权。其中，前者设立在国有土地之上，后者设立在集体土地之上；地役权则是为了便利自己不动产的利用而对他人不动产进行利用的权利。

民国时期的民法设有典权制度。所谓典权，是指支付典价，占有他人之不动产，而为使用及收益的权利。典权期限届满后，出典人可以以原典价回赎典物；出典人于典期届满后，经过2年，不以原典价回赎的，典权人即取得典物的所有权。由于典权存续期间较长，因此，20世纪80年代，各地法院仍审理了一些1949年以前根据民国民法所设立之典权的案件。最高人民法院也在司法解释中对典权制度作了相应的规定。不过，《物权法》的立法者最终并未将典权作为一项用益物权规定进该法律。典权虽为中国本土固有的法律制度，但其权利结构存在一些缺陷，影响物之效用的充分发挥（例如，一方面，出典人固然可获得资金的融通，但必须丧失对物的用益；另一方面，典权人为获得他人不动产的用益，又需要一次性支付大笔的典价），因此，即便在仍承认典权制度的我国台湾地区，典权也已很少为人们所创设。

（二）用益物权的特征

我国《物权法》所确立的几种用益物权有其各自的权利内容，但作为用益物权，它们具有以下共同的特征：

1. 就《物权法》规定的四种用益物权而言，其标的物仅以不动产为限。尽管《物权法》第117条关于用益物权的定义中提及了“动产”，但是，土地承包经营权、建设用地使用权、宅基地使用权和地役权显然都仅以不动产为其客体。以不动产为其权利客体，此乃用益物权的权利性质所决定。用益物权以权利人占有、使用权利客体为前提，在这种情形下要实现物权的公示就必须借助登记（而非占有），而以登记作为公示手段原则上仅适用于不动产。

2. 用益物权以物的利用为内容，原则上同一标的物上不能同时设定多个用益物权（如两个土地承包经营权，两个建设用地使用权等），但如两个或者两个以上用益物权的内容不相排斥，则它们可以并存于一个标的物上。在我国物权法上，用益物权并存的情形尤其体现在地役权与土地承包经营权、建设用地使用权等的并存。这一点是很容易理解的。我国实行土地公有制，土地所有权属于国家或者集体。在传统民法上，地役权典型地存在于不同土地（所谓"供役地"与"需役地"）所有权人之间，而在我国则典型地存在于土地承包经营权人或者建设用地使用权人等之间。另外，根据《物权法》的规定，建设用地使用权可以分别设立于土地的地表、地上和地下，也就是说，针对同一块土地可设立数个建设用地使用权，只要它们之间不发生冲突即可。

3. 用益物权的设定、移转等通常都需要登记。用益物权设定于不动产之上，其变动须遵循不动产物权变动的一般规则。在登记对不动产物权变动的效力影响方面，我国《物权法》同时采用了登记生效主义（如建设用地使用权）与登记对抗主义（如地役权），而对于宅基地使用权，则尚未有登记的明确要求。

4. 用益物权的设定有的为无偿，有的为有偿，依当事人约定或者设定的目的而定。例如，根据法律有关土地用途的相关规定，可以依无偿划拨的方式设立建设用地使用权；而通常情况下为商业、居住等目的设定建设用地使用权，均为有偿，建设用地使用权人须缴纳出让金。地役权的设定是否为有偿，由当事人决定。

三、用益物权的得丧变更

我国《物权法》所规定的四种用益物权均为意定物权。因此，用益物权原则上应由相关当事人通过订立合同的方式取得。此种基于法律行为的物权取得，其或为创设型取得（如订立承包经营合同取得土地承包经营权；订立地役权合同取得地役权等），或为移转型取得（如通过订立转让合同从他人处受让建设用地使用权）。此两种取得方式均为继受取得方式，而且，如前所述，由于用益物权的客体均为不动产，故应适用《物权法》第9条的规定，原则上以登记作为用益物权设立的特别要件。当然，考虑到我国土地登记制度的现状，《物权法》弱化了登记在用益物权设立中的作用：在四种用益物权中，真正实行登记生效的实际上只有建设用地使用权；地役权的设立实行的是登记对抗主义；而土地承包经营权和宅基地使用权的设立则尚未建立成熟的登记制度。另外，除依法律行为取得外，当事人还可依继承的原因取得用益物权。

用益物权消灭的原因，因具体权利类型的不同而有所不同，此点容后文再述。用益物权共同的消灭原因包括：①标的物的灭失，如土地承包经营权因土地灭失而消灭；②标的物被征收，集体土地被征收的，原有土地之上的土地承包经营权、宅基地使用权或者地役权等用益物权也发生消灭。用益物权经登记的，在其消灭时，应及时办理注销登记。

用益物权存续期间，也可能发生权利内容方面的变动（如建设用地使用权改变其用途、地役权延长其存续期间等）。用益物权的变更，除须当事人达成合意外，原则上还须办理变更登记，否则不能生效或者不能对抗善意第三人。

第二节　土地承包经营权

一、土地承包经营权的意义与法律规范

（一）土地承包经营权的概念与特征

土地承包经营权，是指农业经营者通过签订承包经营合同在集体经济组织或者国家所有的农用地上享有的进行耕作、养殖或者放牧等利用并获得收益的权利。

根据我国法律的规定，土地承包经营权具有如下重要特征：

1. 承包经营权的客体为农用地。所谓农用地，是指直接用于农业生产的土地，包括耕地、林地、草地、农田水利用地、养殖水面等。在我国，农用地主要归农村集体经济组织所有，但由于历史原因，也有部分农用地属于国家所有（如国有农场的土地）。根据《物权法》第134条的规定，国家所有的农用地实行承包经营的，可参照《物权法》关于农村土地承包的规定。

2. 权利主体的限定性。在我国，集体土地所有权由集体经济组织行使，因此法律将集体经济组织或者村民委员会等确定为发包人。对于家庭承包这种最主要的承包方式而言，承包人被限定于本集体经济组织的成员。对于以其他方式承包的，本集体经济组织成员也享有优先权。

3. 权利的内容为在集体或者国家所有的农用地上从事耕作、养殖、放牧等农业生产，其中包括对土地的占有、使用和收益并排除他人的不法干预。

4. 原则上具有无偿分配性。对于家庭承包而言，获得土地承包经营权实际上是农村集体经济组织成员对集体土地享有之权利的具体表现，承包经营权人并非是从另一个完全独立的利益主体那里获得权利。因此，与土地私有制条件下永佃权等权利的设定不同，我国的土地承包经营权具有无偿、公平分配的性质。

5. 有期限性。根据我国法律的规定，承包经营权均设有期限。其中，耕地的承包期为30年；草地的承包期为30～50年；林地的承包期为30～70年，特殊林木的林地承包期，经国务院林业行政主管部门批准可以延长。承包期届满，由土地承包经营权人按照国家有关规定继续承包。

（二）法律规范

农村土地承包经营不仅是《物权法》上的一项用益物权制度，而且它也是我国在农业领域和农村地区实行的一项基本国策。因此，改革开放以来，有众多的法律、法规对农村承包经营制度作出了规范，其中最重要的包括：

1.《民法通则》。1986 年通过的这部法律于第 80、81 条规定了承包经营权。一般认为，这部法律承认了承包经营权的物权性质。

2.《土地管理法》。1986 年通过的这部法律是我国土地管理的基本法，该法许多条文均涉及土地承包经营权。

3.《农村土地承包法》。2002 年通过的这部法律对农村土地承包经营制度作出了全面的规定，该法包含总则、家庭承包（其中规定了发包方和承包方的权利和义务、承包的原则和程序、承包期限和承包合同、土地承包经营权的保护和土地承包经营权的流转）、其他方式的承包、争议的解决和法律责任、附则共 5 章 64 个条文。

4.《物权法》。2007 年通过的这部民事基本法明确地将"土地承包经营权"规定于其第十一章，从而进一步明确地承认了土地承包经营权的用益物权性质。该章共有 11 条（第 124 ~ 134 条），这些条文分别对土地承包经营权的原则、内容、期限、设立、流转、征收等作出了规定。

二、土地承包经营权的设立

（一）承包经营合同的订立

土地承包经营权由发包人和承包人通过订立承包经营合同的方式设立。根据《农村土地承包法》和《物权法》的规定，承包经营合同存在以下两种订立方式：

1. 家庭承包。土地承包一般采用家庭承包的方式订立。此种土地承包合同的发包方一般为村集体经济组织或者村民委员会，承包方则为本集体经济组织的农户（后者的法律地位适用《民法通则》关于"农村承包经营户"的有关规定）。此类承包具有农地使用权平等分配的功能，集体经济组织的所有成员都有权要求平等地获得土地的承包。发包人实际上并不是一个具有独立意志的法律主体，土地承包的方案须经村民会议 2/3 以上成员或者 2/3 以上村民代表的同意，土地承包合同须依法定的程序订立。

2. 其他方式的承包。依《农村土地承包法》第 44 条的规定，不宜采取家庭承包方式的荒山、荒沟、荒丘、荒滩等农村土地，可以通过招标、拍卖、公开协商等方式订立承包合同。与前一种承包合同的无偿分配性不同，此种承包合同的承包人须缴纳承包费。此类承包合同的承包人也不限于本集体经济组织的成员，但是，在同等条件下，本集体经济组织的成员有优先承包权，而且，发包方将农村土地发包给本集体经济组织以外的单位或者个人承包，应当事先经本集体经济组织成员的村民会议2/3以上成员或者2/3以上村民代表的同意，并报乡（镇）人民政府批准。

（二）土地承包经营权的设立

无论采用何种承包方式，土地承包经营权均随有效的承包经营合同的订立而设立。《物权法》第127条第1款规定："土地承包经营权自土地承包经营权合同生效时设立。"《农村土地承包法》第22条也作了类似的规定。由此可见，尽管土地承包经营权被明确规定为一种用益物权，但是，法律并未强制要求登记，这或许与我国目前尚未建立起有效的农村土地登记制度有关。

《物权法》第127条第2款规定："县级以上地方人民政府应当向土地承包经营权人发放土地承包经营权证、林权证、草原使用权证，并登记造册，确认土地承包经营权。"应该说，该款所称之"确认土地承包经营权"的意义并不明确。无论如何，承包经营权的设立并不依赖于政府部门的权证发放与登记造册。

但是，承包经营权的登记也并非完全没有意义。《物权法》第129条规定："土地承包经营权人将土地承包经营权互换、转让，当事人要求登记的，应当向县级以上地方人民政府申请土地承包经营权变更登记；未经登记，不得对抗善意第三人。"

既然《物权法》第129条规定土地承包经营权的互换、转让等需要登记，那么权利创设的初始登记也就不可避免了。也就是说，至少就有流转需要的土地承包经营权而言，权利变动登记具有重要的法律意义。

三、土地承包经营权的内容

取得土地承包经营权后，土地承包经营权人享有以下权利：

1. 使用权。土地承包经营权人有权依土地的自然属性（耕地、林地、草地等）对土地加以农业上的利用，即利用其进行耕作、放牧、养殖等。但是，土地承包经营权人在利用土地时，不得将农地用于非农业的用途，也不得对土地造成永久性的损害。

2. 收益权。土地承包经营权人有权获得其所承包土地的天然孳息与法定孳息。天然孳息是指在承包土地上耕作、放牧、种植树木、养殖等所获得的收益；法定孳息是指土地承包经营权人通过转包、出租等方式而获得的转包费、租金等收益。承包人应得的承包收益，可依照《继承法》的规定继承。

3. 处置权。土地承包经营权人有权处置其承包经营权，其中包括将其承包经营权转包、互换或者转让。《物权法》和《农村土地承包法》对土地承包经营权的处置作出了几项重要规定：①就家庭承包而言，根据《农村土地承包法》第37条的规定，土地承包经营权人转让承包经营权的，须征得发包方的同意。

这就意味着，此类土地承包经营权人对其权利并无独立的处分权。②《农村土地承包法》第49条规定："通过招标、拍卖、公开协商等方式承包农村土地，经依法登记取得土地承包经营权证或者林权证等证书的，其土地承包经营权可以依法采取转让、出租、入股、抵押或者其他方式流转。"该条对于承包经营权的转让等未设经发包人同意的条件，故应认为承包经营权人有自由处分的权利。③土地承包经营权人将土地承包经营权互换、转让，当事人要求登记的，应当向县级以上地方人民政府申请土地承包经营权变更登记；未经登记，不得对抗善意第三人。

四、土地承包经营权的终止

土地承包经营权因下列原因终止：

1. 承包期届满。《物权法》第126条第1款规定了承包各种农地的具体期限，该条第2款进一步规定，"前款规定的承包期届满，由土地承包经营权人按照国家有关规定继续承包"。对该款应作如下理解：土地承包经营权因期限的届满而发生消灭；不过，承包人可按法律规定要求另行获得承包经营权。

2. 承包地的收回或者交回。发包期内，发包人原则上不得收回承包地，但《农村土地承包法》第26条第3款规定，"承包期内，承包方全家迁入设区的市，转为非农业户口的，应当将承包的耕地和草地交回发包方。承包方不交回的，发包方可以收回承包的耕地和草地"。另外，承包方可自愿交回承包地，放弃承包经营权。

3. 土地的灭失。由于自然灾害等原因，承包的土地可能发生灭失，如河岸边土地因崩岸而丧失。土地灭失的，土地所有权消灭，承包经营权当然也发生消灭。

4. 承包地的调整。依《物权法》和《农村土地承包法》的规定，承包期内发包人原则上不得调整承包地，但在因自然灾害严重毁损承包地等特殊情形下确需调整的，可依法定的程序和条件作出调整。因承包地调整可能导致承包经营权的消灭。

5. 因土地征收而消灭。承包地被征收的，不仅集体的土地所有权消灭，而且承包地上的土地承包经营权也因此消灭。因此，土地承包经营权人也有权获得征收补偿。

第三节　建设用地使用权

一、建设用地使用权的概念与法律特征

建设用地使用权，是指权利人依法在国有土地上建造建筑物、构筑物及其附属设施（为行文方便，以下简称“建筑物”）的权利。我国实行土地公有制，任何自然人和法人均不得拥有土地的所有权，而在土地之上营造建筑物又需要获得对土地的使用权。对于从事建筑并因此拥有建筑物所有权的自然人或者法人而言，其在土地之上的权利必然是设定于“他人”（国家或者集体）土地之上，而该权利又以使用和收益作为其权利内容，因此，建设用地使用权可纳入民法用益物权的范畴。《物权法》第十二章明确地将建设用地使用权规定为一种用益物权。

建设用地使用权类似传统民法上的“地上权”，二者均以在他人土地上营造建筑物为其权利内容。但是，传统民法上的“地上权”系以土地私有制为其背景，土地所有人往往是一私主体，而我国的建设用地使用权设定在公有土地之上。国家或者集体虽然可充任特殊的民事主体，但它们毕竟不是享有意思自治的私主体，因此，建设用地使用权在其权利设定、对抗性等方面与地上权存在明显的区别。

我国法律所确立的建设用地使用权具有如下特征：

1. 建设用地使用权的客体原则上为国有土地。《物权法》第135条将建设用地使用权的客体界定为“国家所有的土地”，同时该法第151条又规定，“集体所有的土地作为建设用地的，应当依照土地管理法等法律规定办理”。根据《土地管理法》的规定，除兴办乡镇企业等少数情形外，需要在集体所有的土地上设立建设用地使用权的，应首先完成集体土地的征收，将其转化为国有土地后再设立建设用地使用权。将建设用地使用权的客体限于国有土地，这是既有的土地权利配置及土地管理模式导致的，未来应有所变革。

2. 建设用地使用权的内容为根据设定的用途利用土地营造建筑物，并依法享有地上建筑物的所有权。我国现有土地管理法实行严格的用途管制，建设用地的具体用途严格区分工业、商业、居住、综合等不同类别，相应的建设用地使用权也被限定在特定用途之内。对此，《物权法》第140条规定，“建设用地使用权人应当合理利用土地，不得改变土地用途；需要改变土地用途的，应当依法经有关行政主管部门批准”。

3. 建设用地使用权的多层次性。现代建筑技术可以支持对地表、地下（如建造地下商业街）和地上（如建造高架道路）的多层次利用，《物权法》第136

条对此作出了明确规定，“建设用地使用权可以在土地的地表、地上或者地下分别设立。新设立的建设用地使用权，不得损害已设立的用益物权”。

4. 建设用地使用权的设立原则上须为有偿，但国家机关用地、军事用地等也可通过无偿划拨的方式取得。

5. 有期限性。建设用地使用权属于有期限的物权，依其用途的不同，我国法律确定了不同的使用权期间：居住用地为70年；工业用地为50年；教育、科技、文化、卫生、体育用地为50年；商业、旅游、娱乐用地为40年；综合或者其他用地为50年。

二、建设用地使用权的设立

（一）出让与划拨

《物权法》规定了两种建设用地使用权的设定方式，即出让和划拨。原则上，建设用地使用权应采用有偿出让的方式设定，只有在符合法律规定的特定范围内，才可采用无偿划拨的方式。《物权法》第137条第3款规定：“严格限制以划拨方式设立建设用地使用权。采取划拨方式的，应当遵守法律、行政法规关于土地用途的规定。”根据《土地管理法》第54条的规定，以下建设用地，经县级以上人民政府批准，可以以划拨方式取得：①国家机关用地和军事用地；②城市基础设施用地和公益事业用地；③国家重点扶持的能源、交通、水利等基础设施用地；④法律、行政法规规定的其他用地。划拨应属于典型的行政程序，但这一点并不妨碍符合条件的用地人因此取得建设用地使用权。

采用出让方式设立建设用地使用权的，当事人应当采取书面形式订立建设用地使用权出让合同（《物权法》第138条第1款）。工业、商业、旅游、娱乐和商品住宅等经营性用地以及对同一土地有两个以上意向用地者的，还应采取招标、拍卖等公开竞价的方式出让。

（二）登记

对于建设用地使用权的设立，《物权法》采取了登记生效主义。该法第139条规定：“设立建设用地使用权的，应当向登记机构申请建设用地使用权登记。建设用地使用权自登记时设立。登记机构应当向建设用地使用权人发放建设用地使用权证书。”

三、建设用地使用权的内容

建设用地使用权经登记生效后，建设用地使用权人享有以下权利：

1. 利用土地从事建筑的权利。建设用地使用权人有权占有土地并在土地上建造建筑物、构筑物及其附属设施。但是，使用权人在利用土地时，不得擅自改变土地用途，如将非商业用地改为商业用地。另外，在地表、地上和地下分别设立建设用地使用权的情形，后设立的建设用地使用权人不得以损害已设立之用益物权的方式利用土地。

2. 获得所营造之建筑物的所有权。依《物权法》第142条的规定，除有相反证据证明外，建设用地使用权人建造的建筑物、构筑物及其附属设施的所有权属于建设用地使用权人。我国的不动产法律确立了“房地分离”（土地所有权与地上建筑物所有权分离）的原则，从而在维持土地国有或集体所有的前提下，使得私主体可享有建筑物的所有权，但是，对建筑物所有权的享有终究需要土地权利的支撑，因此，在制度设计上应最大限度地确保建筑物所有权人与土地之上的用益物权人相吻合。

3. 处分权。建设用地使用权人有权通过出卖、赠与或者互换等方式转让建设用地使用权，也可在其上设立抵押权。《物权法》第145条规定：“建设用地使用权转让、互换、出资或者赠与的，应当向登记机构申请变更登记。”对该条所称“变更登记”，应作登记生效的理解，也就是说，不经登记，不发生建设用地使用权转让的效果。另外，根据《物权法》第146、147条的规定，建设用地使用权转让、互换、出资或者赠与的，附着于该土地上的建筑物、构筑物及其附属设施一并处分；建筑物、构筑物及其附属设施转让、互换、出资或者赠与的，该建筑物、构筑物及其附属设施占用范围内的建设用地使用权一并处分。

四、建设用地使用权的消灭

根据《物权法》及相关法律法规的规定及法理，建设用地使用权因下列原因而发生消灭：

1. 建设用地使用权期间届满。建设用地使用权设有期限，应随该期限的届满而发生终止。但是，考虑到届满时地上存续建筑物的所有权归属问题，《物权法》第149条作出了如下规定：“住宅建设用地使用权期间届满的，自动续期。非住宅建设用地使用权期间届满后的续期，依照法律规定办理。该土地上的房屋及其他不动产的归属，有约定的，按照约定；没有约定或者约定不明确的，依照法律、行政法规的规定办理。”如自动续期或者由当事人协议续展使用权期间，则建设用地使用权将继续存在。

建设用地使用权期限届满的法律效果，是我国《物权法》上的一个难题，其核心问题是建设用地使用权届满后地上建筑物的归属问题。该法第149条的规定可归结为以下两个方面：①在法律政策上区分住宅建设用地与非住宅建设用地，保障住宅所有权人的利益，通过自动续期的规定，使住宅所有人继续保有该住宅所占用之土地的使用权；②对于非住宅（如工业、商业等）用地，其续期问题则须“依照法律规定办理”，此处的“法律”应指未来就此问题作出的法律规定。

如果无法续期，则非住宅建设用地使用权到期后就需要解决地上建筑物的归属问题。如前所述，在建设用地使用权存续期间，使用权人可以营造建筑物并保有其所有权。由于建筑物所有权的享有必须以合法地拥有其占用土地的使用权为前提，而建设用地使用权的期限届满（且无法续期），则恰恰使该使用权发生消灭，于是，建筑物所有人的所有权就失去了土地权利的支撑，而必须发生权利的变动。根据《物权法》第149条第2款的规定，在建设用地使用权因期间届满而消灭时，关于非住宅建设用地地上建筑物的归属首先应适用当事人之间的约定，也就是说，在设立建设用地使用权的合同中，当事人可约定该权利因期限届满而消灭之时地上建筑物的处置规则。不过，由于建设用地使用权出让合同的出让方为政府部门，至少就目前的实践而言，通常并不就上述事项作出特别约定。如果当事人之间没有特别约定，则地上建筑物的归属问题，“依照法律、行政法规的规定办理”。问题是，此处的“法律、行政法规”指的是既有的规范还是未来的规范？在既有的规范中，国务院于1990年5月19日颁布实施的《中华人民共和国城镇国有土地使用权出让和转让暂行条例》第40条规定：“土地使用权期满，土地使用权及其地上建筑物、其他附着物所有权由国家无偿取得……”这一规定是否具有普遍的适用力？是否是一项深思熟虑的制度安排？本书作者对此持怀疑态度。如果参考与建设用地使用权有一定相似之处的地上权制度，则在土地利用之权利期间届满的情形下，通常建筑物所有人可要求土地所有人按市价购买地上建筑物；如果后者拒绝购买，则应续订土地使用权合同。此项规则可供我国未来相关立法借鉴。

2. 建设用地使用权期间届满前，因公共利益需要提前收回该土地。根据《物权法》第148条的规定，在以此种方式终止建设用地使用权时，应当依照该法第42条的规定对该土地上的房屋及其他不动产给予补偿，并退还相应的出让金。

3. 因建设用地使用权人违法使用土地或者长期不使用土地，而由出让人提前收回该土地。所谓“提前收回”，其性质应为终止权的行使，即出让方可在出现前述情形时单方面终止建设用地使用权出让合同。

4. 因土地灭失而消灭。根据《物权法》第150条的规定，建设用地使用权消灭的，出让人应当及时办理注销登记。登记机构应当收回建设用地使用权证书。

第四节 宅基地使用权

一、宅基地使用权的概念与法律特征

宅基地使用权，是指权利人依法得在集体所有的土地上建造住宅及其附属设施的权利。《民法通则》未对宅基地使用权作出明确规定，而《土地管理法》和《物权法》都对农村宅基地使用权作出了规定，后者更将宅基地使用权明确规定为一种用益物权。

尽管《物权法》明确将宅基地使用权规定为一种用益物权，但这一点并未改变此种权利财产权效力的孱弱。在现有《土地管理法》、《物权法》的框架下，集体土地之上的宅基地使用权的功能基本仅限于静态地对农村集体经济组织成员自行建造并拥有的私宅提供土地权利支撑。在现有体制之下，宅基地使用权的取得和享有须以集体经济组织成员的身份为前提，这就导致该种权利（以及以该种权利为基础的农村住宅所有权）几乎丧失了市场让渡的可能。《物权法》将一项权利确立为物权，原本应赋予其对世效力，并通过物权人的自由处分权达到"物尽其用，货畅其流"之目的。同为以建造为目的的土地使用权，国有土地之上的建设用地使用权已完成了真正意义上的物权化——建设用地使用权人原则上可自由让渡该权利，但是，宅基地使用权却仍停留在"可以自享，但不可让渡"的利益状态，从而难以与真正意义上的"物权"相匹配。历史地看，随着农村集体土地制度的变革，宅基地使用权的权利构造势必要走上一条向真正意义上的、具有鲜明私权属性的"物权"回归的道路。

根据《土地管理法》、《物权法》等的规定，我国的宅基地使用权具有如下法律特征：

1. 宅基地使用权的客体为集体土地。事实上，我国法律过去也承认城镇私有住宅所有者的宅基地使用权，不过，随着城市住宅不断纳入商品房开发的体制，城市住宅所涉及的土地权利主要表现为在国有土地之上确立的建设用地使用权。有鉴于此，《物权法》明确地将宅基地使用权的客体界定为"集体所有的土地"。

2. 宅基地使用权的主体为农村集体经济组织的成员。宅基地使用权设立于集体土地之上，实际上是集体经济组织成员对集体所有的土地的一种利用，因

此，原则上仅有本集体经济组织的成员才有资格依其建筑房屋的需要获得宅基地使用权的分配。

3. 宅基地使用权依分配的方式为权利人所获取。与在国有土地上设立建设用地使用权的市场化不同，当前我国在农村地区实行的宅基地使用权仍具有依身份而获得分配的性质。近些年来，许多地方开始对宅基地的使用收取一定的费用，但是，这一点并不意味着宅基地使用权的市场化，依身份取得宅基地使用权这一点并未发生变化。

4. 宅基地使用权的内容是为依法建造、保有私人住宅之目的而对土地加以占有和使用。对土地的利用，不能逾越这一目的的限制。

二、宅基地使用权的设立

如前所述，尽管宅基地使用权被《物权法》规定为一种用益物权，属于在“他人”之物上取得的物权，但是，实际上，作为土地所有权人的“集体”与其成员并非两个独立的利益主体。因此，宅基地使用权的设立也并不表现为两个私主体之间基于意思自治而实施的法律行为，而是表现为一种以身份为基础的分配过程。

《物权法》本身并未对宅基地使用权的具体规则作出规范，该法第 153 条规定：“宅基地使用权的取得、行使和转让，适用土地管理法等法律和国家有关规定。”根据《土地管理法》及相关规定，宅基地使用权的设立须遵循以下几方面的规则：

1. 须经法定程序。宅基地使用申请人须为宅基地所在地集体经济组织的成员；申请人首先须向集体经济组织提出用地申请，经集体经济组织同意后，须报乡（镇）人民政府审核，最后由县级人民政府批准。

2. 应确有因建造住宅而需要用地的必要。根据《土地管理法》的规定，农村村民一户只能拥有一处宅基地；农村村民出卖、出租住房后，再申请宅基地的，不予批准。

3. 应当符合乡镇土地利用总体规划，并尽量使用原有的宅基地和村内空闲地；宅基地的面积不得超过省、自治区、直辖市规定的标准。

三、宅基地使用权的内容

宅基地使用权人享有以下主要权利：

1. 为建造住宅的目的而使用宅基地。宅基地使用权人有权在土地之上营造住宅及其附属设施，权利人不得擅自变更土地用途。

2. 保有所建造住宅的所有权。享有宅基地使用权是获得在其上所建造住宅之所有权的基础，宅基地使用权人因合法的建造行为而直接取得房屋的所有权（《物权法》第 30 条）。

3. 有限处分权。根据我国目前的法律，宅基地使用权不得单独让与，不得单独抵押。在转让建造在宅基地之上的住宅时，该宅基地的使用权一并转让；以建造在宅基地之上的住宅抵押的，在实现抵押权时，宅基地使用权一并转让。不过，现行法对于农村住宅的转让也设置了很多限制（原则上只能转让和抵押于本集体经济组织成员），这就进一步压缩了宅基地使用权人的处分权。另外，根据《土地管理法》的明确规定，农村村民出卖、出租住房后，再申请宅基地的，不予批准。

四、宅基地使用权的终止

《物权法》第154条规定："宅基地因自然灾害等原因灭失的，宅基地使用权消灭。对失去宅基地的村民，应当重新分配宅基地。"

该条系对宅基地使用权因客体灭失而发生消灭之效果的规定。实际上，因土地灭失而丧失宅基地使用权的情形并不多见，宅基地使用权还可因国家征收集体土地、权利人不按批准的用途使用土地而被收回等原因而消灭。

第五节　地役权

一、地役权的概念与法律特征

（一）地役权的发展历史

地役权是一种古老的法律制度，产生于古代罗马法。在农业生产中，邻近的土地之间经常有相互利用的必要，如通行、汲水、排水等。实际上，随着土地私有制的确立，一方面，私人开始享有自己土地的所有权；另一方面，也开始为自己土地的利益而通过合约取得对邻近土地的地役权。此种地役权在罗马法上称为"乡村地役权"，其出现的年代相当久远，几乎可追溯到土地所有权获得承认之时。后来，随着城市的发展，建筑物密集程度不断提升，从而也就产生了建筑物相互之间在支撑、采光、通风、眺望等方面的利用需要，于是，罗马法又承认了所谓"城市地役权"。另外，在罗马法上，除了为特定土地利益服务的地役权外，还有为特定人之利益而在他人之物上创设的"人役权"制度。地役权与人役权合称为"役权"。

近现代西方国家民法典基本都继受了源自罗马法的役权制度。民国时期的民法典同样也对地役权制度作出了规定，不过该法典未规定人役权。

新中国建立后，旧有的土地制度被废止。1986年的《民法通则》及后来的一些民事立法均未对地役权制度作出规范。2007年通过的《物权法》则首次在我国物权体系中确立了此种抽象的传统用益物权制度。

（二）地役权的概念

《物权法》第156条第1款规定："地役权人有权按照合同约定，利用他人的不动产，以提高自己的不动产的效益。"

所谓地役权，指的是为自己土地之利益而使用他人土地的权利。其中，为自己土地提供便利的他人土地称为"供役地"，而利用他人土地获得便利的土地称为"需役地"。关于地役权的概念，应说明以下几点：

1. 地役权存在于"他人土地"之上。地役权的设定，涉及两块土地，即供役地和需役地。地役权存在于供役地之上，而对于地役权人（即需役地的权利人）而言，该供役地系属于"他人"的土地。我国《物权法》第156条对地役权的定义使用了"不动产"的概念，而该条第2款又使用了"供役地"与"需役地"的概念。尽管确有将建筑物作为地役权客体的立法例（如德国民法、法国民法），但从《物权法》第十四章的总体规定看，应将第156条所称"不动产"解释为"土地"为宜。另外，尽管需役地与供役地通常为毗邻的土地，但却不以毗邻为必要，例如，眺望地役权或者通行地役权均可以在相互不毗邻的土地上设立。

2. 所谓"自己"、"他人"，均不限于土地的所有权人。实际上，考虑到土地公有制以及地役权系土地实际利用方面之权利的现实，我国的地役权恰恰主要发生在非所有权人之间，如土地承包经营权人之间、建设用地使用权人之间、宅基地使用权人之间等。当然，也不排除地役权设定合同的一方当事人为土地所有权人（国家或者集体）的可能性。

3. 设定地役权的目的在于提高需役地的效益。对供役地的利用，其目的在于使需役地获得利益，这种利益既包括经济、财产上的利益（如通行、取水等），也包括精神、审美上的利益（如采光、眺望）。为使需役地的权利人获得各种便利，物权法并未限定地役权的具体内容，因此，当事人享有充分的意思自治。不过，至少在地役权登记公示的可行性方面，应考虑将地役权的内容作适当的类型化，以便于公示。

4. 地役权服务于特定的需役地，而非为特定人的利益而存在。为特定人利益而设的用益物权，在性质上属于人役权，而《物权法》并未就人役权的类型作出规定。[1]

5. 地役权的设定可为有偿，也可为无偿。《物权法》第157条尽管将"费用及其支付方式"列为地役权合同的一般条款，但是，在当事人自治的前提之

---

〔1〕《物权法》征求意见稿中曾经规定"居住权"，此种物权即属于人役权的一种类型，但最终正式出台的《物权法》并未规定此种权利。

下，地役权的设定实际上并不以有偿为限。例如，A 块土地的承包经营权人甲为邻近的 B 块土地无偿设定通行地役权，则 B 块土地权利人乙可在 A 块土地上通行且无须支付代价。

（三）地役权的法律特征

1. 从属性。地役权的从属性，指的是地役权从属于需役地的所有权或者其他权利（承包经营权、建设用地使用权等）而存在，并与该主权利同命运。

在功能上，一方面，地役权因为需役地利用之便利而存在，因此地役权不能脱离权利人对需役地之权利而独立创设和存续。在创设地役权后，该权利也不得与其所附属的主权利分离而让与，或成为其他权利的标的物。另一方面，由于地役权具有从属性，在主权利发生移转时，即便当事人未就地役权是否移转作出约定，也应认为地役权当然随其主权利移转于受让人。例如，房地产开发企业甲公司为其开发的 A 块土地的利益，与邻近之 B 块土地的权利人订立一项地役权合同，约定后者不得在其拥有使用权的 B 块土地上从事高层建筑；后甲公司在 A 块土地之上建成了住宅若干，并将这些商品住宅全部出售给他人；住宅所有权的转移，也同时导致其所占有之土地的建设用地使用权的转移，而该建设用地使用权的转移，也将导致作为其从权利的 B 块土地之上的地役权的转移，也就是说，购买 A 块土地之上住宅的建筑物区分所有权人将取得对 B 块土地的“不得从事高层建筑”的地役权。

我国《物权法》明确认可了地役权的从属性。该法第 164 条规定：“地役权不得单独转让。土地承包经营权、建设用地使用权等转让的，地役权一并转让，但合同另有约定的除外。”第 165 条规定：“地役权不得单独抵押。土地承包经营权、建设用地使用权等抵押的，在实现抵押权时，地役权一并转让。”

2. 不可分性。地役权的不可分性，指的是地役权的取得、消灭或者享有应及于需役地和供役地的全部，不得分割为数部分或者仅为一部分而存在。地役权存在的目的，一方面，在于为需役地提供便利，故应及于需役地的全部；另一方面，地役权对于供役地构成一项负担，而该负担在地役权设定的目的范围内也应及于供役地的全部。

地役权的不可分性意味着：①如地役权所附属的主权利为多人所享有，则共有人之一不得仅为自己享有之份额取得地役权，也不得按其应有的部分使已存在的地役权消灭。例如，甲、乙按各 50% 的份额共同享有一块土地的建设用地使用权，则甲或者乙无从仅为自己之权利份额而针对丙的土地（供役地）设定眺望地役权；如甲、乙已在丙享有建设用地使用权的土地上设定了眺望地役权，则甲或者乙不得按其权利之应有份额抛弃地役权，而使地役权消灭 1/2。②需役地如经分割，则地役权原则上为分割后各部分之利益继续存在。③供役地如经分割，则地役权原则上仍继续存在于分割后的各部分之上。

二、地役权的功能

地役权的基本功能，在于为需役地的利益与便利而使用供役地。除地役权外，这一功能至少还可以通过其他两项制度安排来实现，即可以通过“土地租赁”或者“相邻关系”来实现。然而，一方面，通过租赁他人土地固然也可以为自己的土地提供便利，但是，土地租赁关系仅具有债的性质，承租人不能据此对抗第三人，而地役权则可利用其对抗第三人的物权属性，实现对他人土地之稳定的利用；另一方面，尽管法定的相邻关系在内容上与地役权有相似之处（如都可包含通行、汲水、排水、采光等内容），但后者的目的仅在于界定所有权或者相关权利的内容，其所涉及的对他人土地的利用仅系一种最低限度的利用，未必能满足当事人的具体需求。例如，为保障不动产权利人的基本需求，相邻关系应对建筑物的通风、采光等作出法定的调整，但是，此种规范并不能保障不动产权利人获得完美的通风、采光条件，事实上，它仅能使权利人获得一般社会观念意义上的最低限度的保障（如确保每日至少获得 2 小时日照），否则即构成对他人权利的过度限制；如果某一当事人希望获得更好的采光、通风，甚至是良好的眺望视野，那就只能通过与他人订立地役权合同而取得地役权来实现其目的。

具体而言，地役权的功能包括：

1. 以供役地供使用、收益。需役地的权利人得以供役地供其使用、收益，如通行、导水、铺设管线等。此种利用，以需役地权利人（地役权人）在供役地上采取积极的行为为其表现形态，而供役地权利人则有容忍的义务。需注意的是，地役权不得以请求供役地权利人积极从事一定行为为其内容，这是因为，作为一项物权，地役权体现的是物权人支配、控制特定物的权利，其本身并不能包含请求他人积极作为的权能（此为债权的权利内容）。

2. 禁止供役地为某种使用。供役地权利人本可依据其权利之内容，而对其土地加以利用。地役权的设定可以对这种利用加以限制为其目的，此时，地役权的内容即表现为供役地权利人的不作为义务。例如，供役地上的建设用地使用权人本可在土地上营造建筑物，而一旦为需役地设定所谓“眺望地役权”，则供役地的建设用地使用权人就负有了不得营造高层建筑的义务。供役地权利人因不得行使其本可行使的权利可能会招致不利的后果，但这种权利限制是其自由参与订立地役权合同的结果，故无不公平的问题；更何况，该权利人也能在合同中为自己不行使权利而寻求一定的对价。

三、地役权的分类

我国《物权法》并未规定地役权的具体内容，而仅是将其概括为“利用他人的不动产”。实际上，地役权的内容相当丰富，根据不同的标准，可以将其分为不同的类型：

（一）积极地役权与消极地役权

根据地役权的内容不同，可以将其分为积极地役权与消极地役权。

积极地役权，也称为“作为地役权”，是指以地役权人得于供役地上为一定行为为内容的地役权，通行、排水、汲水等地役权均属此类。消极地役权，也称为“不作为地役权”，是指以供役地权利人不得在供役地上为一定行为为内容的地役权，眺望、禁止气响干扰等地役权即属此类。

（二）继续地役权与非继续地役权

以地役权行使的状态为标准，可以将其分为继续地役权与非继续地役权。

所谓继续地役权，指的是供役地一旦具备适当状态适于地役权行使后，即不需地役权人的行为，而由其无间断地继续行使的地役权。例如，不加高建筑的眺望地役权、修筑道路的通行地役权、装设水管的汲水地役权等均属此类地役权。所谓非继续地役权，指的是权利内容的实现，每次均以地役权人做出一定行为为必要的地役权。这种地役权通常都无固定的设施，如未开设道路的通行地役权，未装设水管的汲水地役权等。

（三）表见地役权与非表见地役权

以权利的存在是否表现在外为标准，可以将地役权分为表见地役权与非表见地役权。

表见地役权，是指权利的存在与行使，依一定的事实而表现于外部的地役权，如通行地役权、地面排水或者汲水地役权等。非表见地役权，是指权利的存在与行使，无外在的事实为表现而无法从外部认识的地役权，如采光地役权、眺望地役权等。

四、地役权的设立

在规定有地役权并承认取得时效的国家，地役权可因完成取得时效而取得，此为非基于法律行为取得地役权的情形。我国《物权法》未规定取得时效制度，地役权必须通过当事人之间的法律行为而设定。

《物权法》第157条第1款规定：“设立地役权，当事人应当采取书面形式订立地役权合同。”关于以地役权合同设立地役权，需注意以下几点：

（一）地役权合同的当事人

地役权合同由供役地权利人与需役地权利人订立，具体而言：

1．供役地权利人。在传统民法上，一般只有供役地所有权人才能为他人设立地役权，因为设定地役权属于对供役地的处分，而只有土地所有权人才享有此种处分权。而在我国，由于实行土地公有制，土地所有权只能属于国家或者集体所有，而其利用又需要归于具体的自然人或者法人。因此，《物权法》扩张了可以为他人设立地役权的主体范围。也就是说，不仅土地所有权人（国家或者集体）可以为他人设立地役权，而且，供役地之上的用益物权人（如承包经营权人、建设用地使用权人等）也可作为地役权合同的主体。

2．需役地权利人。地役权设立的目的在于调节土地的利用，因此，不仅需役地的所有权人可以为自己取得地役权，而且，需役地上的用益物权人（如承包经营权人、建设用地使用权人、宅基地使用权人）也可基于其对土地的利用关系与他人订立地役权合同。

（二）地役权合同的内容

《物权法》第157条第2款列举了地役权合同一般应包含的内容，其中应引起注意的包括以下几个方面：

1．利用的目的和方法。此为地役权的具体内容，需由当事人明确加以约定。地役权人仅能在约定范围内行使其对供役地的权利，而供役地权利人在此范围内负有容忍地役权人使用的义务。

2．地役权的期限。地役权的存续期限，由当事人在合同中加以约定。当事人可约定一定存续期间，也可约定地役权为无期限限制的永久性权利。但是，如果为他人设定地役权的供役地权利人并非其所有权人，而系承包经营权人、建设用地使用权人等用益物权人，那么其对土地的处分权当然应受制于其用益物权本身的存续期间。有鉴于此，《物权法》第161条规定："地役权的期限由当事人约定，但不得超过土地承包经营权、建设用地使用权等用益物权的剩余期限。"

3．关于费用。地役权的设定，并不以有偿为限。是否有偿，应由当事人在地役权合同中予以明确。当事人未对费用作出约定的，应作无偿的解释。

（三）地役权登记

《物权法》第158条规定："地役权自地役权合同生效时设立。当事人要求登记的，可以向登记机构申请地役权登记；未经登记，不得对抗善意第三人。"由此可见，关于地役权的设立，物权法采用的是登记对抗主义。也就是说，地役权合同自成立之时起，不仅在当事人之间可能发生债的效力（如地役权人的费用支付义务等），而且也在当事人之间直接发生物权变动的效力。

不过，作为一项不动产用益物权，地役权登记仍具有重要意义。未经登记的地役权并不具有物权的完整效力，地役权人不得以其权利对抗善意的第三人。例如，A块土地（需役地）之建设用地使用权人甲与B块土地（供役地）之建设用地使用权人乙订立眺望地役权合同，约定乙不得在其土地上从事高层建筑，该合同一经订立即可使需役地权利人甲取得对B块土地的眺望地役权；但是，如果不经登记，甲对B块土地的此项地役权不能对抗善意第三人；于是，如果乙后来将其建设用地使用权转让给丙，而丙在受让建设用地使用权时并不知道B块土地上存在甲的眺望地役权，那么，甲就不能以其从乙处取得的地役权对抗丙；这就意味着，丙仍可在 B 块土地上从事高层建筑，而甲只能依具有债权效力的地役权合同向乙主张违约责任。

五、地役权的效力

（一）地役权人的权利

1. 地役权人有权依地役权设立的目的及范围使用供役地。地役权人可依据地役权合同的设定，对供役地加以必要的利用。例如，地役权合同设定道路通行权的，地役权人可以开设道路通行；设定眺望地役权的，可以请求供役地权利人不得加高建筑。

地役权人在行使其权利时，应尽量减少对供役地权利人物权的限制。关于行使地役权可能涉及的权利冲突，其规则如下：①供役地权利人的使用权受到地役权的限制，在地役权的权利范围内，地役权人优先于供役地权利人使用土地；②先设定的地役权优先于在后的其他用益物权，对此，《物权法》第 162 条规定，"土地所有权人享有地役权或者负担地役权的，设立土地承包经营权、宅基地使用权时，该土地承包经营权人、宅基地使用权人继续享有或者负担已设立的地役权"；③在同一供役地上，可设定若干个内容并不相互排斥的地役权，如设定通行地役权后，再设定采光或者眺望地役权，此时，各地役权人可各自行使其权利。

2. 地役权人有权实施附随的必要行为。例如，道路通行权人可以以自己的费用在供役地上开设道路，导水地役权人可在供役地上铺设水管。地役权人在实施此类辅助行为时，应选择于供役地损害最小的处所及方法为之，例如，在行使导水地役权时，如能铺设埋于地下的暗管，则不得选择在地面挖设明沟。

3. 地役权人的物上请求权。地役权人对于侵害其地役权之人（包括供役地的权利人），有权行使占有返还、妨害排除及妨害预防等物权请求权。

（二）地役权人的义务

1. 地役权之取得为有偿的，地役权人有义务向供役地权利人支付费用。

2. 地役权人有义务维护其在供役地上设置的设施，如导水的管线、通行的高架桥等。地役权人之所以负有此项义务，其目的在于避免供役地权利人因这些设施的毁损等原因遭受损害。

六、地役权的消灭

（一）地役权的消灭原因

地役权因下列原因归于消灭：

1. 供役地被征收。供役地被征收的，不仅土地所有权人的所有权消灭，而且该土地之上的地役权也归于消灭。

2. 地役权存续期间届满。地役权设有存续期间的，期间届满，地役权归于消灭。

3. 供役地权利人解除地役权合同。根据《物权法》第168条规定，地役权人有以下两种情形之一的，供役地权利人有权解除地役权合同，并使地役权归于消灭：①违反法律规定或者合同约定，滥用地役权；②有偿利用供役地，约定的付款期间届满后在合理期限内经两次催告未支付费用。

（二）地役权消灭的效果

已经登记的地役权消灭后，应办理注销登记，地役权人负有协同供役地权利人注销地役权登记的义务。

地役权人占有供役地的，地役权消灭后，地役权人负有占有返还义务。地役权人在供役地上有设置物的，负有回复原状的义务。

第六章
担保物权

［本章提要］

本章围绕《物权法》的规定，讨论担保物权体系。在对担保物权的概念、特征等问题作出分析之后，本章还将分别讨论抵押权、质权与留置权，其中对抵押权的讨论最为充分。

【导入性问题】

1. 担保物权如何能够发挥担保债权实现的功能？担保物权的担保功能对其法律属性有何影响？

2. 以动产为客体的抵押权在公示方面面临怎样的问题？

3. 权利质权以权利而非物为其客体，那么，它还能被称为“物权”吗？

4. 留置权与抵押权、质权之间最显著的区别是什么？

第一节　概　　述

一、担保物权的意义

担保物权，是指以确保债务清偿为目的，于债务人或者第三人所有之物或者权利上所设定的以变价权和优先受偿权为内容的定限物权。

由此定义出发，可对担保物权的意义作如下解析：

（一）担保物权以确保债务之清偿为其目的

担保物权系对物之交换价值的利用，此与建设用地使用权、地役权等用益物权系对物之使用价值的利用不同。担保物权为价值权，以优先支配标的物的交换价值为其内容，担保物权人在具备条件时有权将标的物变换为金钱并就其债权有优先受偿的权利。

担保物权的优先受偿效力正是其担保债权实现的基本方式。对于一个债务关系中的债务人而言，他对特定的债权人负有给付的义务，如其不履行到期债务，则债权人可诉请其实际履行或者要求其承担损害赔偿责任。但是，债务人——无论是自然人还是法人——往往并不限于参与一个债务关系，他经常需要面对多个债权人。根据债权的一般原理，普通债权之间具有平等性，不因其发生时间的先后等而当然地产生优先受偿的效力。这一原理最突出的表现是：当债务人因不能清偿到期债务而被宣告破产时，其普通债权人须申报破产债权，通过破产还债程序按比例平等受偿。正是在这一债权平等性的基础之上，法律确立了担保物权制度，以在特定物上设定特定债权人的优先受偿权的方式对该特定债权加以担保，以便在债务人的责任财产不足以清偿所有债务时，使有担保之债权人能够优先于无担保之普通债权人从特定物变价的金钱中受偿。

在第三人（物上保证人）提供其物供担保的情形，债权人的债权并不针对担保人，但在债务人不履行债务时，债权人同样可对担保物行使担保物权，这就极大地强化了债权的实现。另外，担保人自己同样可能对他人负债，此种情形下，担保物权的优先效力同样具有意义。

如前所述，担保物权系通过其优先受偿的效力来实现担保的功能。为实现优先受偿，首先需要将担保物变价处分，使其转化为可用于清偿债务的金钱形态，因此，变价权也就成为所有担保物权均须具有的权利内容。另外，就留置权这种法定担保物权而言，其担保功能很大程度上系通过留置债务人的动产以迫使其偿还债务来实现的，因此，留置效力也是该种担保物权的基本效力。

（二）担保物权系于债务人或者第三人之物或者权利上所成立的权利

担保物权既以确保债权清偿为目的，其客体通常均为债务人之物或者权利。但是，抵押权和质权等意定担保物权系当事人通过订立相关合同而设立，与担保物权人（债权人）无债务关系之第三人当然也可基于自愿而提供物或者权利为担保他人（债务人）履行债务而设立担保物权，此第三人也称为“物上保证人”。

担保物权的客体通常为物，包括动产和不动产。但是，担保物权的基本功能并不在于根据有体物的物理属性对其加以实际利用，而是利用财产之交换价值来融通资金。因此，作为物权之客体只能是有体物之原则的例外，抵押权和质权这两种担保物权也可以以权利为其客体，例如，在建设用地使用权上设立抵押权或者在股权上设立权利质权。另外，遵循物权客体特定的原则，担保物权原则上也须以特定的物（或者权利）为其客体，例如，如要以两个不动产来担保一项债权，则须分别在两物之上各设立一个抵押权。不过，《物权法》吸收英美法制经验，创设了浮动抵押制度，从而突破了物权客体特定的原则。

二、担保物权的特性

担保物权系具有债权担保功能的他物权，除具有物权的一般属性外，担保物权还具有以下特性：

（一）从属性

担保债权实现的功能决定了担保物权的从属性——从属于其所担保的主债权，其成立以债权成立为前提，并因债权之移转而移转，因债权之消灭而消灭。

（二）不可分性

在其所担保的债权未受全部清偿前，担保物权人可以就担保物的全部行使权利，这就是担保物权的不可分性。也就是说，担保的债权即便发生部分让与、部分清偿或者消灭，担保物权仍为担保所有各部分债权或者余存的债权而存在。

担保物权存续期间，即便担保物被分割或者部分灭失，分割后的各部分或者余存的部分仍为担保全部债权而存在。

（三）权利行使的附条件性

担保物权即便发生效力，对物权人而言，也只是获得了在将来行使变价权和优先受偿权的潜在可能性。只有在债务人到期不清偿债务时，担保物权人才有必要且才能实际行使留置、变价和优先受偿等权利。如果到期债务人正常清偿了债务，则担保物权因主债权的消灭而消灭。

（四）物上代位性

担保物权以特定物为其权利客体，依物权法的一般原理，作为物权客体的特定物灭失的，物权也应消灭。但是，担保物权着重的并非客体的物质实体，而是其交换价值。为强化担保物权的功能，法律规定，在担保物因灭失、毁损等而受有赔偿金、保险金等替代物时，基于担保物权之价值权的属性，担保物权人可以就该替代物行使优先受偿的权利，这就是担保物权的物上代位性。

《物权法》第174条对担保物权的物上代位性作出了明确的规定："担保期间，担保财产毁损、灭失或者被征收等，担保物权人可以就获得的保险金、赔偿金或者补偿金等优先受偿。被担保债权的履行期未届满的，也可以提存该保险金、赔偿金或者补偿金等。"

三、担保物权的类型

我国《物权法》规定了三个担保物权的类型：抵押权、质权与留置权。根据不同的标准，可以将这些担保物权分为不同的类型：

（一）意定担保物权与法定担保物权

以担保物权的发生原因为标准，可以将其区分为意定担保物权与法定担保物权。

意定担保物权，是指基于当事人设定担保物权的意思（合同）而发生的担保物权。《物权法》所规定的抵押权与质权均属此类担保物权。法定担保物权，是指基于法律规定而发生的担保物权，如留置权[1]等。

此分类对于判断担保物权是否发生具有重要意义：意定担保物权的效力基础在于当事人之间的合意，所以需要对当事人的行为能力、意思的真实性、处分权等要素作出判断，而且登记、交付等公示要求也仅针对意定担保物权；法定担保物权的基础在于法律的直接规定，因此需要从构成要件角度出发判断是否发生担保物权，当事人的意思并不重要。

（二）留置性担保物权与优先受偿性担保物权

以担保物权的主要效力为标准，可以将其区分为留置性担保物权与优先受偿性担保物权。

留置性担保物权，是指以留置标的物的方式迫使债务人清偿债务为主要效力的担保物权。留置权是典型的留置性担保物权。优先受偿性担保物权，是指支配标的物的交换价值，以为债务之优先清偿为主要效力的担保物权。抵押权是典型的优先受偿性的担保物权。质权则兼有上述二者的属性。

（三）不动产担保物权、动产担保物权与权利担保物权

以担保物权之标的物为标准，可以将其区分为不动产担保物权、动产担保物权与权利担保物权。

就我国法律所规定的几种担保物权而言，抵押权之标的物既可为不动产，也可为动产或者权利（如建设用地使用权）。质权之标的物，可以是动产，也可以是权利。留置权之标的物，只能是动产。

担保物权的客体不同，其设立要件、权利内容等通常也会存在差异，例如，抵押权以不动产为客体的，由于不动产物权的公示手段为登记，故《物权法》采登记生效主义，不登记不发生抵押权设立的效果；抵押权以动产为客体的，由于抵押权不转移标的物的占有，故不能以占有为其公示手段，又由于动产通常不适用登记，故《物权法》弱化了登记在抵押权设立中的意义，采登记对抗主义。

（四）占有担保物权与非占有担保物权

以担保物权是否移转担保物之占有为标准，可以将其区分为占有担保物权与非占有担保物权。

占有担保物权，是指以标的物移转给债权人占有为其成立与存续要件的担保物权，质权与留置权属于此类型。非占有担保物权，是指不以移转标的物占有于

---

〔1〕 留置权是《物权法》上明确规定的法定担保物权。关于《合同法》第286条所规定的建设工程承包人对建筑物之优先受偿权的法律性质，学理上有不同的界定。本书作者认为，在我国既有的法律框架下，将此种优先受偿权解释为法定抵押权较为妥当。

债权人为要件的担保物权，抵押权属于此类型。

担保物权的成立是否须移转占有，这不仅关系到担保物权的成立要件，而且也直接影响担保物权的内容（如孳息收取权的归属）以及担保物权的实现等。

第二节　抵押权

一、抵押权的意义

抵押权，是指债务人或者第三人不转移物的占有而向债权人提供一定财产以担保债务的履行，在债务人不履行债务时，债权人得就抵押物折价或者就其卖得的价金优先受偿的权利。在抵押法律关系中，享有抵押权的人为抵押权人（亦即债权人），提供抵押物的人为抵押人，供担保的财产称为抵押物或抵押财产。

抵押权的上述定义，包含以下几个方面的要点：

（一）抵押权为担保物权

抵押权系在抵押物上成立的以变价与优先受偿为内容的权利，具有物权的优先效力及追及效力，其性质属于物权。抵押权系在他人之物上成立之物权，性质上属于他物权。另外，抵押权是以支配抵押物的交换价值以确保债权之清偿的权利，属于担保物权的一种。

（二）抵押权设立于债务人或者第三人所提供之不动产、动产或者权利之上

传统民法上的抵押权仅以不动产为其客体，故为不动产物权。我国法律为充分发挥物的交换价值，极大地扩张了抵押物的范围——抵押权除以不动产为客体外，还可以以一般动产为客体，同时，在建设用地使用权、土地承包经营权等不动产用益物权之上也可以设置抵押。

提供抵押物的抵押人是债权人以外的人，包括为自己债务提供担保的债务人，以及为他人债务提供物之担保的第三人（物上保证人）。如由于权利的移转，而由抵押人取得对自己财产的抵押权，或者由抵押权人取得抵押物的所有权，则抵押权通常会因物权的混同而消灭。

（三）抵押权是不移转标的物占有的担保物权

抵押权的成立与存续不以抵押人将抵押物的占有移转于抵押权人为必要，这与质权、留置权这两种担保物权要求移转占有不同。

抵押权的设定和存续无须移转标的物的占有，这就意味着，抵押人仍可以继续占有抵押物，并对其加以用益。这样，抵押物的价值就可得到最充分的利用：抵押人既可以利用其使用价值，同时又可以利用其交换价值融通资金；抵押权人则可以借助抵押权的优先受偿权保障自己债权的实现。

我国法律在一般性地承认动产抵押权的情况下，抵押权与质权等其他担保物权的实质区别主要就体现在其不移转标的物占有这一属性之上。如当事人欲设立移转标的物占有的抵押权，则应属违反物权法定主义的情形，相关设权行为应不发生物权效力。

（四）抵押权是就抵押物卖得的价金优先受偿的权利

抵押权的效力主要体现在变价和优先受偿之上。债务人不履行债务时，抵押权人可以对抵押物折价以满足自己的债权，或者就抵押物卖得的价金优先受偿。

优先受偿的效力包括：①相对于债务人的其他普通债权人（无担保债权人）而言，抵押权人就卖得的价金有优先于他们受偿的权利；②如同一抵押物上存在数个抵押权，原则上，先次序抵押权人优先于后次序抵押权人受偿；③债务人受破产宣告时，抵押权人享有别除权，仍可就抵押物卖得的价金优先受偿。[1]

二、抵押权的特性

抵押权为典型的担保物权。前述担保物权所具有的从属性、不可分性及物上代位性等均为抵押权所具有的特性。就抵押权这种具体的担保物权而言，对其从属性与不可分性可作更为细致的分析，至于权利行使的附条件性和物上代位性则可参照以上对担保物权特性的一般介绍。

（一）从属性

抵押权的从属性，是指抵押权的发生、移转及消灭，均应从属于其所担保的债权而言。抵押权的基本功能在于担保债权的实现，其与所担保之债权的关系属于从权利与主权利之间的关系。

具体而言，抵押权的从属性表现在：①发生上的从属性。抵押权的成立，应以其所担保的债权存在为前提。如债权不存在，则即便抵押合同已订立甚至已进行抵押登记，抵押权同样无从设立。②移转上的从属性。《物权法》第192条规定："抵押权不得与债权分离而单独转让或者作为其他债权的担保。债权转让的，担保该债权的抵押权一并转让，但法律另有规定或者当事人另有约定的除外。"③消灭上的从属性。抵押权所担保的债权因清偿、提存、抵销、免除、混同等原因而消灭的，抵押权亦发生消灭。

抵押权从属于其所担保的债权而具有从权利的属性，这是其保障特定债权之实现的传统功能所决定的。随着社会经济的发展，抵押的功能逐渐突破了保全特定债权实现的消极担保功能，开始向媒介投资手段的积极功能方向

---

〔1〕《企业破产法》第109条规定："对破产人的特定财产享有担保权的权利人，对该特定财产享有优先受偿的权利。"

发展。这就要求抵押权摆脱其对特定债权的依附性，而以其自身的独立价值抽象存在。若抵押权从属于特定债权，则该债权的瑕疵将直接影响抵押权的效力，该债权的消灭、变更等也均对抵押权的确定性和安定性产生影响。在许多国家，抵押权的抽象化及证券化早已成为现实。

（二）不可分性

抵押权的不可分性，指的是被担保的债权未得到全部清偿前，抵押权人可以就抵押物的全部行使权利的特性。

我国现行法上对抵押权不可分性的规定体现在《担保法解释》第71、72条。该解释第71条规定："主债权未受全部清偿的，抵押权人可以就抵押物的全部行使其抵押权。抵押物被分割或者部分转让的，抵押权人可以就分割或者转让后的抵押物行使抵押权。"第72条规定："主债权被分割或者部分转让的，各债权人可以就其享有的债权份额行使抵押权。主债务被分割或者部分转让的，抵押人仍以其抵押物担保数个债务人履行债务。但是，第三人提供抵押的，债权人许可债务人转让债务未经抵押人书面同意的，抵押人对未经其同意转让的债务，不再承担担保责任。"

由以上规定可知，抵押权的不可分性表现在以下三个方面：①就抵押物而言，抵押权在物上成立后，如抵押物被分割，则抵押权并不因此而受影响，也就是说，抵押权人仍然可以就分割后各抵押物之全部行使抵押权。例如，甲、乙因共同继承关系而共有平房4间，二者因向丙举债而在共有房屋之上为丙设立抵押权，而后甲、乙二人分割共有房屋，各得其中的两间，此时，丙仍可就全部4间房屋行使抵押权而不受抵押物分割的影响。②就债权而言，抵押权所担保的债权被分割或者部分转让的，抵押权仍继续存在而由各债权人共享之，此时，在各债权人之间成立抵押权的共有（准共有），各债权人以其所享有的债权比例按份享有抵押权。例如，甲对乙享有100万元债权，乙以其所有的一处房屋为甲设立抵押，后甲将其债权中的40万元转让给丙，则在乙不能清偿甲、丙之债权时，后者可共同行使对该房屋的抵押权。③就债务而言，以抵押权所担保的债务，如经分割或者发生部分之债务承担，抵押权不受影响，也就是说，抵押人仍以其抵押物担保数个债务人各自履行债务。例如，甲、乙共同对丙负有100万元的债务，并以二人共有的不动产为丙设立抵押权，后甲、乙二人分割共同债务，由二人各自向丙负担50万元，此时，丙仍能以抵押物的全部担保其对甲、乙二人的债权，即便甲已清偿了自己的债务，在乙不能清偿其债务时，丙仍能就抵押物的全部行使抵押权。

三、抵押权的取得

抵押权，除因继承等原因可依法律行为以外的原因取得外，原则上应基于法律行为而取得。《物权法》上规定的抵押权为意定担保物权，其设立须以抵押合同为之，并需考虑抵押登记的因素。

（一）抵押合同

抵押合同由抵押权人与抵押人订立。根据《物权法》第185条的规定，抵押合同须以书面形式订立。

1. 当事人。抵押合同的当事人为抵押权人与抵押人。因抵押权设立之目的是为担保债权的实现，故抵押权人必为所担保之债权的债权人。抵押人为提供抵押物并为债权人设立抵押权之人，其多为该债务关系的债务人，但也可为第三人（物上担保人）。

抵押人为债务人时，如该债务人到期不清偿债务，则抵押权人可以行使抵押权，就抵押物变价的金钱优先受偿；如抵押物变价不足以清偿债权，则债权人当然还可依其债权要求债务人继续偿还余额。

抵押人为第三人时，如债务人到期不清偿债务，抵押权人固然可以就抵押人所提供的抵押物变价受偿，但抵押人对债权人的责任，也仅以抵押物的价值为限：在债务人不履行债务时，抵押权人不得向物上担保人要求代为履行；当抵押物变价所得之价值不能完全清偿债务时，抵押权人也不得要求抵押人承担其他责任。简而言之，当抵押人为债务人以外的第三人时，在抵押人与抵押权人之间仅有物权的关系，而不存在债的关系。

2. 标的物。关于抵押权的标的物，《物权法》第180条作出了规定，包括：①建筑物和其他土地附着物；②建设用地使用权；③以招标、拍卖、公开协商等方式取得的荒地等土地承包经营权；④生产设备、原材料、半成品、产品；⑤正在建造的建筑物、船舶、航空器；⑥交通运输工具；⑦法律、行政法规未禁止抵押的其他财产。

由该条规定可知，我国《物权法》规定的抵押权标的物范围十分广泛，它不仅包括不动产（但是土地所有权由于不具有流通性而不得作为抵押权的标的），而且也包括一般动产以及建设用地使用权、土地承包经营权等不动产上的用益物权。这与大陆法系传统民法抵押权原则上仅以不动产为对象存在显著的差异。

物权法之所以扩大抵押权的标的物范围，其主要目的是为了增强市场经济条件下自然人与法人的融资能力，最大限度地在法律上消除实现物尽其用的障碍。然而，抵押权标的物的无限扩张，也带来了一个难题，即如何依物权法确定的公示原则对这些抵押权进行公示的问题。不动产抵押权的公示可以以登记方式进行，而动产抵押权的公示往往会遭遇技术上的困难：一方面，作为不移转占有的担保物权，动产抵押权无从以交付这种通常的动产公示方式进行公示；另一方面，动产种类繁多，在现有的技术条件下，几乎不可能为它们确立有效的登记公示制度。因此，在本书作者看来，在解释上需要从公示手段的有效性方面对《物权法》所确定的抵押权客体予以适当限制。

另外，自抵押人与抵押标的物的关系方面而言，由于为他人设立抵押权系属于对自己财产的处分行为，故要求抵押物应为抵押人所有。抵押人如以自己不享有处分权之物为他人设立抵押，则抵押行为构成无权处分，其是否能够产生抵押权设定的效果，须视抵押物所有权人是否同意或者抵押人事后（最迟应在抵押权人主张实现抵押权之前）是否取得该物所有权而定。

根据《物权法》第106条之规定，该条有关所有权善意取得的规定也可适用于其他物权的善意取得。问题是，抵押权可否善意取得？对此学界存有争议。本书作者认为，应区分不动产抵押与动产抵押分别对待。如抵押物系不动产，抵押人无处分权但却被登记为处分权人，则在抵押权人善意且已完成抵押登记的情形下，抵押权人可善意取得抵押权，应无疑义。如抵押物为动产，则能否适用抵押权的善意取得却存在很大争议。一方面，学理以及部分国家立法例将动产善意取得作为占有的一项效力加以对待，而动产抵押的抵押权人根本不占有抵押物；另一方面，在实证法上，《物权法》第106条也将“应当登记的已经登记，不需要登记的已经交付给受让人”作为善意取得的一项要件。据此，善意取得质权不成问题，因为质权人取得了质物的占有，而动产抵押权能否适用善意取得却难以简单回答。本书作者认为，在该问题上仍可借助动产抵押的“登记对抗”规则区分对待：在抵押人无处分权而将动产抵押的情形下，如已完成抵押登记，则可准用不动产善意取得的规定以及“应当登记的已经登记”的法律规定，认定成立抵押权的善意取得；相反，如动产抵押未登记，则解释上以认定不适用抵押权善意取得为妥。

（二）抵押登记

物权公示是物权法的一项基本原则。作为一项重要的物权，抵押权的设立当然也需要考虑公示的因素。抵押权的客体虽然包括不动产、不动产用益物权和动产，但是，由于其具有不移转占有的权利属性，因此，即便是动产抵押权也不能通过交付的方式予以公示。于是，登记就成了抵押权公示的一般手段。

关于登记对抵押权设立的影响，存在两种立法例：登记要件主义与登记对抗主义。依前者，抵押权的设立，除需要由抵押人和抵押权人（债权人）订立抵押合同外，还需双方办理抵押登记，不登记则不发生抵押权设立的效力。依后者，仅需在抵押人与债权人之间达成抵押的合意，抵押权即可设立，但是，未经登记，抵押权人不得对抗第三人。登记要件主义以德国法为典型代表，我国台湾地区"民法"也采用了此种立法例。登记对抗主义则以法国法为代表。考虑到物权应具有的绝对性、对世性，登记要件主义似乎更为合理。依逻辑，在登记对抗主义之下，将可能产生不具有对抗性的物权。

在抵押权的设定上，我国《物权法》兼采了登记要件主义与登记对抗主义。

1. 登记生效主义。根据该法第 187 条的规定，凡以建筑物和其他土地附着物、建设用地使用权、以招标等方式取得的荒地等土地承包经营权以及正在建造的建筑物抵押的，应当办理抵押登记。抵押权自登记时设立。关于此条规定所确立的登记要件主义，有两点值得注意：①以登记为要件的抵押权，均为设立在不动产或者其权利之上的抵押权，符合《物权法》第 9 条确立的不动产物权的设立须以登记为要件的原则，抵押登记机构亦为不动产的登记机构；②以前列财产抵押的，不经登记，不发生抵押权设定的效果，但是，抵押合同本身在成立时即应发生效力。这就意味着，根据抵押合同，债权人有权要求抵押人协助其完成抵押登记，从而使其取得抵押权。

1995 年《担保法》第 41 条规定："当事人以本法第 42 条规定的财产抵押的，应当办理抵押物登记，抵押合同自登记之日起生效。"该条将登记设置为抵押合同生效的要件。据此，在抵押合同已订立但未办理登记的情形，该合同尚不能发生效力；如果抵押人在订立合同后拒绝协助抵押权人办理抵押登记，则抵押权人无从依据尚未生效的合同主张登记请求权，从而也就无法取得抵押权。

考虑到前述问题对抵押权人的不利影响，《担保法解释》第 56 条第 2 款作出了如下规定："法律规定登记生效的抵押合同签订后，抵押人违背诚实信用原则拒绝办理抵押登记致使债权人受到损失的，抵押人应当承担赔偿责任。"这一规定在一定程度上可以促使抵押人办理抵押登记。然而，这一规定不仅本身欠缺法理依据，而且，尤其是在抵押人为债务人时，债权人的债权既已得不到清偿，试问，再规定抵押人（债务人）就拒绝登记行为而对债权人承担赔偿责任又有何意义？

2007 年《物权法》第 187 条规定："以本法第 180 条第 1 款第 1 ~ 3 项规定的财产或者第 5 项规定的正在建造的建筑物抵押的，应当办理抵押登记。抵押权自登记时设立。"仔细对比该条与《担保法》上对应的条文（第

41 条），可以发现，前者修正了后者要求抵押合同本身需要在登记时才发生效力的规定，而采用了“抵押权自登记时设立”的表述。本书作者认为，《物权法》的这一规定实际上承认了抵押合同具有债的效力，而且，《物权法》第 187 条所体现的抵押合同的效力与抵押权设立效力之间的区分恰恰是该法第 15 条之规则的具体表现。

2. 登记对抗主义。根据《物权法》第 188 条之规定，凡以生产设备、原材料、半成品、产品、交通运输工具以及正在建造的船舶、航空器抵押的，抵押权自抵押合同生效时设立，但是，抵押权未经登记的，不得对抗善意第三人。

关于此条规定所确立的登记对抗主义，应注意以下几方面的问题：①由于抵押权的设立不转移标的物的占有，同时此类抵押权又无须以登记为其要件，因此，抵押合同一经有效订立，即可发生抵押权设定的效果；②如果抵押合同中约定了抵押人承担协助债权人办理抵押登记的义务，则债权人仍可据此要求抵押人协助其办理抵押登记；③未办理抵押登记的，尽管不影响抵押权在当事人之间的存在，但是，抵押权人不得以此权利对抗善意第三人，例如，抵押人甲就其所有的汽车为其债权人乙设定抵押，双方订立书面抵押合同后未办理抵押登记，事后，在乙对甲的债权到期之前，甲又将汽车出售于不知情的第三人丙，那么，由于乙的抵押权未经登记，丙可取得没有权利负担的汽车所有权，债权人乙不得向丙主张实现抵押权；④根据《物权法》第 180 条第 1 款第 7 项的规定，在法律、行政法规未禁止抵押的其他财产之上都可设立抵押权，但是，该法对于这些“其他”财产并未明确采取登记要件主义还是登记对抗主义，依立法的旨意，应以采取登记对抗主义的解释为宜；⑤《物权法》对于登记对抗主义之下的登记机构也未作出规定，结合《担保法》等的规定，可作如下解释：以企业的生产设备、原材料、半成品、产品抵押的，登记部门应为财产所在地的工商行政管理部门；以交通运输工具以及正在建造的船舶、航空器抵押的，登记部门应为运输工具的登记部门；以其他财产抵押的，《担保法》规定登记部门为抵押人所在地的公证部门。

根据登记对抗主义的规则，抵押权未经登记的，不得对抗善意第三人；抵押权获得登记的，则具有对抗效力，也就是说，无论第三人事实上是否知晓物上存在他人的抵押权，抵押权人均可向其主张抵押权的实现。问题是，抵押登记何以能够成为决定抵押权是否具有对抗效力的关键因素？

依物权法原理，上述问题的答案似乎很简单——因为登记是抵押权的公示手段，而公示恰恰是物权具有对抗性的正当基础。然而，对于这一解答，人们仍然可以追问：针对这些财产所作的抵押登记是否真的能够起到公示的效果？第三人是否因为抵押登记的存在而可以（并且应当）了解抵押权存在的事实？对于机动车、船舶等特殊动产而言，目前已存在相当健全的登记制度，而且，只要辅之以合理的查询制度，第三人的确可以了解该类动产的权利状态。然而，假定甲企业将其一批产品抵押给乙银行，并且到工商行政管理部门办理了抵押登记；后甲企业又将该批产品出售给丁公司，试问，就一般交易习惯而言，丁公司在受让该批产品时，是否会去甲公司登记注册地的工商部门查阅该批产品之上有无他人的抵押权存在？而且，即便丁公司尝试去查询，而对于甲批量生产的工业品而言，丁公司又如何能够知道其购买的该批产品是否就是相关登记记录上显示设有他人抵押权的那批产品呢？

如果抵押物是由公证机关负责办理抵押登记的财产，则此类登记是否有公示效果就更值得怀疑了。公证资料并不对外供公众查询，而且，即便抵押登记资料可供查询，试问，对一个意欲购买他人之动产（如笔记本电脑）的人而言，如果想了解该物之上是否存在经过登记从而具有对抗性的抵押权，那么他应去哪个公证处寻求查询呢？如果登记根本不能起到公示的效果，那么，经登记的抵押权即具有对抗效力的规则也就难称合理了。

四、抵押权的效力

（一）抵押权担保债权的范围

抵押权担保债权的范围，是抵押权人在实现抵押权时，可以优先受偿的范围。基于抵押权的不可分性，对于债务人、抵押人或者抵押物第三取得人而言，它是使抵押权消灭所必须清偿的债务范围。

基于意思自治的原则，抵押权所担保的债权范围，由当事人在抵押合同中加以确定。当事人未约定时，根据《物权法》第173条的规定，抵押权所担保的债权范围应包括主债权及其利息、违约金、损害赔偿金、保管担保财产和实现担保物权的费用。

（二）抵押权标的物的范围

作为一项物权，抵押权也须遵循物权客体特定的原则，因此，抵押人与债权人须就抵押权之标的物达成合意，才可能设立抵押权。然而，为维护抵押权标的物的经济效用与其交换价值，各国立法往往承认抵押权之标的物应发生一定的扩张，而及于从物、从权利、孳息以及替代物等之上。

根据《物权法》、《担保法解释》以及法理，抵押权之标的物，除当事人明定的抵押物外，还应及于：

1. 从物。主物的处分及于从物，此乃主从物关系上的基本规则。在主物之上设立抵押权系对主物的处分，除非当事人有相反的意思，否则从物也将构成抵押权之标的物。对此，《担保法解释》第 63 条规定："抵押权设定前为抵押物的从物的，抵押权的效力及于抵押物的从物。但是，抵押物与其从物为两个以上的人分别所有时，抵押权的效力不及于抵押物的从物。"

2. 从权利。从权利附属于主权利，与其共命运，并且不能脱离主权利而独立存在。因此，以主权利抵押的，抵押权标的物的范围也应及于从权利。例如，以建设用地使用权抵押的，如该建设用地使用权的权利人对邻地同时享有一项地役权，则作为从权利的地役权也将被包含进抵押财产的范围。

3. 添附之物。我国现行法律虽未明确规定有关添附的规则，但《担保法解释》中却已包含了添附对抵押权标的物之影响的规则。该解释第 62 条规定："抵押物因附合、混合或者加工使抵押物的所有权为第三人所有的，抵押权的效力及于补偿金；抵押物所有人为附合物、混合物或者加工物的所有人的，抵押权的效力及于附合物、混合物或者加工物；第三人与抵押物所有人为附合物、混合物或者加工物的共有人的，抵押权的效力及于抵押人对共有物享有的份额。"

4. 孳息。孳息包括天然孳息与法定孳息。抵押权设定后，由于抵押物的占有并不转移，因此孳息应仍由抵押人收取，而无从成为抵押权之标的物。但是，自因债务人不履行债务而导致抵押财产被扣押之日起，抵押权人即有权收取抵押物所产生的天然孳息与法定孳息，但抵押权人未通知应当清偿法定孳息的义务人的除外（《物权法》第 197 条）。抵押权人收取的天然孳息和法定孳息，应首先充抵收取孳息的费用，然后再充抵主债权的利息，最后充抵主债权（《担保法解释》第 64 条）。

5. 替代物。抵押期间，抵押物发生毁损、灭失或者被征收的，抵押权继续存在于所获得的保险金、赔偿金或者补偿金之上。此乃抵押权代位性的体现，已如前述。

6. 建设用地使用权与地上建筑物。土地与其地上建筑物之间具有密切的关系。依我国法律，土地所有权与地上建筑物的所有权可以发生分离，而归属于不同的法律主体。但是，地上建筑物的所有权以对该土地的建设用地使用权为基础，原则上二者不可分割。因此，根据《物权法》的规定，以建筑物抵押的，该建筑物占用范围内的建设用地使用权一并抵押；以建设用地使用权抵押的，该土地上的建筑物一并抵押。但是，该法同时也规定，建设用地使用权抵押后，该土地上新增的建筑物不属于抵押财产。该建设用地使用权实现抵押权时，应当将该土地上新增的建筑物与建设用地使用权一并处分，但新增建筑物所得的价款，抵押权人无权优先受偿。

（三）抵押权人的权利

抵押权人享有如下权利：

1. 变价处分权。债务人不履行到期债务而使被担保的债权未获清偿时，抵押权人可依法定程序对抵押物进行拍卖、变卖，使其转化为可以用于债务清偿的金钱。此时，抵押人不得以其所有权对抗抵押权人的变价权。

对于因登记而具有对抗效力的抵押权而言，抵押权人的这一权利不仅可以针对抵押人行使，而且也可以针对第三人（如取得抵押物的受让人）主张。

2. 优先受偿权。就抵押物卖得的价金，抵押权人有优先于其他无担保债权人优先受偿的权利。如债务人被宣告破产，而某债权人对债务人的特定财产享有抵押权，则该抵押权人可以主张破产法上的别除权，就该特定财产主张优先受偿。[1]

3. 顺位权。抵押权为对抵押物交换价值之利用，在同一财产上可以为担保两个以上债权而设定数个抵押权，此做法并不违反物权的排他性规则，不过，法律需确定此数个抵押权之间的受偿顺位。也就是说，顺位在先的抵押权先于顺位在后的抵押权受偿。

一物之上存在两个以上抵押权的，根据《物权法》第199条之规定，抵押物拍卖、变卖所得的价款依照以下规则清偿：①抵押权已登记的，按照登记的先后顺序清偿；顺序相同的，按照债权比例清偿。②抵押权已登记的先于未登记的受偿。③抵押权未登记的，按照债权比例清偿。

关于《物权法》第199条之规定的适用，可作分析如下：

（1）受偿顺序问题之所以重要，是因为，在一物之上存在数个抵押权的情况下，抵押物变价的金钱很可能不足以清偿该物担保的所有债权，此时，顺位在先的抵押权人可主张优先受偿。顺位在后的抵押权人固然较之其他无担保债权人处于更为优越的地位，但是，如抵押物变价的金钱已不足清偿其债权，则未受清偿部分的债权实际上已与无担保债权无异。

（2）该条之所以确定了如此复杂的抵押权顺位规则，主要是因为《物权法》兼采登记生效主义与登记对抗主义所致。

（3）对于不动产抵押而言，由于登记系抵押权设立的生效要件，故应仅适用第1项的规定，即按登记顺序确定抵押权顺位；未进行抵押登记的，不发生抵押权设定的效果，自然也就没有顺位的问题了。

（4）对于动产抵押而言，由于《物权法》采取了登记对抗主义，抵押权的

---

〔1〕《企业破产法》第109条：“对破产人的特定财产享有担保权的权利人，对该特定财产享有优先受偿的权利。”

设立不以登记为生效要件，于是，如果一个抵押物上同时并存已登记的抵押权和未登记的抵押权时，即便前者设立时间在后，其优先受偿的顺位也在先；如在已登记抵押权之外还存在两个以上未登记的抵押权，或者动产之上仅有数个均未登记的抵押权，那么，这些未经登记的抵押权相互之间不具有优先的效力，各抵押权人依其债权比例由抵押物变价的金额中平等受偿。

关于抵押权的顺位，存在顺位固定主义与顺位升进主义两种立法例。所谓顺位固定主义，是指顺位在先的抵押权因实行抵押权以外的原因（如因债务人的清偿）而消灭时，顺位在后的抵押权并不升位而仍维持原有的顺位。德国、瑞士民法采此种固定主义的立法例。所谓顺位升进主义，则是指顺位在先的抵押权因实行抵押权以外的原因而消灭时，顺位在后的抵押权自动升进。法国、日本及我国台湾地区“民法”均采此种升进主义的立法例。我国《物权法》及《担保法》并未明确在此问题上的立场，但学理以采顺位升进主义为通说，司法实践也以顺位升进主义为其立场。

不同的立法例当然会在法律效果方面带来差异。例如，甲以自己的房屋为乙设立抵押权，担保50万元的债权，双方办理了抵押登记；后甲又以同一房屋为丙设立抵押权，担保60万元的债权，双方亦办理了抵押登记。如果甲对乙、丙的债务均不能清偿，而该房屋卖得价款70万元，则根据前述抵押权的优先规则，乙的50万元债权能够得到完全的受偿，而丙仅能受偿20万元。如果甲清偿了对乙的50万元债务，并因该清偿行为导致了乙的抵押权消灭，则此时抵押权的顺位主义对丙的利益有重大影响：若采顺位固定主义，则丙仍是第二顺位抵押权人，抵押物卖得的70万元价款，应首先扣除50万元归债务人甲（实际上该笔金钱要作为甲向其一般债权人偿还的责任财产），丙仍然仅就其余额20万元受偿；若采顺位升进主义，则在乙的抵押权消灭时，丙先前的第二顺位抵押权就将升进为第一顺位抵押权，从而其60万元的债权可由抵押物卖得的价款中完全受到清偿。由此例可知，顺位升进主义有利于顺位在后的抵押权人，而顺位固定主义则有利于抵押人的一般债权人。

4. 保全权。抵押权的实现有赖于抵押物价值的维持。抵押期间，如由于抵押人方面的原因导致抵押物价值减少（如拆除作为抵押财产的建筑物或砍伐已抵押林地之上的树木），则未来抵押权人在实现抵押权时可能不能得到完全的受偿。于是，法律有必要赋予抵押权人一种保全性的权利，以确保未来抵押权的有效行使。

根据《物权法》第193条的规定，抵押权的保全包括以下两个方面：①防止抵押物价值减少的权利。抵押人的行为足以使抵押财产价值减少，抵押权人有权要求抵押人停止其行为。需注意的是，此项权利仅针对抵押人的行为，如系第三人之行为导致抵押物价值降低，抵押权人不得依第193条主张保全。②恢复价值或者增加担保的请求权。如抵押财产价值减少，抵押权人有权要求恢复抵押财产的价值，或者提供与减少的价值相应的担保。抵押人不恢复抵押财产的价值也不提供担保的，抵押权人有权要求债务人提前清偿债务。需注意的是，并非只要发生抵押物价值的减少即可产生抵押权人的此项请求权。该条在措词上虽未附加条件，但依法理应对其作如下限缩解释：只有在抵押物价值的减少可归责于抵押人时，抵押权人方可主张恢复价值或者增加担保的请求权；如抵押物价值的减少不可归责于抵押人（如因不可抗力而减损价值），则抵押权人不得要求抵押人恢复价值或者增加担保。

《物权法》第193条所规定的抵押权人的保全权仅针对抵押人的行为，已如前述。然而，这是否意味着，抵押权人无法以其抵押权对抗第三人对物的侵害？质言之，《物权法》第三章规定的物权请求权是否可为抵押权人主张？对此问题，学界存在理论上争议：有观点认为，返还占有、排除妨碍、消除危险等各项物权请求权均可为抵押权人所主张；亦有相反的观点认为，抵押权人不享有上述任何一种物权请求权。本书作者认为，抵押权人不占有抵押物，故不应享有《物权法》第34条规定的返还占有请求权，但是，抵押权人应享有该法第35条规定的排除妨碍和消除危险的请求权。在抵押物因第三人之妨害行为而影响其价值时，不仅抵押人可以主张排除妨碍，而且抵押权人亦可主张。如此，抵押权人可借助排除妨碍和消除危险的物权请求权，实现针对第三人行为的抵押权保全。

（四）抵押人的权利

1. 抵押物的用益权。抵押权为不转移占有的担保物权，因此，在设定抵押权后，抵押人仍将继续占有、使用和收益抵押物。根据《物权法》第197条的规定，抵押权人只有在抵押财产依法被法院扣押后才可收取抵押物的天然孳息与法定孳息。

2. 设定多个抵押权的权利。抵押物上设定抵押权后，抵押人仍有权就同一抵押物为他人另行设定抵押权。依《担保法》第35条第2款的规定，抵押人仅能在抵押物的价值大于其所担保之债权的余额内再次抵押。这一限制其实是不必要的，抵押权的顺位规则可以解决多个抵押权担保之总债权额超过抵押物价值的问题。《物权法》取消了这一限制，抵押人可将一物为他人设立数个抵押权，而不必考虑抵押物的价值与其所担保的数个债权的债权总额。

3．在抵押物上为他人设定用益物权的权利。以不动产作为抵押的，抵押人仍可为他人设定用益物权。例如，在建设用地使用权之上设立抵押权后，抵押人仍可为他人设立地役权。抵押人之所以可以在设定抵押权后再为他人设定用益物权，是因为抵押权与用益物权各有其不同的权利内容，相互之间并不具有排斥性。至于二者之间的优先性，则遵循物权优先性的一般规则：权利在先，效力优先。举例来说，如果抵押人在设定抵押权后，再为他人设定地役权，则在实现抵押权时，抵押权人可以排除地役权的影响。

4．关于出让抵押物的权利。依法理，抵押人在为他人设定抵押权后，并不丧失对其所有之物的处分权，因此他可以不经抵押权人同意而有效地将其抵押物转让于他人。这一规则的合理性在于：已登记的抵押权具有对抗第三人的效力，因此，即便抵押物因抵押人的出让而为第三人所取得，抵押权人仍可以对该第三人主张抵押权，易言之，抵押物的出让并不影响抵押权人的权利，于是抵押物的出让并不需要抵押权人的同意；就采取登记对抗主义的抵押权而言，未经登记的抵押权原本就欠缺对抗第三人的效力，也就是说，抵押物出让的，第三人可以取得没有负担的所有权，抵押权人不得向第三人主张权利，既然此种抵押权具有效力上的缺陷，抵押权人在法律上也就无法控制抵押物的出让。

但是，我国的相关立法并未承认抵押人可以自由处分抵押物的规则。根据《担保法》的规定，抵押人出让抵押物的，必须通知抵押权人并告知受让人标的物已抵押的事实，否则转让行为无效。〔1〕

《物权法》则进一步限制了抵押人的处分权。该法第191条规定："抵押期间，抵押人经抵押权人同意转让抵押财产的，应当将转让所得的价款向抵押权人提前清偿债务或者提存。转让的价款超过债权数额的部分归抵押人所有，不足部

---

〔1〕不过，2000年的《担保法解释》实际上改变了《担保法》的前述规定，从而向抵押人可以自由出让抵押物的传统规则发生了回归。该解释第67条规定："抵押权存续期间，抵押人转让抵押物未通知抵押权人或者未告知受让人的，如果抵押物已经登记的，抵押权人仍可以行使抵押权；取得抵押物所有权的受让人，可以代替债务人清偿其全部债务，使抵押权消灭。受让人清偿债务后可以向抵押人追偿。如果抵押物未经登记的，抵押权不得对抗受让人，因此给抵押权人造成损失的，由抵押人承担赔偿责任。"由该条解释可知，无论抵押权属于登记生效的情形还是登记对抗的情形，抵押人在抵押期间转让抵押物而未告知抵押权人的，转让行为均可发生效力，受让人均可取得抵押物的所有权。不过，对于已登记之抵押权而言，受让人取得是一个具有抵押权之权利负担的所有权，抵押权人仍可追及物之所在而行使抵押权；而对于采登记对抗主义而事实上又未获得登记的抵押权而言，抵押人转让抵押物的，受让人直接取得无负担的所有权，抵押权人不得依其未经登记的抵押权对抗受让人。

分由债务人清偿。抵押期间，抵押人未经抵押权人同意，不得转让抵押财产，但受让人代为清偿债务消灭抵押权的除外。”

对《物权法》第191条的主要内容可作如下分析：①抵押人在其物上为他人设立抵押权后，其对该物的处分权即受到限制，以至于必须获得抵押权人的同意后方可有效地转让该物。在抵押物为房屋等不动产的情形下，如果抵押物转让未取得抵押权人的同意，则不动产登记机构将不予办理抵押物所有权移转登记。②在经抵押权人同意后，抵押人向第三人转让抵押物的行为有效，受让人可据此获得抵押物的所有权。不过，在此种情形下，转让抵押物所得的价款必须提前用于清偿债务或者提存。③抵押人未经抵押权人同意不得转让抵押财产，如未经抵押权人同意而转让抵押财产，则转让行为原则上不能发生效力，受让人不能取得抵押物所有权。④虽未经抵押权人同意而转让抵押财产，但受让人代债务人清偿债务而消灭债权的，抵押权亦发生消灭，从而受让人可取得所有权。

相对于传统民法以及《担保法》及其司法解释的规定，《物权法》的此条规定似乎有意强化对抵押权人的保护。问题是，抵押人转让抵押物需经抵押权人同意的规则是否真的有必要？

对于具有对抗性的已登记抵押权而言，即使抵押物发生所有权的转移，抵押权人在抵押物上的权利也不会受到任何影响，也就是说，抵押物受让人取得的是有抵押权负担的所有权，抵押权人仍可向受让人主张实现抵押权。如受让人系因买卖等有偿行为而取得抵押物所有权，则其可向转让抵押物的抵押人主张权利瑕疵担保，同时，受让人亦可通过代为清偿债务以涤除其所有权上的负担。

对于未经登记的动产抵押，抵押权人不得以其权利对抗善意第三人。因此，如果抵押人未经抵押权人同意而将抵押物转让给善意的第三人，后者显然应无负担地取得抵押物的所有权。如果受让人非善意，则抵押权人可以其抵押权对抗受让人，也就是说，抵押权将继续存在于受让人取得的抵押物之上。

综上，《物权法》第191条规定抵押物的转让须经抵押权人的同意似乎并无充分的法理依据。

（五）抵押权与承租权

所谓承租权，指的是承租人依租赁合同的效力所取得的权利。在性质上，承租权属于债权。但是，由于承租权直接表现为承租人对租赁物加以用益的权利，而且，更重要的是，承租权还存在所谓“物权化”的现象，因此，《物权法》专门就抵押与租赁的潜在权利冲突作出了规范。

《物权法》第190条规定：“订立抵押合同前抵押财产已出租的，原租赁关系不受该抵押权的影响。抵押权设立后抵押财产出租的，该租赁关系不得对抗已登记的抵押权。”根据该条规定可知：①租赁合同订立在先的，抵押权的设定不影响租赁合同的效力，也就是说，在因抵押权人行使抵押权而使抵押物所有权发生转移时，承租人仍可以向受让人主张租赁合同上的权利，显然，这一规则体现了《合同法》第229条所确立的“买卖不破租赁”的规则；②如果抵押权设立在先，而租赁合同订立在后，则抵押权的行使不受租赁关系的影响，也就是说，如因行使抵押权而导致抵押物为第三人所取得，则承租人不得向该第三人主张其在租赁合同上的权利。

五、抵押权的变更与消灭

（一）抵押权的变更

抵押权具有意定性，遵循民法意思自治的原则。抵押权的设立须经双方的合意（即订立抵押合同），同样，通过抵押人与抵押权人的合意当然也能变更抵押权的内容。

在抵押权的变更中，比较重要的是抵押权所担保债权数额的变更以及抵押权顺位的变更。如果抵押权的变更与第三人利益无关，法律自然没有限制的必要。但如果抵押权内容的变更将直接影响第三人的利益，则有必要对变更的效力加以限制，以使抵押权的变更不损害第三人的利益。此即为《物权法》第194条的立法宗旨，该条规定：“抵押权人可以放弃抵押权或者抵押权的顺位。抵押权人与抵押人可以协议变更抵押权顺位以及被担保的债权数额等内容，但抵押权的变更，未经其他抵押权人书面同意，不得对其他抵押权人产生不利影响。债务人以自己的财产设定抵押，抵押权人放弃该抵押权、抵押权顺位或者变更抵押权的，其他担保人在抵押权人丧失优先受偿权益的范围内免除担保责任，但其他担保人承诺仍然提供担保的除外。”

对该条有关抵押权顺位变更的规定，可作如下解析：①所谓协议变更顺位，指的是在同一物上享有抵押权的数个抵押权人将其抵押权顺位相互交换。[1]例如，甲在其房屋之上先后为乙、丙、丁各自的30万元、50万元和80万元债权设立抵押，乙为第一顺位抵押权人，丁为第三顺位抵押权人；若乙、丁之间协议交换抵押权顺位，欲使丁的抵押权成为第一顺位而使乙的抵押权处于第三顺位，这

〔1〕《物权法》第194条在对抵押权顺位变更作出规定时，将变更协议的主体设置为“抵押权人与抵押人”，实际上，顺位变更安排应在数个抵押权人之间进行。该条规定在表述上存在问题。

一安排即为顺位变更。②当事人变更抵押权顺位的，应作抵押权变更登记，不登记不产生效力。③若抵押物上还存在其他抵押权人，根据该条规定，顺位变更虽然无须征得其他抵押权人的同意，但未经同意，这一顺位变更不得对其他抵押权人造成不利影响。在前例中，倘若抵押物卖得100万元价款，则在不变更抵押权顺位的情形下，乙的30万元债权和丙的50万元债权均可完全得到清偿，而丁则仅得受偿10万元；如允许乙、丁自由交换顺位而完全无视丙的利益，则丁的80万元债权可以得到完全清偿，而丙则只能受偿20万元；依《物权法》第194条的规定，乙、丁之间变更抵押权顺位的，不得损害丙的利益，这就意味着，即便乙、丁之间交换了顺位，丁的80万元债权也仅能受偿50万元，这是因为丙的50万元债权必须确保受偿。

（二）抵押权的消灭

抵押权可因以下原因而消灭：

1．所担保之债权消灭。抵押权具有从属性，在其所担保的债权因清偿、提存、抵销、免除等原因而消灭时，抵押权的目的即已实现而自然发生消灭。

2．抵押权的实行。债务人不履行到期债务或者发生当事人约定的实现抵押权的情形，抵押权人可以与抵押人协议以抵押财产折价或者以拍卖、变卖该抵押财产所得的价款优先受偿，此即为抵押权的实行。抵押权之目的在于担保债权的实现，因此，在债权因债务人不履行而不能实现时，抵押权行使的条件即已具备，债权人可以实行抵押权。

依我国法律的规定，抵押权人在实现抵押权时，首先需就抵押权的实现方式与抵押人协商，如当事人可以决定采取折价方式，即将抵押物折合现金，通过将抵押物所有权直接转移给债权人来抵偿债务。当事人也可在协商一致的基础上将抵押物拍卖、变卖，并使抵押权人就卖得的价款优先受偿。

抵押权人与抵押人未就抵押权实现方式达成协议的，抵押权人不得自行行使抵押物的变价处分权，而应该请求人民法院拍卖、变卖抵押财产。至于相关程序安排，我国《民事诉讼法》并未将抵押权人请求法院拍卖、变卖抵押财产作为非诉程序加以规定，因此，应适用普通诉讼程序。

抵押权因实行而消灭。债权因抵押权的行使而受清偿的，该债权也发生消灭。债权人在行使优先受偿权后，抵押物变价的金额仍有剩余的，应返还抵押人。抵押物的价金不足以清偿债权的，在不足的限额内，债权人仍可向债务人求偿。

根据《物权法》第202条的规定，抵押权人应当在主债权诉讼时效期间行使抵押权；未行使的，人民法院不予保护。这就意味着，抵押权的行使实际上也受诉讼时效的限制。

3. 其他原因。抵押权也可因其他原因而消灭，例如：抵押权人抛弃抵押权；债权人同意债务人与第三人之间的债务承担，而未征得抵押人同意；抵押物灭失而无替代物；抵押权因与所有权混同而消灭；等等。

六、特殊抵押

（一）最高额抵押

最高额抵押，是指抵押人与抵押权人约定，在一最高债权限额内，以抵押物的价值对一定期间内连续发生的债权作担保而设立抵押。

与传统意义上的抵押权相比，最高额抵押权具有便利交易、简化担保手续、节约交易成本的好处，从而普遍受到各国立法、学理与判例的承认。我国立法自《担保法》开始即承认了这种特殊的抵押权类型，《物权法》则继续对其加以了必要的完善。

与一般抵押权一样，最高额抵押权也设立于特定的抵押物之上，体现了物权客体特定的原则。然而，与一般抵押权不同，在设立最高额抵押权时，该抵押权所担保的债权范围并不具体确定，而只是确定了一个不得超出的最高限额以及确定债权额的相应期间，而在此期间究竟将发生多少债权尚不确定。因此，最高额抵押所担保之债权额的确定问题构成了此种抵押方式的核心问题。

依《物权法》第206条的规定，有下列情形之一的，最高额抵押权人的债权（即该抵押权所担保的债权）确定：①约定的债权确定期间届满；②没有约定债权确定期间或者约定不明确，抵押权人或者抵押人自最高额抵押权设立之日起满2年后请求确定债权；③新的债权不可能发生；④抵押财产被查封、扣押；⑤债务人、抵押人被宣告破产或者被撤销；⑥法律规定债权确定的其他情形。

最高额抵押权的功能也在于保障其所担保的债权的实现，但是，由于此类抵押权并不担保一个确定的债权，因此最高额抵押权的从属性特征并不像一般抵押权那么明显，而具有相对的独立性。例如，由于一般抵押权具有从属性，在其所担保的主债权移转时，抵押权也随之移转；而根据《物权法》第204条的规定，最高额抵押担保的债权确定前，部分债权转让的，最高额抵押权不得转让，但当事人另有约定的除外。

在最高额抵押权的设立、行使等方面，法律未作出专门规定的，应适用一般抵押权的有关规定。例如，在最高额抵押权是否需要登记的问题上，应区分标的物的类型而分别适用登记生效主义或者登记对抗主义。

（二）浮动抵押

所谓浮动抵押，指的是作为抵押人的经营者与抵押权人约定，以其现有的和将有的所有经营性动产作为一个集合客体并在其上设立抵押权，在债务人不履行到期债务时，债权人有权对实现抵押权时的动产行使变价和优先受偿的权利。

浮动抵押系源自英美法的一种特殊的抵押制度。依大陆法系物权法的基本原理，物权客体必须特定，不得在非特定的物上设定物权，而浮动抵押权却设立于不特定的集合物之上——其权利客体不限于一物，而且还具有变动性。按照传统的抵押权制度，如果企业经营者希望以企业财产设定抵押权以供融资之用，则必须分别在每一个财产之上设立一个抵押权。如此，不仅手续繁琐，交易成本巨大，而且也破坏了企业财产作为一种有机的集合物所具有的特定价值。因此，在英美法之外，许多大陆法系国家也都承认了浮动抵押或者类似的财团抵押制度。在我国，《担保法》的立法尚未承认浮动抵押制度，而《物权法》则明确规定了该制度。

依我国《物权法》的规定，浮动抵押权具有如下特征：

1. 能够作为抵押人在自己的财产上设立浮动抵押权的必须是企业、个体工商户、农业生产经营者等经营者，非经营者不得在自己的财产上设立浮动抵押权。

2. 抵押权的客体是抵押人现有的以及将有的生产设备、原材料、半成品、产品等动产，其具体构成处在不断的变化之中。设立抵押权后，抵押财产在正常经营活动中为已支付价款的他人所取得的，该财产退出浮动抵押的范围；设立抵押后行使抵押权前，抵押人新取得的原材料等动产则自动成为浮动抵押的客体。根据《物权法》第196条的规定，处在变动中的抵押财产的范围自下列情形之一发生时确定：①债务履行期届满，债权未实现；②抵押人被宣告破产或者被撤销；③当事人约定的实现抵押权的情形；④严重影响债权实现的其他情形。

3. 设立浮动抵押，需由抵押人与债权人签订书面抵押合同。根据《物权法》第189条的规定，动产浮动抵押权自抵押合同生效时设立，但是，未向抵押人住所地的工商行政管理部门办理登记的，该抵押权不得对抗善意第三人。可见，浮动抵押权的设立，采取的是登记对抗主义。

第三节　质　　权

一、质权的意义

质权，是指债权人为担保债权，而占有由债务人或者第三人移交的动产或者可转让的财产权，在债权已届清偿期而未受清偿时，能够就该动产或者权利折价或者以其卖得的价款优先受偿的权利。在质押关系中，占有质押物或者权利的债权人为质权人，提供动产或者权利的债务人或者第三人为出质人，移交的动产或者权利为质押财产。

对以上质权的概念，可作如下几点说明：

1. 质权为担保物权的一种，具有担保物权的一般功能与属性。质权的设定，其目的系为了担保一定的债权。质权具有从属性，以其所担保之债权的存在为前提，并随该债权的消灭而消灭。质权具有不可分性，一方面，质权之标的物纵然经分割而成为数物，质权仍存在于分割后的数物之上；另一方面，质权所担保的债权即便经分割或者部分清偿，质权仍担保未清偿的部分而在全部质押财产上存在。质权具有物上代位性，因质押财产毁损、灭失或者被征收而取得的保险金、赔偿金或者补偿金，仍作为质权标的物继续担保债权的实现。

2. 质权是以动产或者可转让的财产权为客体的担保物权。质权依其客体的不同，可以分为动产质权与权利质权。传统民法上的抵押权以不动产为客体，我国民法虽也承认动产抵押，但不动产仍为抵押权的主要客体。我国法律不承认不动产质权，因此质权不得以不动产为客体。有体物以外的可转让之财产权同样具有交换价值，法律亦允许在其上设立质权。

3. 质权是移转质押财产占有的担保物权。此点主要就动产质权而言。以动产出质的，质权自出质人将质物交付于质权人占有之时设立。由于我国民法也广泛承认动产抵押，因此，是否移转担保物的占有就成了区分动产质权和动产抵押权的关键要素。以可转让的财产权作质押的，如存在权利凭证，则出质人也需将权利凭证交付给质权人。

根据我国法律的规定，质权包括动产质权与权利质权两种类型，前者以动产作为质物，后者则以可转让的财产权作为质押财产。以下分别介绍这两种质权。

我国经济生活中普遍存在“典当”，而其法律性质却不甚明了，不仅相关规范的效力层级很低，[1] 且未与《担保法》、《物权法》等法律相协调，民法学对其也缺乏足够的关注。根据《典当管理办法》的规定（第3条），所谓“典当”，实际上包括了不动产抵押和动产质、权利质三种业务。对所谓房产典当，应适用《物权法》关于不动产抵押的规定。关于典当业务中的动产质与权利质实际上与《物权法》规定的动产质权与权利质权并不完全相同，而属于“营业质”。

与一般意义上的质权相比，营业质最突出的特点就在于“绝当”。通过最近的一次修订（2010年），台湾地区“民法”在质权中增加了营业质。该法第899条之二第1款规定，“质权人系经许可以受质为营业者，仅得就质

〔1〕 关于典当的规范，主要是2005年由商务部和公安部公布施行的《典当管理办法》。

物行使其权利。出质人未于取赎期间届满后5日内取赎其质物时，质权人取得质物之所有权，其所担保之债权同时消灭”。《典当管理办法》也规定了绝当。该办法第40条规定：“典当期限或者续当期限届满后，当户应当在5日内赎当或者续当。逾期不赎当也不续当的，为绝当。”但是，该办法并未明确绝当是否导致典当物所有权的转移，而是在第43条作出了如下处理：物估价金额在3万元以上的，按《担保法》规定处理；物估价金额不足3万元的，典当行可以自行变卖或者折价处理，损溢自负。该办法的上述规定意味着，在典当物估价在3万元以上时，适用《担保法》、《物权法》关于动产质权的规定，质物所有权并不移转于质权人（典当行），而是由后者行使变价权与优先受偿权；在典当物估价不足3万元时，绝当即导致典当物所有权直接发生转移，由质权人（典当行）直接取得所有权，同时其所担保的债权也消灭。

营业质确有不同于民法上一般质权的特点，基于物权法定主义，应将该种类型的质权纳入物权法的体系。

二、动产质权

（一）动产质权的意义

动产质权，是指债权人因担保其债权，占有债务人或者第三人移交的动产，而于债务人不履行到期债务时，可以以该动产折价或者以其卖得的价款优先受偿的权利。

动产质权具有如下特点：①动产质权以他人之动产为标的物，该他人多为债务人，但也可为自愿为他人债务提供担保的第三人；②动产质权须移转标的物的占有；③与抵押权一样，质权的内容为变价权与优先受偿权。

（二）动产质权的取得

1. 质权合同的订立。质权为意定担保物权。当事人须采取书面形式订立质权合同，以设立质权。质权合同通常应包括以下条款：①被担保债权的种类和数额；②债务人履行债务的期限；③质押财产的名称、数量、质量、状况；④担保的范围；⑤质押财产交付的时间。

我国法律禁止流质。在质权合同中约定债务人不履行到期债务时质押财产归债权人所有的，该流质条款无效。但是，该条款的无效不影响整个质权合同的效力。

2. 质物的交付。《物权法》第212条规定：“质权自出质人交付质押财产时设立。”《物权法》的这一条款改变了《担保法》第64条第2款关于“质押合同自质物移交于质权人占有时生效”的规定。也就是说，质权合同不必以动产的交付为生效条件，而是直接在合同成立时发生效力，不过此效力并非质权设立的物权效力，而仅仅是具有债权性质的效力——据此，债权人有权请求出质人依约定的时间交付质物，从而使质权发生。

设立动产质权，须由出质人向质权人交付质物，移转质物的占有。质物的交付通常为现实的交付，简易交付和指示交付[1]亦可替代现实交付，但是，为了确保质权的留置作用，不得以占有改定的方式设立动产质权。[2]

3．质权的善意取得。设立质权的法律行为，性质上属于处分行为，原则上应以出质人对质物享有处分权为前提。但是，根据《物权法》第106条第3款的规定，该条前两款有关所有权善意取得的规定也可准用于其他物权的善意取得。质权即为此类可因善意而取得的物权。出质人以其不具有处分权之动产出质的，如果质权人善意地受让质物的占有，即可因此善意取得该动产的质权。例如，甲借用乙的笔记本电脑，借用期间，甲向丙借贷5000元，丙要求甲提供质物设立质权，甲未经乙许可即以其借用的电脑为质物与丙订立质权合同，并将电脑交付给不知情的丙，则丙可善意取得对该电脑的质权，乙不得直接向丙提出返还请求，而且在甲到期不履行债务时，丙仍可就该电脑行使变价与优先受偿的权利。

根据《物权法》第222条的规定，出质人与质权人除可设立一般动产质权外，还可设立最高额质权。有关最高额质权的法律适用，一方面，可适用一般动产质权的规定（如设立质权须移转质物的占有等）；另一方面，可参照《物权法》关于最高额抵押的规定（如其担保债权之债权额的确定等）。

（三）动产质权的效力

有关动产质权的效力，在其所担保的债权之范围、质权标的物所及范围（包括物上代位性）等方面与抵押权的效力并无不同，不再赘述。在此主要说明质权人的权利与义务。

1．质权人的权利。质权人享有以下权利：

（1）可以留置质物。质权人占有出质人移交的质物，在质权所担保的债权未受全部清偿前，质权人可以以其质权对抗出质人的返还请求权，也就是说，质权人可以留置出质人的质物，以此强制债务人履行债务。

（2）质物孳息的收取权。动产质权须移转标的物的占有，故质物的孳息由作为占有人的质权人收取更为便利。《物权法》第213条第1款规定，除质权合

---

〔1〕《担保法解释》第88条规定："出质人以间接占有的财产出质的，质押合同自书面通知送达占有人时视为移交。占有人收到出质通知后，仍接受出质人的指示处分出质财产的，该行为无效。"

〔2〕《担保法解释》第87条第1款规定："出质人代质权人占有质物的，质押合同不生效；质权人将质物返还于出质人后，以其质权对抗第三人的，人民法院不予支持。"

同另有约定外，质权人有权收取质物所产生的孳息。不过，此孳息并不由质权人无偿取得，而是应先充抵收取孳息的费用[1]，然后再充抵原债权的利息，最后充抵原债权。

(3) 经出质人同意，可将质物转质于他人。我国《物权法》禁止无须出质人同意的责任转质，但是该法第217条实际上允许质权人在取得出质人同意情况下的转质。[2]

(4) 保全质权的权利。根据《物权法》第216条的规定，因不能归责于质权人的事由[3]可能使质押财产毁损或者价值明显减少，足以危害质权人权利的，质权人有权要求出质人提供相应的担保；出质人不提供的，质权人可以拍卖、变卖质押财产，并与出质人通过协议将拍卖、变卖所得的价款提前清偿债务或者提存。

(5) 物上请求权。质权系以占有为基础的物权，在质权受第三人侵害时，质权人可以行使占有返还、妨害排除和消除危险等物上请求权。例如，甲为担保自己的债务而将某动产出质于乙，乙不慎遗失该物，为丙所拾得；此时，乙可直接依质权的效力要求丙将该动产返还于自己，而不必请求甲行使所有权人的返还请求权。[4]

(6) 变价权和优先受偿权。质权人的此项权利与抵押权人的权利无异，在此不赘述。

2. 质权人的义务。质权人主要负有以下两方面的义务：

(1) 妥善保管质物。质权人应以善良管理人的注意妥善保管质物，因其过失导致质物毁损、灭失的，质权人对出质人承担损害赔偿责任。未经出质人同意，质权人不得使用质物。

(2) 返还质物。债务人清偿到期债务的，债权消灭，质权也随之消灭，此时质权人对质物的占有即丧失了权利基础，而应向出质人返还。

---

[1] 《物权法》第213条第2款。

[2] 《担保法解释》第94条第1款规定："质权人在质权存续期间，为担保自己的债务，经出质人同意，以其所占有的质物为第三人设定质权的，应当在原质权所担保的债权范围之内，超过的部分不具有优先受偿的效力。转质权的效力优于原质权。"

[3] 该条采用了"因不能归责于质权人的事由"的表述，而规定抵押权人之保全权的《物权法》第193条则规定为"抵押人的行为……"。两个条文之所以在保全条件方面的规定存在差异，主要是因为抵押物由抵押人占有，而质物则由质权人占有。

[4] 《担保法解释》第87条第2款规定："因不可归责于质权人的事由而丧失对质物的占有，质权人可以向不当占有人请求停止侵害、恢复原状、返还质物。"

（四）动产质权的消灭

动产质权因下列原因而消灭：

1. 债权消灭。质权所担保的债权因债务人清偿、债权人的免除、抵销或者混同等原因消灭的，作为从权利的质权也发生消灭。

2. 质权的实现。债务人不履行到期债务或者发生当事人约定的实现质权的情形，质权人可以与出质人协议以质押财产折价，也可以就拍卖、变卖质押财产所得的价款优先受偿。质权因实现而发生消灭。

3. 质权人抛弃质权。质权为质权人的财产权利，质权人当然有权抛弃质权。质权以质权人占有质物为必要，在债权得到清偿前质权人自愿将质物返还给出质人的，可视为其放弃质权。

4. 质物毁损、灭失而又缺乏保险金、赔偿金等替代物的，质权发生消灭。

三、权利质权

（一）权利质权的意义

权利质权，是指以可转让的财产权为客体而设立的质权。例如，甲持有一张金额为100万元的远期汇票，乙为汇票的承兑人和付款义务人；现甲向丙借贷80万元，为担保丙的债权，甲以对乙的票据债权为丙设定权利质权；如甲到期不能清偿贷款本息，则丙可以就甲对乙的债权优先受偿。

民法上的物权，原则上应以有体物为其权利客体，只有在例外情况下，物权才能以特定权利为其客体，而权利质权即属于此种例外情形。质权之所以可以在具有可转让性的权利上存在，其原因在于作为担保物权的质权具有价值权的性质，而具有可转让性的财产权恰恰有交换价值，可以成为优先受偿权的对象。

权利质权的标的物须为具有可转让性的财产权。根据《物权法》第223条的规定，债务人或者第三人有权处分的下列权利可以出质：①汇票、支票、本票；②债券、存款单；③仓单、提单；④可以转让的基金份额、股权；⑤可以转让的注册商标专用权、专利权、著作权等知识产权中的财产权；⑥应收账款；⑦法律、行政法规规定可以出质的其他财产权利。

（二）权利质权的取得

与动产质权一样，权利质权也属于意定物权，其设立须经出质人与质权人的合意。根据《物权法》的规定，无论以何种权利作为标的物设立权利质权，均须当事人订立书面质权合同。

质权人取得权利质权，除须与有处分权的债务人或者第三人订立质权合同外，还需践行一定的权利公示方法。依权利类型的不同，权利质权的设立需践行的公示方法如下：

1. 以汇票、支票、本票、债券、存款单、仓单、提单出质的，质权自权利凭证交付质权人时设立；没有权利凭证的，质权自有关部门办理出质登记时设立。另外，根据《担保法解释》第98、99条的规定，以汇票、支票、本票出质，出质人与质权人没有背书记载“质押”字样的，质权人不得以其质权对抗善意第三人；以公司债券出质，出质人与质权人没有背书记载“质押”字样的，质权人不得以其质权对抗公司和第三人。

2. 以基金份额、证券登记结算机构登记的股权出质的，质权自证券登记结算机构办理出质登记时设立；以其他股权出质的，质权自工商行政管理部门办理出质登记时设立。

3. 以注册商标专用权、专利权、著作权等知识产权中的财产权出质的，质权自有关主管部门办理出质登记时设立。

4. 以应收账款出质的，质权自信贷征信机构办理出质登记时设立。[1]

《物权法》对以有价证券表现的金钱债权的质押作出了规定，同时也增加了有关“应收账款”质押的规定，但缺乏有关债权质权的一般规则。随着征信体系的建立和逐渐完善，人们因买卖、租赁、借贷等各种关系所生的债权，皆可作为“应收账款”而设置权利质权。但是，至少在现阶段，应收账款质押并不能取代一般的债权质权。一方面，能够作为应收账款质押的债权应仅限于金钱债权，另一方面，即便就金钱债权而言，由于应收账款质押必须经在信贷征信机构的登记才能设立，而无论是从技术上还是从人们交易习惯上来看，目前尚不具备借助信贷登记机构的登记满足一切债权质押需要的条件。

在比较法和学理上，权利质权首先表现为在一般债权之上设立的质权。可以作为权利质权客体的债权不仅限于金钱债权，以金钱以外的动产给付为内容的债权，以及以不动产物权之设定或移转为给付内容的债权，均可设质。以债权出质的，须由质权人与出质人订立书面合同，有债权证书的，出质人应向质权人交付债权证书。以债权出质的，应依债权转让的规定为之。这就意味着，以债权设定质权的，非经通知债务人对其不生效力；通知债务人后，债务人不得向其债权人为清偿。为质权标的物的债权，以金钱给付为内容，而其清偿期先于其所担保债权之清偿期的，质权人可请求债务人提存，并对提存物行使质权；作为质权标的物的金钱债权，其清偿期后于其所担保债权之清偿期的，质权人可于清偿期届至时，就担保的债权额要求债务人给付。

---

[1] 为配合《物权法》的实施，中国人民银行制定了《应收账款质押登记办法》，于2007年10月1日起与《物权法》同时施行。

《物权法》虽未就债权质权作出一般性的规定，但是，在解释上，应允许当事人以债权出质，并运用前述学理规则解决债权质权的设立、行使等问题。

（三）权利质权的法律适用

根据《物权法》第229条的规定，权利质权除适用《物权法》对其所作的专门规定外（第十七章第一节），适用该法关于动产质权的规定。因此，在权利质权的效力、实现以及消灭等方面，其规则与动产质权相似，在此不赘述。

第四节　留置权

一、留置权的意义

留置权，是指债权人占有其债务人的动产而具备法定条件的，在其债权未受清偿前，得留置该动产的法定担保物权。例如，甲的电脑发生故障，送乙处维修；修好后，乙有权请求甲支付维修费；如甲无正当理由拒绝支付维修费而要求电脑的返还，则乙可以留置该电脑。在此留置权关系中，乙是留置权人，甲是债务人，电脑是留置物。

对留置权的上述定义，可作分析如下：

1. 留置权为担保物权。留置权的基本功能在于，以被留置物的交换价值担保债权的实现。在债务人持续地不履行债务时，留置权人可就留置物变价并优先受偿。因此，留置权的性质为担保物权。

2. 留置权的客体为属于债务人的动产。首先，留置权的客体仅限于动产，而不能以不动产或者权利作为标的，这与抵押权及质权的客体明显不同。其次，被留置的动产应为属于债务人所有的动产。学理和司法实践中对被留置的动产是否须为债务人所有存在一定争议，《物权法》第230条则明确规定了留置权行使的对象必须是“债务人的动产”。

《物权法》第230条将留置权之标的物限定为“债务人的动产”。由于该法条表述明确，因此似乎不存在解释上的空间。留置权的发生，乃是为确保债务人清偿债务而由法律直接规定在留置物上所产生的权利，这与第三人自愿提供自己之物为债权人提供抵押担保或者质押担保有所不同——原则上，法律不应在非债务人之物上直接规定成立债权人的留置权。

然而，如不承认留置权也有善意取得的可能性（从而可能在第三人所有之物上成立留置权），则在特定情形下对债权人利益的维护会相当不利。例如，甲借用乙之电脑，不慎将其损坏，甲将该电脑送丙处维修，丙对甲产生维修费债权1000元；此时，若严格将抵押权的标的物限定为债务人之动产，则丙对该电脑将不享有留置权，如此对丙的债权实现不利。鉴于此，尽管《担保法》第82条也将留置权的标的物限定为“债务人的动产”，但是，《担保法解释》第108条实际上对前述《担保法》的规定作了扩张解释，从而承认了留置权的善意取得——该条规定，“债权人合法占有债务人交付的动产时，不知债务人无处分该动产的权利，债权人可以按照《担保法》第82条的规定行使留置权”。由前述对《物权法》与《担保法》及其司法解释之间关系的讨论可知，在《物权法》生效后，《担保法解释》的该条规范应继续维持其效力，也就是说，我国现行法律实际上承认留置权的善意取得。[1]

3. 留置权的客体为债权人合法占有的动产。所谓留置，系指维持债权人现有的占有状态而不予返还。留置权的成立必须以债权人已占有债务人的动产为前提，而且此种占有并非基于债权人的侵权行为等不法原因而取得。

4. 留置权是于债权得到清偿前留置债务人动产的担保物权。留置权对债权的担保作用首先表现在其留置效力上，即债务人为取回自己的动产必须先清偿其承担的债务，否则债权人可以以留置权对抗其返还请求权。当然，作为一项担保物权，留置权的效力不仅限于留置，它还包括以留置物变价并优先受偿的权利。

5. 留置权在性质上属于法定担保物权。在债务人的动产上，也可以成立动产质权，但是留置权的性质与动产质权的性质存在重大差异：前者是法定担保物权，后者是意定担保物权。留置权的法定性意味着，只要法定的留置权发生条件具备，无须考虑债务人的意思即可直接成立留置权。

二、留置权的构成要件

留置权既为法定担保物权，其成立无须基于当事人设立物权的合意，而应根据法定的构成要件加以判断。留置权的法定构成要件包括以下几个方面：

1. 须债权人占有属于债务人的动产。如前所述，留置权的客体必须是属于

---

〔1〕 留置权系法定担保物权，留置权的发生并非基于法律行为，而善意取得系对无权处分行为效力的补救，因此，以善意取得解释对非债务人之物取得留置权实际上相当牵强。在最近一次修订（2010年）前，我国台湾地区“民法”第928条也要求“债权人占有属于其债务人之动产”，经修订，改为“债权人占有他人之动产”，并于该条第2款将在占有之始明知或因重大过失而不知该动产非为债务人所有的情形排除留置权的发生，从而回避了善意取得的问题，可资借鉴。

债务人的动产，而且，为发生留置的效力，留置权的发生必须以债权人已占有留置物为前提。例如，承揽人因加工承揽合同的订立和履行而占有了定作人所提供的物。债权人须合法地获得动产的占有，不得以侵权的方式获得占有。

2. 须债权的发生与留置物具有牵连关系。依《物权法》第 231 条的规定，债权人留置的动产，应当与债权属于“同一法律关系”。在民法理论上，留置物与其所担保之债权的这种关系被称为“牵连关系”。所谓动产与债权属于同一法律关系，准确而言，指的是债务人所享有的动产返还请求权与债权同属于一个法律关系。例如，定作人对承揽物的返还请求权与承揽人的报酬债权同属于加工承揽合同关系，寄存人的保管物返还请求权与保管人的保管费债权同属于有偿保管合同关系，收货人的货物返还请求权与承运人的运费债权同属于货物运输合同关系。实际上，此“同一法律关系”并不限于当事人之间的合同关系，[1] 动产的返还请求权只要与一定的债权具有牵连关系，即可认为属于同一法律关系而可以成立留置权。例如，根据《物权法》第 243 条的规定，动产或者不动产的所有权人可以请求无权占有人返还占有，但应当支付善意占有人因维护该不动产或者动产支出的必要费用。占有人为担保此必要费用求偿的债权，可向所有权人主张留置权。又如，根据《物权法》第 112 条的规定，所有权人在领取遗失物时，应当向拾得人支付保管遗失物等支出的必要费用。此时，拾得人为担保此必要费用债权的实现，可以向失主主张留置权。

对于留置物与债权具有牵连关系的一般规则，《物权法》第 231 条设有一个例外规定，即企业之间留置的，无须要求留置物与债权属于同一法律关系。此乃《物权法》对于商事留置权的特别规定。考虑到商业交往所要求的便捷、安全的需要，法律对于企业之间留置权的发生设置宽松的条件，即只要债权人合法地占有债务人的动产，就可以以动产的留置担保其债权的实现，即便被担保的债权与该动产之间并无牵连关系。

3. 须债权已届清偿期，且债务人不履行债务。作为法定担保物权，留置权的基本功能在于担保债权的实现，而债权的实现以权利已届清偿期为条件，因此，留置权的成立也应以其所担保的债权已届清偿期为条件。如果允许债权人在债权未届清偿期时即行使留置权，这等于迫使债务人提前清偿未到期的债务，对于债务人过于不公。《物权法》第 230 条即以债务人不履行到期债务作为了留置

---

〔1〕《担保法》第 82 条在对“留置”的概念作出定义时，明确将留置权发生的法律关系限定为合同关系（“本法所称留置，是指依照本法第 84 条的规定，债权人按照合同约定占有债务人的动产……”）。《物权法》则取消了这一限制，而将相关表述改为了“……债权人可以留置已经合法占有的债务人的动产”。

权发生和行使的条件。

4. 不存在不得留置的情形。债务人在将动产交付债权人占有时，如约定该动产不得留置，则根据意思自治的原则，排除债权人在该物上取得留置权。另外，基于特定的价值判断，法律也可能规定在某些情况下禁止留置。例如，法律可以规定，如留置动产有违公共秩序或者善良风俗，则不允许留置权的发生。举例而言，承运人不得以运费未付为由而留置其运送的赈灾物资。

三、留置权的效力

法定的留置权一方面使留置权人取得留置、变价处分、优先受偿等权利，另一方面也使其承受保管留置物等义务。

（一）留置权人的权利

1. 留置标的物。债务人不履行到期债务的，债权人可以留置标的物，即扣留标的物而不返还于债务人。作为所有权人，债务人原本对留置物享有返还请求权，但是，留置权的发生使得债权人得以该权利对抗债务人的返还请求权。[1]由于留置权是法定物权，系对债务人意志的强制，因此留置权的行使不应超出必要的限度。根据《物权法》第233条的规定，留置财产为可分物的，留置财产的价值应当相当于债务的金额。

2. 收取留置物的孳息。留置权人有权收取留置物产生的天然孳息与法定孳息。对于其所收取的孳息，留置权人首先应以其充抵收取孳息的费用，其次再充抵所担保债权的利息，最后充抵原债权本身。

3. 变价处分权和优先受偿权。留置权的效力首先表现在留置标的物之上，并以此留置效果促使债务人为取回留置物而履行债务。与抵押权人或者质权人在发生债务人不履行到期债务时即可行使变价权和优先受偿权不同，留置权人在留置标的物后，还不能立刻行使变价权。根据《物权法》的规定，标的物被留置后，留置权人应与债务人就债务履行的宽限期达成一致，当事人未就此达成一致或者约定不明确的，除非留置物为鲜活易腐等不易保管的动产，否则债权人须给债务人不少于两个月的履行宽限期。债务人于此期间内仍未履行债务的，留置权人才可以与债务人协议以留置财产折价，或者就拍卖、变卖留置财产所得的价款优先受偿。留置权为法定担保物权，其优先受偿的效力尤其突出。《物权法》第239条规定：“同一动产上已设立抵押权或者质权，该动产又被留置的，留置权人优先受偿。”

---

〔1〕 在发生留置权的场合，如所有权人（债务人）向动产的占有人（债权人、留置权人）主张《物权法》第34条的返还请求权（“无权占有不动产或者动产的，权利人可以请求返还原物”），则留置权人可以以其占有为有权占有作为抗辩，此时，留置权具有抗辩的效力。

（二）留置权人的义务

1．妥善保管留置物的义务。留置权人应以善良管理人的注意妥善保管留置物，因保管不善致使留置物毁损、灭失的，留置权人应当承担赔偿责任。

2．留置物的返还义务。当留置权因其所担保的债权受到清偿或者因其他原因消灭时，债权人得以对抗债务人返还请求权的基础丧失，从而有将留置物返还于债务人的义务。

四、留置权的消灭

留置权因下列原因发生消灭：

1．因债务人清偿债务。留置权所担保的债权因清偿而发生消灭，处于从权利地位的留置权也发生消灭。

2．因留置权的实现。在法定的权利行使条件具备时，债权人可以与债务人协议以留置物折价，或者将其拍卖、变卖并就所得的价款优先受偿，此时，留置权因权利的实现而消灭。

3．因留置权人对留置物丧失占有。留置权的发生和享有，以留置权人占有留置物为前提。如果留置权人丧失对留置物的占有，则留置权存在的基础丧失，该权利也将发生消灭。

《物权法》也明确规定了留置权因留置权人丧失对留置物的占有而消灭的规则。该法第240条规定："留置权人对留置财产丧失占有……的，留置权消灭。"所谓丧失占有，是指留置权人丧失对留置物的事实上的管领，例如，留置权人将留置物返还给所有权人或者其占有被他人侵夺。在因留置权人依自己的意思而丧失占有的情形，留置权当然应归于消灭，但是，如占有系非基于留置权人的意思而丧失，则此时是否直接引起留置权的消灭，在学理上则有不同的看法。

本书作者认为，留置权人对留置物的占有当然应受《物权法》第245条所规定的占有诉权的保护[1]。当对留置物丧失占有系由于他人的侵夺行为所致之时，留置权人可要求占有的回复，从而可重新获得留置物的占有。此种情形下，留置权不应消灭。另外，留置物被他人无权占有的，留置权人也可依《物权法》第34条要求留置物的返还，因此，留置权显然也不因占有的丧失而消灭。

实际上，《担保法解释》已经承认了留置权人回复占有的权利。如前所

〔1〕"占有的不动产或者动产被侵占的，占有人有权请求返还原物。"

述，《担保法解释》第87条第2款承认了质权的物权请求权效力[1]，而该解释第114条又称，“本解释……第87条……的规定，适用于留置”。也就是说，按照《担保法解释》的精神，在留置权人丧失对留置物的占有时，留置权人不仅可以根据占有诉权要求留置物的返还，而且还可根据物权请求权的效力要求留置物的返还。

综上，应对《物权法》第240条的适用作限缩解释，将该条中所称“丧失占有”解释为“依自己的意思而丧失占有”的情形。

4. 因留置权人接受债务人另行提供的担保。为取回自己的动产，债务人可以另行向债权人提供担保，债权人接受的，表明债权人愿意放弃留置权，留置权因其权利人的放弃而消灭。

5. 因留置物灭失而无替代物。与抵押权、质权一样，留置权也具有物上代位性，如留置物灭失而有保险金、赔偿金、补偿金等替代物的，留置权继续存在于替代物之上。若留置物灭失而无替代物，则留置权因客体的灭失而发生消灭。

[1] “因不可归责于质权人的事由而丧失对质物的占有，质权人可以向不当占有人请求停止侵害、恢复原状、返还质物。”

第七章
占 有

［本章提要］

本章主要探讨占有的概念与性质，指明占有是一种产生特定法律效果的事实状态，而非一种权利。此外，围绕占有的效力，本章还具体讨论占有的分类、占有的得丧变更等。

【导入性问题】

1. 小偷能否因事实占有盗窃物而取得权利？小偷对盗窃物的事实控制是否构成民法上的“占有”？《物权法》将“占有”一编与“所有权”、“用益物权”和“担保物权”并列，这是否意味着“占有”即为“占有权”？

2. 甲将汽车出借于乙，而丙从乙处侵夺了对汽车的占有。甲除可依其所有权向丙主张物权请求权外，是否也可以主张占有的保护？

3. 甲窃取乙的笔记本电脑，将其赠与善意的丙。丙发现电脑风扇损坏，遂花费500元更换了一个风扇。如乙向丙要求返还电脑，问丙是否可要求乙偿还500元？

第一节 概 述

一、占有的意义与功能

（一）占有的意义

占有，是指人对物的事实上的管领与控制。其中，对物进行管领和控制的人，称为占有人；被管领和控制之物，称为占有物。

“占有”这一术语常常在多重意义上被人们所使用。例如，在描述所有权的内容时，“占有”为所有权的一项权能，其本身并不具有独立的意义。作为物权法上与各种物权类型并列的一项制度，占有的独特性在于：占有本身并不是一项权利，而仅仅是一种法律事实，即占有人实际管领、控制占有物的事实，此时占有的基础为何（即占有人是否有权占有标的物）在所不问。于是，即便是窃贼对其所盗窃之物的事实控制也属于一种占有，而产生其在物权法上的效力。窃贼对其所窃取之物当然不能享有法律上的权利，但其事实上控制和支配着盗窃物，而这一事实本身也应产生相应的法律效果（虽然这并不意味着窃贼就取得了某种实体上的权利）。这正是独立的占有制度所关注的。

现代各国民法上的占有制度，多发端于古代罗马法和日耳曼法上的占有观念。这两种法律传统上的占有观念本来就存在较大的差异，而各国民法对它们的继受程度也不一，这就导致了当代各国法律在占有制度方面的较大差异。我国民国时期的民法基本继受了德国民法的占有观念，将占有视为一种单纯控制、管领标的物的法律事实，并区分直接占有与间接占有。

在中华人民共和国的立法史上，《物权法》第一次对“占有”作了比较系统的专编规定。但是，该法并未对占有的基本概念加以充分的界定，对占有的分类、效力等也规定过于简单，因此有必要从学理上加以补充完善。从《物权法》立法和我国大陆民法学理的情况看，与其他国家占主导性的法律立场相同，我国现行法上的占有指向的也是一种事实控制关系，其性质属于一种法律事实，而非权利。占有的基础固然可能是权利，而且极可能就是所有权、用益物权或者担保物权等物权，但是，《物权法》之所以需要单独规范“占有”，正是将其作为单纯的法律事实加以对待。

《物权法》并未明确对“占有”作出定义。该法第241条规定：“基于合同关系等产生的占有，有关不动产或者动产的使用、收益、违约责任等，按照合同约定；合同没有约定或者约定不明确的，依照有关法律规定。”这条规定多少有些令人费解。《物权法》之所以需要单独规范“占有”，是因为作为对物控制的事实本身，占有应产生一定的效力（如占有人之物上请求权的效力），至于占有是否具有合法的基础（基于所有权或者其他物权的占有、基于合同关系的占有等）则在所不问，而且，对占有事实的保护与对占有本权的保护原本就应该并行不悖。该条规定却特别对基于合同关系的占有作出特别规定，似乎是有意运用“特别法优于普通法”的法律适用规则，将基于合同关系的占有排除出《物权法》“占有”一编的适用，而这样的处理显然缺乏合理性。例如，即便是基于合同关系而取得占有的人（如质权人、承租人等）当然也应能够主张《物权法》第245条规定的占有诉权。

（二）占有的构成

如前所述，占有是对物的事实上的管领和控制。但是，何谓“事实上”的管领和控制，这并不是一个不证自明的事实。何等法律事实能够构成占有，对此仍须从占有的法律构成上加以研究。

1. 占有的主体。占有为人与物的关系，占有之主体为人。占有人可以是自然人，也可以是法人，因为法人同样可以利用其机关或者工作人员对物加以事实上的控制和管领。占有既为一种实际控制支配的状态，而非一种以意思表示为要素的法律行为，因此占有人无须具备行为能力。

2. 占有的客体。占有为人对物的关系，占有的客体应为有体物，包括不动产和动产。物权的客体原则上也必须是有体物，但物权的标的物必须是独立的一物（物权客体特定原则），故物权不得存在于物的成分之上；相反，占有因不构成权利，不受前述原则的限制，完全可以在物的部分之上成立事实上的占有关系，例如，可以占有房屋的一面墙体做户外广告。

3. 占有的客观要件与主观要件。占有须对占有物存在事实上的管领力，此为占有的客观要件。关于事实上的管领力，并不以物理上的接触与控制为限。随着技术和社会的进步，事实上的管领也日益观念化，而成为一般社会观念的产物。例如，在海滩上捡到贝壳装入衣兜，对贝壳的这种物理上的控制当然构成占有；而所有权人将汽车停放在路边后离开，按一般社会观念，其并不丧失对汽车的占有。通常，某人对某物是否存在这种事实上的管领力，依一般的社会观念是可以加以判断的。

占有除具备对物事实上的管领力外，是否还要求占有人有占有的意思？在占有的构成问题上，持客观说者认为，占有依纯粹客观的事实支配状态即可成立，无须考虑占有人主观上是否有占有的意思。持主观说者认为，占有除须具备事实控制关系外，还要求占有人主观上有占有的意思。举例来说，邮件投递人错误地将应给甲的邮包投入乙的邮箱，此时，根据客观说，乙即取得了对邮包的占有；而根据主观说，由于乙对于取得邮包的控制根本不知情，故其并未取得对邮包的占有。在我国，占有是否要求主观要件，这一问题尚未得到立法、司法的确认，学理上也尚未形成所谓的“通说”。

（三）占有的功能

占有是独立于其本权以外的对物的事实控制，民法之所以在权利体系之外专门规定占有的法律事实，主要是因为占有具有其特定的功能，包括以下几个方面：

1. 保护占有从而维护社会和平秩序的功能。占有为一定事实状态，这种事实状态的存续会形成一定的社会秩序，而维护此秩序的安定以确保社会的和平，应为法律的一项任务。尤其是随着技术和社会的进步，法律更有必要限制私力的作用空间。于是，占有人基于其先前对物的事实控制关系，即能够要求这种控制关系所形成的秩序状态的延续；如果占有被他人不法地侵夺或者妨害，法律就直接赋予占有人回复先前占有状态的效力，而不问占有人对物占有的权利关系如何。如果占有人在遭遇他人不法的侵夺占有的事实时，均须证明自己是合法的占有人并依其所享有的权利才能获得救济，那么，一方面，合法的占有人（如所有权人）可能因为无法证明自己的权利而无法获得救济；另一方面，这种法律规则可能诱发类似以下的行为机制：假定甲拾得乙遗失的物品而据为己有，则其对物的占有显然缺乏合法的权利基础；丙知道甲不法占有他人之物的事实后，认为甲对物的占有不受法律保护，遂决定“黑吃黑”，强行夺取甲占有之物。占有的保护机能，就是要维护由占有事实所生成的和平秩序。

2. 占有的权利推定功能。占有的权利推定功能，指的是基于占有的事实，在无相反证据的情况下，可以将占有人推定为权利人。占有之所以具有这种权利推定的功能，是因为占有之外观状态常常与权利之归属与享有相吻合，也就是说，占有的事实往往是其本权的表象。法律承认占有的权利推定效力，不仅可以解决因举证困难而产生的权利归属判断的难题，而且也使本权的保护趋于简易，更有利于维护静态的安全。

3. 占有的权利取得功能。在符合法律规定要件的情况下，占有还可以为占有人取得本权。例如，以所有的意思先行占有无主物的，可以因先占取得而成为物之所有权人；以合理价格受让动产的善意占有人，可以因善意取得从无处分权人处取得所有权；在规定取得时效的国家，占有人可以因取得时效的完成而取得物之所有权等。

二、占有的分类

占有，依不同的标准，可以分为以下不同的类型：

（一）有权占有与无权占有

以占有人之占有是否具有本权为标准，可以将占有区分为有权占有与无权占有。有权占有，又称有权源占有，是指基于本权即法律上之原因的占有，例如基于所有权、建设用地使用权、质权等物权的占有以及基于租赁、借用等合同关系的占有等。无权占有，又称无权源占有，是指非基于本权或者欠缺法律上原因的占有，如窃贼对赃物的占有、拾得人对遗失物的占有，或者基于无效的合同而对对方当事人之物的占有等。

区分有权占有与无权占有的主要意义在于：有权占有人因权源的存在，可持续地保持占有状态，他人请求其交付占有物时，有权占有人可以拒绝，例如，承租人因租赁合同占有租赁物，在租期届满之前，承租人可继续占有租赁物，出租人要求返还的，可以拒绝；相反，无权占有人对于正当的返还请求权人无拒绝的权利，例如，遗失物的拾得人不得拒绝失主的返还请求权，又如，租赁合同届满后，承租人继续占有租赁物的，其占有为无权占有，出租人自可请求其返还租赁物。

在我国法律上，前述规则体现在《物权法》第34条规定的返还原物请求权之上，根据该条规定，物权人仅得向无权占有人要求返还原物。无权占有人，无论其为恶意占有还是善意占有，均对物权人负返还占有之责。须特别注意的是，在占有人的占有被侵夺时，能够依据《物权法》第245条之规定主张占有返还的，不仅限于有权占有人，无权占有人也可主张。质言之，有权占有与无权占有的区分对于《物权法》第245条的适用无意义。

对于无权占有，还可以进行再分类。以下再分类中，除善意占有与恶意占有外，其余两项分类的意义基本都限于时效取得方面。

1. 善意占有与恶意占有。这是对无权占有的进一步分类，有权占有无所谓善意、恶意可言。根据无权占有人是否误信其有占有权源且无怀疑为标准，可以将无权占有区分为善意占有与恶意占有。善意占有，是指无权占有人无占有的权源但误信存在此种权源且无怀疑的占有，例如，误以为他人遗失之物为抛弃物而以所有的意思占有的，占有人误以为自己先占取得成为所有权人，从而误信其占有为有权占有。恶意占有，是指占有人明知无占有权源，或者对是否存在占有权源有怀疑而为的占有，例如，窃贼占有窃得的物品，或者以极低的价格从他人处购买物并对该物是否为赃物有怀疑之人的占有等。

区分善意占有与恶意占有具有重要的意义：①取得时效的期间往往因善意占有或者恶意占有而有所不同，善意占有的取得时效期间一般较恶意占有的时效期间短；②动产的善意取得，须以受让人取得占有时为善意为要件；③在行使返还请求权的所有权人与占有人的关系上，如在占有人是否可获得孳息、是否可就必要费用向所有权人求偿、占有人是否须对占有物的毁损对所有权人负赔偿之责等方面，善意占有人与恶意占有人的权利义务有所不同。

2. 和平占有与强暴占有。以占有的手段为标准，可以将占有区分为和平占有与强暴占有。和平占有，是指不以法律禁止的手段取得和维持占有，如通过拾得遗失物而占有他人之物。强暴占有，是指以法律禁止的手段为占有，如抢夺他人财物而为占有。

区分和平占有与强暴占有的意义在于，取得时效中的占有须为和平占有。

3. 公然占有与隐秘占有。以占有的方法为标准，可以将占有区分为公然占有与隐秘占有。公然占有，是指不故意以避免他人发现的方式为占有。隐秘占有，是指为避免他人知晓而藏匿、不公之于众的占有。

区分公然占有与隐秘占有的意义在于，取得时效中的占有须为公然占有。

（二）自主占有与他主占有

以占有人是否具有所有的意思，可以将占有区分为自主占有与他主占有。自主占有，是指占有人主观上以所有的意思而为的占有，如拾得人以据为己有的意思占有遗失物。他主占有，是指占有人主观上不以所有的意思而为的占有，如质权人的占有、承租人的占有等。

区分自主占有与他主占有的意思在于：①取得时效中的占有须为自主占有；②先占取得须以自主占有为之。

（三）直接占有与间接占有

以占有人是否直接占有其物为标准，可以将占有区分为直接占有与间接占有。直接占有，是指对占有物有事实上管领力的占有，如质权人、承租人、借用人、保管人等基于物权关系或者合同关系而直接管领、控制他人之物的占有。间接占有，是指自己不直接占有其物，而基于一定法律关系（所谓“占有媒介关系”）对于直接占有人有返还请求权，从而对其物有间接管领力的占有，如出质人、出租人、出借人等的占有。

间接占有人并不直接管领和控制标的物，则其何以仍能成为占有人？实际上，承认直接占有与间接占有的双重占有结构，此乃德国民法调和罗马法的占有（possession）与日耳曼法的占有（Gewere）的产物。[1] 出租人、出质人、寄存人等间接占有人虽不直接控制支配标的物，但是，根据租赁、质押、保管等法律关系的内容，他们对直接占有标的物的承租人、质权人、保管人等享有返还请求权，因此他们也对标的物拥有了间接的管领力。承认间接占有，可以将占有的效力合理地予以扩张。例如，甲出借某物于乙，而丙从乙的手中侵夺了该物的占有，此时，直接占有人乙当然可以主张占有人的返还请求权，但若否认甲的占有人地位，则会使甲丧失占有请求权的保护。另外，在法律承认取得时效的前提下，如不承认间接占有，则一旦物的占有人因保管等原因将直接占有移转于他人，占有就将发生中断，从而使取得时效无法完成。

区分直接占有与间接占有的意义在于：①直接占有与间接占有为相互呼应的概念，无直接占有的存在，即无间接占有可言；同时，无间接占有，称直接占有

[1] 以因租赁而引起的占有为例，根据罗马法的占有观念，对于租赁物行使管领力从而成为占有人的，是出租人，而非承租人（后者系持有人），占有保护原则上仅能有出租人享有；而根据日耳曼法的占有观念，仅有承租人系占有人。

也就无任何意义。②间接占有人经由直接占有人的占有而维持其对物的管领力，关于占有的规定原则上均可适用于间接占有人，除非法律另有规定。例如，占有人之自力救济权通常仅限于直接占有人，间接占有人不得主张。③承认间接占有亦为占有的一种形式，使占有趋于观念化，为替代现实交付的“占有改定”提供了基础。

（四）自己占有与占有辅助

此分类主要为说明“占有辅助”或“占有辅助人”的概念。自己占有指占有人自己对物为事实上的管领。占有辅助，指基于特定的从属关系，受他人指示，并为他人为对物的事实上管理。例如，甲雇佣乙开车，则尽管车辆在乙的手中，占有人仍然是甲，乙仅是占有辅助人。

我国现行法对占有辅助未作出任何规定，但该概念仍有重要的价值。在受雇开车的例子中，如承认直接管领车辆的受雇人乙为占有人，则乙将受占有之保护，同时也可能因占有而对他人承受义务。由于占有辅助人系为他人占有，其自身并无占有利益，因此，原则上占有辅助人不应受占有的保护。如果丙从乙的手中侵夺了占有，则应由甲而非乙主张占有的返还。尤其是，如甲解雇乙后强行取回车辆，乙不得向甲主张占有的返还。如果车辆系甲侵夺丙的占有后交由乙管领，则由于乙并非占有人，丙既不能依《物权法》第 34 条向乙主张物权请求权，也不得依该法第 245 条向其主张占有保护请求权，两项请求权都仅得向占有人甲提出。

第二节 占有的取得、变更与消灭

一、占有的取得

占有的取得，以是否需要依赖他人既存的占有为标准，可以区分为占有的原始取得与继受取得。

（一）占有的原始取得

占有的原始取得，是指非基于他人既存之占有而取得的占有。对于任何标的物取得事实上的管领力，如果不是基于他人移转占有的意思而取得，而是依自己的管领行为而取得，均属占有的原始取得，例如，拾得遗失物、无主物的先占、以盗窃或者暴力手段取得动产或者不动产的占有等。占有的原始取得是典型的事实行为，既不以合法为必要，也不以占有人具有行为能力为必要。

（二）占有的继受取得

占有的继受取得，是指基于他人既存占有而取得的占有。基于他人既存占有而取得占有，其原因有以下两种：

1. 占有的移转。所谓占有的移转，是指占有人以法律行为将其占有物交付他人，从而使后者取得占有。占有的移转须具备以下要件：①须有移转占有的意思表示。占有的移转既然需要通过法律行为进行，当然也就需要当事人具有移转占有的意思表示，例如，出卖人依履行买卖合同的意思将标的物交付给买受人从而移转了标的物的占有；出质人依设定质权的意思移转占有于质权人等。②须有占有物的交付。占有的移转，须经占有物的交付才能发生效力，不过，此项交付不以现实交付为限，简易交付、占有改定和指示交付等观念交付均可包括在内。

2. 占有的继承。所谓占有的继承，是指因继承的原因而取得占有。被继承人死亡，其对继承标的物的占有也立刻消灭，此时，无论继承人是否事实上对继承标的物取得管领力，占有均立刻由继承人取得。也就是说，在继承开始时，继承人当然地取得对继承标的物的占有，既不以其知道继承事实的发生为必要，也不须事实上取得对物的管领力，更无须其作出接受继承的意思表示。可见，因占有的继承而取得占有，完全是基于法律的规定，是占有的观念化的典型表现。

因占有的移转或者继承而继受取得占有的，其意义主要在于：占有人可以将自己的占有与前占有人的占有相合并而为主张，例如，主张自己的占有与前占有人的占有相加后完成了取得时效从而取得标的物所有权，此时，占有人须承受前占有的瑕疵。占有人也可以要求将自己的占有与前占有人的占有相分离而独立地主张其占有的效力。

二、占有的变更

占有的变更，是指占有存续中占有状态发生变更。占有存在多种状态，而各种状态之间可能发生转化，例如，承租人在租赁期间的占有为有权占有，得对抗所有权人（出租人）的返还请求权，若其在租赁期结束后拒不返还租赁物，则其占有从有权占有变更为无权占有。各种占有状态的法律效力不同，因此，占有的变更势必会导致法律效力的变更。以下主要说明他主占有到自主占有的变更以及善意占有到恶意占有的变更。

（一）他主占有变更为自主占有

他主占有与自主占有具有不同的法律效力，例如，只有自主占有人才能主张时效取得。如果占有人的占有于开始时系他主占有，中途转变为自主占有，则可以从转变之日起计算取得时效。因此，由法律规定此种转变的认定标准是具有法律意义的。

他主占有与自主占有的区分，其标准在于占有人主观上是否具有所有的意思。他主占有向自主占有的转变，当然意味着占有人意思的转变，即由为他人占有转变为为自己占有，例如，租赁期届满后，因出租人未及时要求返还租赁物，承租人遂产生将租赁物据为己有的意思，不准备再向出租人返还。

然而，占有意思毕竟仅是占有人内在的、主观的意愿，如果仅凭占有人内在意思的变化即可产生占有效力上的变化，则对使其获得占有之人（如出租人）可能产生相当不利的后果，对其甚为不公。在罗马法上，即有“不得以意思的变更而变更占有原因”的法律规则，后世法律对其也多予以认可。因此，他主占有向自主占有的变更，除要求占有人主观意思的转变外，还需要其将这种意思的变更向使其占有之人作表示。在前例中，只有在承租人将自己对租赁物据为己有的意思向出租人表示时，在法律上才发生他主占有向自主占有的转变。

（二）善意占有变更为恶意占有

善意占有与恶意占有的区分，对于占有人与返还请求权人之间在费用求偿、孳息收取及损害赔偿等方面的效力具有重要的意义。所谓占有人的善意、恶意，系就其是否知道或者应当知道其占有为无权占有而言的。占有人的占有，开始时系善意的，可能由于事后了解到占有基础上的瑕疵或者对自己是否有占有的本权产生怀疑，从而意识到自己的占有很可能为无权占有，由此时起，占有人的占有从善意转变为恶意。

三、占有的消灭

占有的消灭，是指对物丧失事实上的管领力。占有消灭的原因主要有：

1. 因占有人的意思而消灭。占有人可抛弃占有，如抛弃动产，使其处于随时可由他人管领的状态。占有人移转占有于他人的，也可因管领力的丧失而消灭自己的占有，例如，出卖人将标的物交付给买受人。如果占有人仅仅移转直接占有，如出租人将标的物交付承租人使用，则其并不丧失占有，而仅是将其占有的形态转变为间接占有。

2. 非因占有人的意思而消灭。占有人对物的管领力也可能由于占有人意志以外的原因而丧失，如物被窃、被抢或者遗失。管领力仅仅一时不能行使，而可预期自动回复的，占有不消灭，例如，饲养的家畜临时走失，预期其可自行归来。

3. 因其他原因而消灭，如因占有物本身的毁损、灭失。

第三节　占有的效力

占有的性质为对物具有管领力的法律事实，而非权利。尽管其自身不是权利，但为了维护和平秩序及合理地处理相关当事人之间的利益关系，法律仍赋予占有事实一定的法律效力。可以说，正是其独立于本权的这些效力的存在，才造就了独立的占有制度。

一、占有的保护效力

占有的效力，首先体现在法律为维护占有状态而赋予占有人的保护效力。占有的保护效力是占有制度的核心内容。占有的保护效力，包括自力救济和公力救济两个方面。占有保护的目的在于维护物的秩序与社会平和，其基本思想是赋予占有人（无论其是否有本权）以自力或公力对抗他人的暴力侵夺。

占有的保护手段仅是为了临时对抗他人的不法侵夺，具有暂时性，并非最终分配对物占有的利益，后者须依本权关系决定。凡属有关占有的问题，皆应区分占有本身的效力与占有背后本权的效力，而不应将二者相混淆。以“小偷的占有是否应受保护”这一问题为例，如在占有背后的本权层面思考，答案显然是否定的——盗窃绝不能使窃贼取得对盗赃物的权利；但是，在小偷实际占有控制其窃取之物时，如不承认其能够为维护此占有状态而进行自力防御或主张占有保护请求权，则任何人皆可以小偷占有不法为由从其手中夺取其物。德国著名法学家耶林在其名著《论占有》中明确指出，自占有保护层面言，强盗与小偷亦受保护。这一点当然不意味着，小偷可借助占有保护最终维持自己对盗赃物的占有。事实上，占有的保护仅解决抵抗不法暴力侵夺的问题。无论面对有权机构的执法行为（如警察追扣盗赃物），还是物权人主张公力救济的情形（如被窃之人对小偷提起所有物返还之诉），小偷均无法以占有的效力相对抗。

（一）占有人的自力救济权

我国《物权法》虽未对占有人的自力救济权作出规定，但学理上应认可占有的这一保护效力。法律既然确认占有的事实为一种受保护的状态，即应认可占有人在必要限度内维护其对物之管领状态的权利。依各国民法的规定，占有人的自力救济权主要包括自力防御权与自力取回权两个方面。

1. 自力防御权。占有人对于他人侵夺或者妨害占有的行为，可以以自己的力量加以防御，以维护自己的占有状态。例如，无论占有人是否有占有的本权，对于他人抢夺其占有物的行为，均可予以必要的反抗。自力防御既然是法律赋予占有人的权利，则其行为不具有违法性，即便造成他人的损害，也无须承担赔偿责任。

2. 自力取回权。占有物被他人不法侵夺的，占有人可以及时以自己的力量从加害人处取回。自力防御是对占有的消极维护，而自力取回则是占有的积极维护。占有被他人侵夺的，占有人本可依据有关占有的物上请求权效力请求公力救济，但是，如果情况紧急，不以私力取回占有物将导致事后难以行使请求权的，则法律允许不动产的占有人即时排除加害人的侵夺而取回占有物，并允许动产的占有人就地或者及时追踪占有物而向加害人取回（如驾车追赶飞车抢夺者并以武力夺回被抢之物）。自力取回权属于民法上自助行为的特别规定。法律关于自助行为的一般规范系对权利实现所作出的规定，而占有本身并非权利，所以其私力救济方式须特别加以规定。

关于占有人的自力救济，一个相当具有思辨性和充满争议的问题是，无权占有人是否可以向物权人实施自力救济？例如，承租人在租期届满后拒绝返还租赁物，出租人欲以私力夺回时，是否允许承租人（占有人）以武力防御？或者，更有甚者，事主发现先前被窃之物而欲从小偷手中暴力夺回，小偷可否自力防御？本书作者认为，答案应该是肯定的。也就是说，即便对于来自权利人方面的暴力侵夺，占有人也可自力防御。占有保护的逻辑原本就不是本权的逻辑，如果不允许占有人以私力对抗来自于权利人的暴力侵夺，那么，这无异于承认了权利人可无限制地实施自力救济。另外，更为重要的是，从事实层面思考，占有人的自力救济系针对他人暴力侵夺占有的行为而紧急实施，以事主当街发现并暴力夺取其失窃之物为例，如要否认占有人的自力救济权，则势必需要满足两个前提：其一，占有人须立刻判定实施暴力夺取之人系失窃的权利人；其二，实施暴力夺取之人须立刻判定占有人为窃贼，从而证明自己行为的正当性。事实上，在事主发现被窃物并马上实施暴力夺取行为之时，一方面，即便他能完全确定其夺取之物确系自己失窃之物，他也无法排除占有人并非窃贼本人的可能（如占有人系从窃贼手中善意购买之人），如果说事主从窃贼手中夺回自己之物尚符合一般社会观念的话，在被窃之物因交易而辗转到占有人手中的情形，其间涉及的利益保护问题就要作法律上复杂的判断，只有在本权的层面才能加以解决；另一方面，自占有人方面观察，即便占有人就是窃贼本身，在当街被他人暴力夺取时，他又如何能够立刻判定对方就是失窃的权利人从而约束自己的私力防御行为呢？因此，只要存在暴力侵夺占有的事实，占有人均可进行自力救济。

占有人的自力救济权旨在保护占有的事实支配状态，应仅能由直接占有人行使，间接占有人无适用之余地。在由占有辅助人存在的情形，占有辅助人也可行使占有人的自力救济权，例如，金店店员对于进店抢劫者可以己力行使防御权。

（二）占有人的物上请求权

我国《物权法》第245条第1款规定："占有的不动产或者动产被侵占的，占有人有权请求返还原物；对妨害占有的行为，占有人有权请求排除妨害或者消除危险；因侵占或者妨害造成损害的，占有人有权请求损害赔偿。"该条确认了占有人的三种请求权：

1. 占有物返还请求权。关于该项请求权的行使，可作分析说明如下：

（1）请求权的主体为占有人。此项请求权，只有占有人能够行使。只要是占有人，无论其占有为直接占有还是间接占有，为自主占有还是他主占有，为有权占有还是无权占有，为善意占有还是恶意占有，均有权主张此项请求权。有观点认为，仅有有权占有人才能主张第245条规定的占有物返还请求权。此观点混淆了占有之诉与本权之诉，不应赞同。即使是无权占有人，面对他人的不法侵占，亦可主张占有的返还。另外，占有辅助人不属于占有人，故不得主张此项请求权。

（2）请求权所针对的是侵夺占有的行为，即违反占有人之意志以积极的不法行为剥夺占有人对占有物之管领力的行为，如窃取图书、抢夺钱财、抢占田产、霸占他人车位等。占有人如因遗失而丧失对占有物的占有，不得行使此项请求权，因为他人拾得遗失物的行为并非侵夺行为。此时，遗失物所有权人可依据《物权法》第34条有关物权请求权之规定，要求拾得人返还原物。又如，承租人在租期结束后拒不返还租赁物的，由于其并未实施积极的占有侵夺行为，故不构成第245条意义上的"侵占"，从而出租人仅得依第34条主张所有物返还请求权，而不得主张占有物的返还请求权。

（3）该请求权的相对人为侵夺占有之人，通常就是物的现在占有人。

侵占人将物出租、出借或寄存于他人的，其占有转化为间接占有，仍不失侵占人的身份，因此，占有被侵夺之人仍可向其主张占有物返还，或者请求其让与对直接占有人的返还请求权。如侵占人已将占有移转于他人，则占有人无从再向其主张占有物返还请求权。此时，占有人可否向受让占有者主张物之返还，则取决于受让人是否承继侵占人占有的瑕疵。本书作者认为，以下两种占有受让人须承继前占有人占有的瑕疵：其一，概括承继人，例如，甲侵占乙之物，后甲死亡，其继承人丙取得物的占有，此时，丙应承继甲侵夺占有的瑕疵，乙可向其主张占有物返还请求权；其二，恶意的特定承继人，例如，甲侵占乙之物后，以赠与之名义，将物的占有移转于丙，而丙明知甲侵占乙物之情事，此时，丙应承继占有的瑕疵，乙仍可向丙主张占有物返还请求权。如从侵占人手中取得占有者不知侵占的事实（如前例中的受赠人不知赠与物系赠与人侵占)，则不得向其主张占有物返还请求权。当然，如果该占有人之占有相对于之前丧失占有的物权人而言为无权占有，则后者仍可依《物权法》第34条规定向其主张物权请求权。接前例，如受赠人丙不知赠与人甲侵占的事实，则乙不得依第245条主张占有物返还请求权，但由于丙取得的占有属于无权占有，故乙可向其主张基于所有权的物权请求权。

(4) 该请求权应自侵占发生之日起1年之内行使，否则请求权即告消灭。法律之所以将占有物返还请求权行使的期间限定在1年，主要是因为占有请求权的目的在于恢复被侵占破坏的占有秩序，是一项纯粹基于事实而非基于权利的请求权，需要特别顾及秩序的安宁——如侵占者因侵占而取得的占有已维持相当一段时间，则新的占有秩序已经成立，不宜再由前占有人依据之前占有的效力打破。当然，如果占有人对于侵占人同时也享有基于本权的物权请求权，则可在占有物返还请求权消灭之后继续主张物权请求权。

关于《物权法》第245条第2款规定的1年期间的性质，学理上存在很大争议，主要有诉讼时效期间说、除斥期间说及权利失权期间说等。考虑到占有诉权的立法目的、该期间的起算规则等，目前，多数观点赞同除斥期间说，本书作者亦从之。

2. 占有妨害排除请求权。占有人对于他人妨害其占有的行为，可以要求除去该妨害。对此项请求权，也须作如下说明：

(1) 该请求权的主体为占有人，其具体情形与前述占有物返还请求权相同，不在此赘述。

(2) 该请求权的相对人为制造妨害之人，包括因其行为而造成妨害之人(如丢弃垃圾于他人庭院)，也包括因其意思容许而使妨害状态持续之人(如甲所种植之数因强风而被吹倒于乙的庭院，甲未予清理)。

(3) 针对的是占有被妨害的情形。所谓妨害，是指在不剥夺占有人之占有的情况下，影响占有人对占有物实施完整管领的事实。

(4) 请求的内容为除去妨害，即停止妨害行为或除去妨害状态，以恢复占有未被妨害之前的状态。与占有物返还之诉一样，如以诉的方式行使占有妨害排除请求权，则该诉属于给付之诉，法院判决应宣告除去妨害的必要措施。

关于占有妨害排除请求权的行使期间，《物权法》未明文规定。《物权法》第245条确立了三项占有人的请求权，但该条第2款规定的1年期间却仅针对占有物返还请求权，从而引起了解释上的争议。本书作者认为，占有妨害排除请求权与占有妨害防止请求权也应一体适用1年期间限制。基于占有的诉权系对占有事实状态的临时保护措施，应通过设置相对短暂的诉权行使期间来确认与占有有关的秩序。有观点认为，妨害和危险状态在时间上往往呈现持续性，故不应对此两种请求权适用1年期间。其实，这种观点混淆了占有之诉和本权之诉——如前所述，不应适用权利行使期间（诉讼时效期间）的是基于本权所产生的排除妨害与消除危险请求权（《物权法》第35条）。如果依第245条主张占有妨害排除请求或妨害防止请求权的是有权占有人，那么，在占有保护请求权因1年期间届满未行使而消灭后，权利人仍可依其所享有的物权继续主张第35条所规定的排除妨害与消除危险。

3．占有妨害防止请求权。占有妨害防止请求权，即所谓“消除危险”请求权。占有人不仅可以在妨害确实发生后要求除去，而且也可以在有被妨害之虞时（有发生妨害之危险时）要求除去危险因素，从而防止妨害的事实发生。例如，甲之房屋因地震而发生严重的墙体开裂，一旦倒塌将会使乙占有的不动产受损，则乙可要求甲消除此危险状态，或者加固房屋，或者予以拆除。

占有是否有被妨害之虞，不应仅依占有人的主观判断，而应依一般的社会观念，必要时采用科学鉴定的方法，通过对妨害或损害发生之盖然性的判断，客观地加以决定。

二、占有的权利推定效力

占有的权利推定效力，是指如占有人在占有物上行使权利，则推定其合法地享有此项权利。

占有为对物有管领力的法律事实，同时，占有人通常也会以行使权利的方式占有物，如以行使所有权、建设用地使用权、质权等物权的方式占有物，或者以承租人、借用人等名义占有物。根据占有的权利推定效力，在无相反证据的情况下，即推定占有人享有其行使的物权或者债权等。举例来说，如果某人以所有权人的名义占有物，则应推定其为所有权人。如果他人对该物的权利归属有异议，要否认其为所有权人，则应由该他人负举证责任，证明该物并非归占有人所有（如证明为占有人盗窃等）。

占有的权利推定效力，不仅可以由占有人援引，而且第三人也可以援引。例如，债务人以所有权人名义占有的动产，不仅可以由该债务人主张所有权的推定，而且，其债权人也可以主张此项推定，从而要求法院为执行债权而查封该物。

占有的权利推定效力的适用也有其限制，其中主要表现在对已登记不动产的适用限制上。已登记的不动产，须依登记确定其上之物权的归属。此类动产的占有人不因事实占有而被推定为相应的权利人。例如，房屋的承租人以所有权人名义占有房屋的，并不产生其为所有权人的权利推定效果，而是要根据不动产登记簿的记载确定权利归属。

三、占有的权利取得效力

占有，在符合法律规定的占有形态要求并满足其他要件的情况下，还可以使无权占有人取得占有的本权，这就是占有的权利取得效力。

基于法律的规定，因占有而取得权利的情形主要有两种：①善意取得所有权或者其他物权。[1] ②因完成取得时效，而取得所有权或者其他物权。目前，我国法律不承认取得时效制度。

四、占有人与回复请求权人的权利义务关系

所谓回复请求权人，是指依其对物的权利可以向占有人要求物之返还的人。如果占有人与回复请求权人之间存在租赁合同关系、借用合同关系或者质权关系等法律关系，则可依该法律关系界定二者之间的权利义务关系。[2] 但是，如果无权占有人与回复请求权人之间不具有此种法律关系，则应如何解决当事人之间在物的孳息与收益归属、占有物毁损灭失的损害赔偿责任以及所支出费用的求偿权等问题呢？如果法律在占有的相关制度上不作专门的规定，则大致可依民法的一般规则处理上述问题：物的孳息与收益问题，可以适用不当得利之规定；占有物毁损灭失的赔偿责任，可以适用侵权行为法的规定；占有人对于占有物所支出的费用，可以依不当得利或者无因管理的规定处理。

然而，民法上这些一般制度，往往并未区分占有人的善意或者恶意，如果不设特别规则，有可能产生不公平的后果。举例来说，根据侵权法的一般规则，行为人因故意或者过失造成他人之物毁损的，应负完全的赔偿责任。然而，如果占有人善意地相信自己是所有权人（如善意购买盗赃物的占有人），而疏于保管主观上认为是自己的占有物从而造成毁损，此时，似乎应对此善意占有人给予特殊照顾，减轻其损害赔偿责任。

鉴于此，德国、瑞士、日本、我国台湾地区等民法均在占有人与回复请求权人的法律关系上设有特别规定。我国《物权法》也在其第 242～244 条对占有人与回复请求权人之间的法律关系作出了专门的规定。现就《物权法》的上述规

---

〔1〕 参见本书第四章第三节“所有权的取得”部分。

〔2〕《物权法》第 241 条前半句规定，“基于合同关系等产生的占有，有关不动产或者动产的使用、收益、违约责任等，按照合同约定”，即为此意。

定，结合民法学原理，说明如下：

（一）占有物的使用收益与孳息

无权占有人在占有期间，通过对物的使用获得收益，并可能收取天然孳息或者法定孳息。所有权人等权利人在主张占有物之返还时，能否一并要求占有人返还收益和孳息？对此，各国或地区法律的规定并不完全相同。原则上，占有物的收益与孳息归属，因占有人为善意或者恶意而有所不同。恶意占有人对于其获得的收益与收取的孳息，均须负返还的义务；而善意占有人则可能不必返还。[1]

我国《物权法》实际上区分了使用利益与孳息，而在返还问题上确立了定不同的规则。

《物权法》第242条规定，“占有人因使用占有的不动产或者动产，致使该不动产或者动产受到损害的，恶意占有人应当承担赔偿责任”。由于该法第244条专门就占有物的毁损、灭失作出了规定，因此，第242条所称“损害”应仅指因使用引起的损耗。依该条规定，仅有恶意占有人须对因使用引起的损耗负赔偿之责。反面解释，应可认为善意占有人无须就其使用而对返还请求权人负赔偿之责。

根据我国《物权法》第243条的规定，不动产或者动产被占有人占有的，权利人可以请求返还原物及其孳息。该条关于孳息返还义务的规定，并未区分善意占有与恶意占有，因此，如对该条规范作字面的解释，则即便为善意占有人也必须返还孳息。

（二）对占有物所支出费用的偿还

占有人在占有标的物期间，可能因占有物的维护、改良等支出费用。例如，甲无权占有乙之房屋，由于暴雨冲刷导致屋顶受损漏雨，甲为修缮屋顶花费金钱若干；或者甲对该房屋进行装修，花费不菲；如所有权人乙要求占有人甲返还房屋，则对于甲所支出的费用应如何处理？对此问题，各国民法一般均作以下两种区分：在占有类型方面，区分善意占有与恶意占有；在费用方面，区分必要费用与有益费用[2]。其一般规则为：善意占有人可以要求必要费用的返还，并可以在占有物现存之增加价值范围内，要求有益费用的偿还；恶意占有人对于所支出的必要费用，可以按照不当得利的规定要求偿还，对于其所支付的有益费用，则原则上不得要求偿还。

我国《物权法》在占有人的费用偿还请求权方面，仅有如下一条简单的规

---

〔1〕 如日本民法及我国台湾地区“民法”均规定善意占有人取得占有物产生的孳息。但是，根据《德国民法典》的规定，如善意占有人系无偿取得占有，则应依不当得利返还其所取得的收益。

〔2〕 有些国家民法还专门就所谓“奢侈费用”作出规定。

定：回复请求权人应当支付善意占有人因维护不动产或者动产支出的必要费用(第243条)。与上述传统民法的一般规则相比，该规定有以下特点：①未规定恶意占有人对必要费用的求偿权，如因此而认为恶意占有人无此项请求权，则有对其不公平的嫌疑。在前例中，修缮因雨受损之屋顶而支出的费用乃典型的必要费用，即便占有人为恶意，也应使其有权从权利人处得到偿还为宜。[1] ②未涉及善意占有人对有益费用的偿还请求权问题，构成一项法律漏洞，需要将来的法律予以填补。

（三）占有物毁损灭失的赔偿责任

占有人在占有期间，因过失造成占有物毁损、灭失的，如依照一般侵权行为的规定，占有人须对权利人承担完全的损害赔偿责任。但是，在占有人为善意的情况下，应减轻或者免除其赔偿责任——占有人仅以因灭失或者毁损所受利益为限，负赔偿之责。

我国《物权法》承认了这一对善意占有人的优待规则。该法第244条规定："占有的不动产或者动产毁损、灭失，该不动产或者动产的权利人请求赔偿的，占有人应当将因毁损、灭失取得的保险金、赔偿金或者补偿金等返还给权利人；权利人的损害未得到足够弥补的，恶意占有人还应当赔偿损失。"依此规定，善意占有人仅须向权利人返还因毁损、灭失取得的保险金、赔偿金或者补偿金等，损害未因此得到完全弥补的，善意占有人不负赔偿责任；如果占有为恶意，则占有人不能获得优待，须依侵权法的一般规则，对权利人因物的毁损、灭失所遭受的损害负完全赔偿责任。

〔1〕在解释上，可以认为，《物权法》的该条规定仅就善意占有人的必要费用返还作出专门规定，而恶意占有人就必要费用的求偿问题，仍可适用有关不当得利之规定。

图书在版编目（CIP）数据

物权法论/刘家安著.—2版.—北京:中国政法大学出版社，2015.1
ISBN 978-7-5620-5883-0

Ⅰ.①物…　Ⅱ.①刘…　Ⅲ.①物权法－法的理论－中国　Ⅳ.①D923.21

中国版本图书馆CIP数据核字(2015)第023359号

出版者　中国政法大学出版社
地　址　北京市海淀区西土城路25号
邮寄地址　北京100088信箱8034分箱　邮编100088
网　址　http://www.cuplpress.com（网络实名：中国政法大学出版社）
电　话　010-58908524(编辑部)　58908334(邮购部)
承　印　北京鑫海金澳胶印有限公司
开　本　720mm×960mm　1/16
印　张　14
字　数　267千字
版　次　2015年1月第2版
印　次　2019年1月第7次印刷
印　数　22001~27000
定　价　28.00元